VENCIENDO LA LUJURIA

Jim Vander Spek

Con prefacio por Pastor Pat Kenney

VENCIENDO LA LUJURIA
Jim Vander Spek

R8 Press
Escondido, CA, USA

Número de Control Biblioteca del Congreso: 2016941629

Derechos de Autor © 2016 Jim Vander Spek

ISBN: 978-1-944187-08-8

Todos los derechos reservados. Ninguna parte de este libro puede ser reproducida sin el expreso consentimiento del publicista o el titular de los derechos de autor, excepto en caso de citas breves en artículos críticos y revisiones. Ninguna parte de este libro puede ser transmitida de cualquier forma o medio—electrónico, mecánico, fotocopia, grabación, u otro—sin previa aurotización por escrito del publicista o titular de los derechos de autor.

Escrituras bíblicas obtenidas de la versión La Biblia de las Américas ® 1986, 1995, 1997 por The Lockman Foundation. Utilizada con permiso. Todos derechos reservados.

Escrituras bíblicas obtenidas de LA SANTA BIBLIA, NUEVA VERSION INTERNACIONAL®, NVI® Derechos de Autor © 1973, 1978, 1984, 2010 por Bíblica, Inc. Utilizada con permiso. Todos derechos reservados mundialmente.

Traducido al Español por Ministry Translations, Inc. (www.ministrytranslations.com)

Este libro es dedicado a:

Tom Wolski, un cristiano en México que leyó la versión en Inglés y fuertemente me instó y motivó a producir esta versión en Español.

Camilo García, un misionero en la República Dominicana, quien no solo hizo un gran trabajo traduciendo todo esto, pero también ha captado una visión sobre el mensaje transformador de "Venciendo La Lujuria".

Eduardo de La Rosa, un estudiante de medicina en México, quien amablemente revisó y colaboró con la traducción de forma voluntaria.

Roberto Vargas, un pastor en el ministerio de Español en Escondido, CA, quien igualmente revisó y colaboró con el manuscrito de forma voluntaria.

EXHORTACIÓN

Cuando un pastor amigo me preguntó si estaba dispuesto a traducir un libro del Inglés al Español concerniente a la lujuria, rápidamente dije que sí. Al poco tiempo estaba conversando con Jim Vander Spek con respecto a este libro "Venciendo la Lujuria".

En mi desempeño como misionero y traductor, he tenido la oportunidad de traducir muchos mensajes presentados de diferentes formas, en diferentes áreas y por diferentes personas. Pero debo admitir que este tema me llamó mucho la atención porque es algo de lo cual no muchas personas se atreven a hablar. Puedo decir que haber tenido el privilegio de colaborar en esta obra fue una bendición de Dios porque proveerá una herramienta necesaria para ayudar a personas de habla hispana a vivir como Dios desea que vivan.

El tema de la lujuria era algo muy normal en el país latino donde crecí. De hecho, muchos no piensan que sea pecado. Es más bien un asunto "normal" en la vida de muchos que un "hombre" sea sexualmente activo desde una corta edad, que haya sido expuesto a varias formas de material pornográfico, que tenga varias parejas sexuales en el transcurso de su vida; y es de esperarse que cada vez que una linda chica pase, los ojos de cada hombre estén sobre ella, siendo este acto acompañado de unas cuantas palabras inapropiadas.

Yo no crecí en un hogar Cristiano y no tuve la oportunidad de vivir con mi padre. Debido a estas y otras condiciones, conocí personalmente la equivocada perspectiva que un joven puede tener en su camino por influencia de la sociedad, cultura y sobre todo, por falta de conocimiento (Oseas 4:6).

Como joven adulto, no veía el tema de la lujuria como un problema. Estaba ciego a la realidad de este pecado. No obstante, mi espíritu anhelaba algo mayor. No sabía qué era eso "mayor" que anhelaba, pero sabía que había un vacio en mi corazón y no lo podía llenar con lo que ofrecía el mundo.

Soy bendecido porque Dios me ha liberado de la lujuria como Jim describe en este valioso libro. El me ha desatado de las ataduras de la lujuria y me ha bendecido con un maravilloso matrimonio y ministerio.

Este libro te mostrará como también tú puedes obtener la victoria sobre la lujuria. Dios puede librarte de este pecado como ha hecho en la vida de muchos de Sus hijos.

Recuerda esto: "No os ha sobrevenido ninguna tentación que no sea común a los hombres; y fiel es Dios, que no permitirá que vosotros seáis tentados más allá de lo que podéis soportar, sino que con la tentación proveerá también la vía de escape, a fin de que podáis resistirla." 1 Corintios 10:13

Es mi deseo que este libro te sirva de ayuda y guía en el proceso de adquirir tu libertad. Quiero exhortarte a que no abandones la lucha y a que creas firmemente que Dios es fiel y que Sus planes son buenos para ti.

Que nuestro Señor Jesucristo mismo y Dios nuestro Padre... los anime y les fortalezca el corazón, para que tanto en palabra como en obra hagan todo lo que sea bueno (2 Tesalonicenses 2:16-17).

Camilo J. García

Misionero/Pastor Fundador – La Misión
Traductor Ministerial
www.la-mision.org
www.ministrytranslations.com

Para comunicarte con el quipo de "Venciendo la Lujuria," envía un correo a: venciendolalujuria@gmail.com

Reconocimientos:

Gracias, Pat Kenney, Steve y Don por su apoyo personal en mi batalla para vencer la lujuria y por permitirme escribir acerca de la forma en que ustedes formaron parte en esto y colaboraron con partes claves de este libro.

Gracias también Fred, Kelly, Jeff, Miles, Bryon, Mike M, Dave, Mark and Carl, por tomar el tiempo para proveer críticas constructivas especificas y sugerencias que me ayudaron a aclarar mis pensamientos y a comunicarlos de una forma más clara.

Gracias Richard, Robertson, Mike Y. y otros no mencionados por motivarme en momentos claves durante este proyecto.

Gracias Jim Johnston y Jim Kochenburger (christianpublishinghelp.com) por revisar y editar lo que yo pensaba eran los últimos borradores, encontrando muchas faltas y proveyendo sugerencias para mejorar.

Finalmente y más importante, gracias, Marsha, por ser una bendición de Dios — ayudándome y motivándome — aun al yo exponer algunas de nuestras "ropas sucias" a plena vista del mundo.

VENCIENDO LA LUJURIA

por Jim Vander Spek

Prefacio por Pastor Pat Kenney xi
Introducción xv

Parte 1- Batallando Contra La Lujuria
  1. Nuestra Historia 1
  2. Entendiendo La Lujuria 11
  3. El Peligro de La Lujuria 25
  4. Entrando en la Batalla Contra La Lujuria 39
  5. Confrontando Racionales Falsos 53
  6. Armas para Combatir La Lujuria (Parte 1) 67
  7. Armas para Combatir La Lujuria (Parte 2) 79
  8. Meditando en Las Escrituras 91
  9. Victoria Sobre La Lujuria 105
  10. ¿Es La Victoria Sobre La Lujuria Inusual? 117

Parte 2- Aprendiendo de las Escrituras 131
  11. Adulterio en el Corazón 133
  12. Libertando a los Cautivos 143
  13. El Pecado Interno de Pablo 155
  14. El Argumento de Pablo Contra el Pecado Interno 167
  15. Esclavo a La Justicia 179
  16. La Mente Renovada 195

17. Aprendiendo de Los Otros Apóstoles 207
18. Pedro 219
19. Juan 239
20. Más que Vencedores. 239
Notas al Final. 253

Prefacio
Por Pastor Pat Kenney

El Salmista escribió en Salmos 118:19—*"Ábranme las puertas de la justicia para que entre yo a dar gracias al Señor."*

Trágicamente— cuando se trata del pecado de lujuria—las puertas de la justicia no se abren frente a numerosos creyentes. Aunque existe una gran cantidad de información, enseñanzas y discusiones disponibles en la Internet y en otros recursos, los medios para vencer este pecado permanecen fuera de su alcance. El resultado es una falla perpetua para vivir justamente. Muchos simplemente rinden toda esperanza de éxito.

En este libro, Jim Vander Spek enfoca la mira sobre el confuso tema de la lujuria y guía al lector hacia una puerta que se abrirá para aquellos que seriamente desean caminar en Victoria. Al hacer esto, el confronta la insidiosa plaga del pecado sexual que esta permeando nuestra cultura y la iglesia. Jim demuestra bíblicamente y de forma práctica que la Victoria es posible, mientras sistemáticamente explica las herramientas— las armas, más bien—que pueden guiar al creyente que está batallando contra deseos malignos, hacia la victoria y un camino de justicia.

Varios años atrás, Jim y yo junto a otros hombres de la iglesia que yo pastoreaba, nos dispusimos ayudarnos mutuamente a vencer este azote que cada uno de nosotros estaba batallando a diferentes niveles de severidad. ¡Todos hemos sido grandemente ayudados y estamos caminando en victoria donde alguna vez todos pensamos que la victoria era imposible!

Este libro valientemente trae a la luz muchas de las difíciles y dolorosas realidades que cada uno tuvo que enfrentar en nuestra jornada hacia la libertad de ataduras, opresión y destructividad de la lujuria.

He conocido a Jim desde 1985 cuando él y su familia se unieron a Escondido Calvary Chapel donde soy el pastor fundador. A través de los años, nuestra iglesia ha crecido y Jim ha asumido varias funciones de liderazgo y ha mantenido una participación activa. Cuando Jim y su esposa Marsha se me acercaron para hablar acerca de problemas que estaban teniendo en su matrimonio, accedí a trabajar con Jim de una forma personal, uno a uno, en un esfuerzo para ayudarle a trabajar con la situación de lujuria.

Grandemente desconocido para Jim en aquel momento, yo estaba atravesando por luchas muy similares a las de él. Tristemente, como él, por años yo no había aprendido como obtener la victoria sobre este común, pero muy destructivo pecado. No solamente mi vida espiritual estaba obstaculizada como resultado, pero mi habilidad de ayudar a otros también había disminuido. Afortunadamente, esto no condujo a adulterio o pecados similares. Tampoco trajo vergüenza sobre mí, mi familia o mi iglesia. En efecto, me siento humildemente honrado por el hecho de que Dios pudo usarme de tantas impresionantes maneras a pesar de mi pecado. Sin embargo, yo lamento profundamente que la victoria haya tardado tanto en llegar.

Mientras Jim y yo trabajábamos juntos para obtener una sólida perspectiva bíblica y las herramientas prácticas necesarias para vencer la lujuria, ambos fuimos cambiados y esto en cambio nos ha permitido ayudar a otros.

Yo vívidamente recuerdo una conversación que tuve con otro pastor acerca de mis problemas en esta área. Esperando un oído amigo, le dije que casi había perdido la esperanza de obtener una real victoria sobre la lujuria. Su respuesta fue aguda y directa—mi forma de pensar estaba errada. No debía rendirme. Debía de continuar luchando contra este pecado. El tenia razón al decir estas cosas y sus palabras se quedaron en mí.

Sin embargo, a pesar del buen consejo, Yo todavía me encontraba tanteando para encontrar la salida. Yo sabía en mi corazón que, en Cristo, la victoria era posible. Sin embargo, mi cerebro y mi disposición simplemente no estaban conectando con esa realidad. Los consejos de mi amigo eran buenos y correctos, pero yo aún no podía "conectar los puntos."

Mientras leas más adelante, espero que no solamente aprendas; como yo y una cantidad de otros más hemos aprendido, que hay una bendita victoria sobre el pecado de la lujuria, pero también de como experimentarla. Jesús vino no solamente para remover la penalidad del pecado, pero también para liberarnos de sus ataduras. Al traer victoria a mi vida, El ha traído con ella gozo, paz y la habilidad para servir mejor a los demás.

Que igualmente nuestro misericordioso Salvador haga una limpieza y transformación en tu vida y que te conviertas en más que vencedor a través de Aquel que nos ama.

Pat Kenney

Pastor de Misiones Región Oeste
Ministerios Poimen
http://www.poimenministries.com
http://escorev.blogspot.com/

Pastor Fundador de Escondido Calvary Chapel

Introducción

Mientras yo estaba en el proceso de finalizar este libro, estaba caminando con un conocido de mi época en la escuela secundaria. El es un abogado con hijos y nietos.

Compartí con el que estaba escribiendo este libro y comenzamos a platicar acerca de la lujuria. He iniciado tales conversaciones numerosas veces. El mostró gran interés en mis opiniones acerca del tema y admitió sus inquietudes acerca de su propia inhabilidad para contener su lujuria. Cuando él veía a mujeres atractivas en situaciones como en la playa, el invariablemente las codiciaba en su corazón, aunque sabía que estaba incorrecto. Para un creyente, tales angustias de consciencia son inevitables cuando se rinda ante la lujuria.

Este libro describe como yo pude vencer este pecado y las cosas que he aprendido al hacerlo. Tal cambio solo pudo ocurrir porque fui correctamente retado a cambiar mi comportamiento.

El propósito de este libro, es entonces, retarte a obedecer completamente las enseñanzas de Jesús en esta parte tan privada, pero tan vital de tu vida. Que Dios te otorgue motivación, sabiduría y fortaleza mientras te esfuerzas para comprender Sus enseñanzas y obedecer Su Palabra.

Esta Revisión 2014

Esta revisión incluye correcciones y actualizaciones desde que fue publicada hace varios años. La portada también es nueva y representa mejor el contenido de este libro.

Los comentarios y opiniones hasta el momento han sido positivos. Si ha habido resistencia al mensaje de vencer la lujuria de la manera descrita en las páginas que siguen o desacuerdos con la forma en que los versículos Bíblicos han sido interpretados, estos no han llegado a mí.

Estoy agradecido de que este libro ha sido una herramienta útil para aquellos que buscan vencer la lujuria y para aquellos que desean ayudar a otros a alcanzar esta meta. Aprendiendo a través de la experiencia de otros es un camino cierto y comprobado hacia el éxito. ¡Mejor es que aprendas de mis errores que cometer los tuyos!

Precaución

Urjo a todos aquellos que estén utilizando este material como guía de estudio en grupos pequeños o en discipulado uno a uno, que eviten conversaciones detalladas o gráficas de pecados presentes o pasados (Efesios 5:12). Tales conversaciones solo pueden causar daño.

Confiesa tus pecados sin causar que tu hermano tropiece. Esta es la regla que yo seguí mientras escribía este libro. No hay nada nuevo debajo del sol excepto en esas áreas donde Dios está demostrando Su poder creativo o incrementando Su Reino. Pecados vergonzosos no son dignos de mencionar y no deben ocupar nuestros pensamientos y conversaciones.

Overcoming-Lust.com

Visita Overcoming-Lust.com/español, donde puedes añadir tus comentarios y obtener más ayuda.

1—Nuestra Historia

Más valen dos que uno,
porque obtienen más fruto de su esfuerzo.
Si caen, el uno levanta al otro.
¡Ay del que cae
y no tiene quien lo levante!
Si dos se acuestan juntos,
entrarán en calor;
uno solo ¿cómo va a calentarse?
Uno solo puede ser vencido,
pero dos pueden resistir.
¡La cuerda de tres hilos
no se rompe fácilmente!

Eclesiastés 4:9-12

Los Cristianos que batallan con la lujuria, normalmente se lo reservan. En efecto, el aislamiento y el egoísmo es parte del paquete. Si estás leyendo este libro como parte de un intento de batallar contra la lujuria sin compartir tus luchas con otras personas, posiblemente porque te sientes avergonzado por tu falta de dominio propio, puede que no sea el mejor enfoque.

Estoy convencido, basado en mi propia lucha y al trabajar con otros, que leer un libro o trabajar en pos de una solución sin incluir a otros, al estilo "Llanero Solitario", no es la mejor forma de obtener la victoria sobre este terco pecado. Las siguientes historias verídicas pueden ayudarte a entender esto también.

Como Yo Busqué y Recibí Ayuda

Como los siguientes capítulos explican, inicialmente yo llegué a comprender algunas verdades básicas esenciales acerca de la lujuria luego de leer "La Batalla de Cada Hombre" (Every Man's Battle – EMB), un libro escrito por Fred Stoeker y Stephen Arterburn que se enfoca en el tema de la lujuria desde un punto bíblico correcto. Sin embargo, yo no actué sobre lo que había aprendido inmediatamente. Fue solo después de que las cosas se pusieran progresivamente peor y me encontré en una crisis, que acudí a mi pastor, Pat Kenney.

He conocido a Pat por mucho tiempo y he servido como anciano en nuestra iglesia junto a él en varios momentos a través de los años. Pat ha demostrado éxito en el ministerio como pastor, maestro y como uno que ha sido dotado para liderar a muchos hacia la gracia salvadora. Yo atribuyo su éxito directamente a su profunda humildad. Ser humilde mientras se experimenta éxito en el ministerio no es común y es imposible fingirlo. Fue su humildad y transparencia que hizo posible para él poder ayudarme al reunirse conmigo durante varios meses.

No me sorprendió cuando Pat admitió que él estaba luchando con problemas similares cuando comenzamos nuestras sesiones. Yo me había convencido a mí mismo mucho tiempo atrás de que esto era normal— el concepto de que "todo el mundo hace esto". Al abrir nuestros corazones mutuamente, ambos nos dimos cuenta de que nuestras situaciones no eran tan diferentes. Desde entonces se me hizo claro que los problemas con la lujuria son epidémicos dentro de la iglesia, tanto en las bancas de la iglesia como en el púlpito.

Como un pecado controlador y habitual, la lujuria no aflojará sus garras sobre nuestras vidas instantáneamente. Si fuera tan fácil, no sería un problema tan grande. En cambio, requiere tiempo, quebranto y paciencia para asegurar la libertad que nuestro Señor promete. Debe convertirse en una prioridad que nos rehusamos a minimizar. Las medidas a medias nos dejarán sintiéndonos miserables en vez de gozosamente liberados.

Pat estaba dispuesto a invertir el tiempo necesario. El estaba consistentemente disponible y estoy en deuda con él por ayudarme. Por haber atravesado esto, él también ha adquirido una comprensión más clara de la lujuria y la habilidad para vencerla. Como resultado, él ha podido ayudar a otros hombres dentro de nuestra iglesia y fuera de ella, incluyendo algunos pastores que han venido a él en crisis. Al hablar sobre este tema, él cándidamente ha admitido fracasos pasados mientras motiva a otros a procurar la victoria y a permanecer en un constante y alcanzable camino de pureza.

El tiempo que pasamos juntos sondeando nuestros corazones y buscando en las Escrituras profundizó nuestra amistad y comunión. Como indica Proverbios 27:17 *"El hierro se afila con el hierro"*. Luego de reunirnos semanalmente y ser responsables el uno ante el otro, estaba en mi camino hacia la victoria sobre la lujuria.

Steve

Steve y yo fuimos traídos al punto de crisis por la lujuria alrededor del mismo tiempo. Aunque él también había sido líder en nuestra iglesia y sirvió en una variedad de funciones, nunca había tratado efectivamente con el pecado de la lujuria. El se había convertido en creyente como resultado de participar en un servicio conmemorativo que Pat Kenney había oficiado. El difunto había sido un amigo y vecino de Steve. Dios usó el mensaje de Pat para romper a través de su duro corazón—era lo que él necesitaba escuchar por mucho tiempo. Condenado por su pecado, Steve y su esposa comenzaron a visitar nuestra iglesia y recibieron a Cristo unos meses más tarde.

La lucha de Steve con la lujuria comenzó muchos años atrás cuando el desarrolló una preocupación por revistas Playboy y pornografía similar. Se convirtió en una parte casi cotidiana de su vida durante la adolescencia. En la universidad incrementó—moviéndose más hacia revistas con fantasías sexuales e historias.

Steve se casó, lo que estabilizó el problema. Sin embargo, los viejos hábitos no desaparecieron. El y su esposa tenían una relación fuerte, por lo cual esto no podía explicar por qué él se comportaba mal. Como una persona no-creyente, él ni siquiera estaba preocupado. Luego de recibir a Cristo, todo esto pausó por un tiempo, pero luego re-apareció — principalmente en su ambiente de trabajo. Esto principalmente incluyó utilizar su computadora para ver pornografía, leyendo historias de fantasías y entrando en lugares de chat por Internet cuando él pensaba que nadie podía ver lo que él estaba haciendo.

Estas pequeñas cosas se volvieron más pronunciadas y fuera de control, al convertirse en un problema monstruoso cuando afectó su habilidad de ser productivo en la manera que su negocio demandaba. Trabajando en una profesión llena de presión, Steve sintió la necesidad de escapar. Esto a menudo lo llevaba a buscar comodidad y alivio en la pornografía, pero el verdadero problema es que su pecado no había sido abordado. Su corazón no estaba bien con Dios. Luego de décadas de ser socio con un no-creyente, el problema de Steve fue expuesto en el lugar de trabajo y reconocido como una interferencia en su rendimiento. Humillado por la culpa y añorando ser libre de las tensiones y fracasos en su lugar de trabajo, él dejó el negocio que había fundado en busca de un nuevo inicio.

Hubo un horrible dolor involucrado en esta separación, desde perder un trabajo lucrativo y relaciones profesionales a la humillación de admitir a su socio, empleados, líderes de la iglesia y a su esposa lo que él estaba haciendo. Cuando Steve compartió lo que estaba ocurriendo, yo inmediatamente le ofrecí el consejo que yo consideraba correcto. Por supuesto, en ese momento yo todavía estaba en problemas. Yo tenía una idea relativamente clara de lo que debía ser hecho, pero no lo había estado haciendo. Es más fácil ofrecer consejo que seguirlo. El conocimiento había sido archivado, pero yo no había tomado la acción requerida.

La crisis de Steve se convirtió en mi crisis. Presenciar el dolor en su vida me impactó a tal punto de hacer lo que fuera necesario para vencer el mismo pecado esclavizante en mi vida. Como yo, Steve se reunió con Pat Kenney, y se comprometieron para leer juntos el libro "La Batalla de Cada Hombre", analizando una porción del libro cada semana y rindiendo cuentas. De esto, Steve pudo obtener la victoria sobre la lujuria. Ya él no tiene nada que ver con pornografía y también ha podido asistir a varios hombres más con problemas similares. El admite sus luchas con la tentación, primordialmente imágenes mentales y memorias de lo que alguna vez lo controló. Cuando tropieza, inmediatamente lo reconoce y lo maneja para rápidamente estar en el plano correcto con Dios.

El comportamiento destructivo ha desaparecido y esas cosas que antes lo hacían tropezar constantemente ya no lo hacen, en gran parte porque hay versos de vida que le recuerdan hasta la fecha a quién le pertenece su corazón y a quién le debe absolutamente todo:

> *Huyan de la inmoralidad sexual. Todos los demás pecados que una persona comete quedan fuera de su cuerpo; pero el que comete inmoralidades sexuales peca contra su propio cuerpo. ¿Acaso no saben que su cuerpo es templo del Espíritu Santo, quien está en ustedes y al que han recibido de parte de Dios? Ustedes no son sus propios dueños; fueron comprados por un precio. Por tanto, honren con su cuerpo a Dios. (1 Corintios 6:18-20)*

Dios ha tomado la derrota y la ha convertido en victoria.

Don

Yo fui inicialmente introducido a Don por Pat. Pat lo había retado durante un almuerzo preguntándole directamente acerca de sus pensamientos. Me parece interesante que esta no fue la razón por la cual Don se estaba reuniendo con Pat o que Pat estuviera específicamente indagando sobre este tema. En cambio, como se ha convertido en práctica común para mí, Pat simplemente introdujo un tema que se había convertido en el enfoque de su propia vida Cristiana—llevando todo pensamiento cautivo a la obediencia de Cristo. Haber introducido este tema intencionalmente le permitió a Don compartir acerca de sus propios fracasos y frustraciones. El había sido miembro de nuestra iglesia por algún tiempo y había venido a crisis por la lujuria que incluyó una relación inapropiada. Aunque ya había roto esta relación, todavía le perturbaba y se sentía vulnerable a volver a descarriarse.

Por un periodo de varios meses, Don y yo nos reuníamos cada semana para orar, tener comunión y motivarnos mientras leíamos el libro "La Batalla de Cada Hombre". Siendo el que ayudaba, reforzó mi propia convicción de que esta era la manera de ayudar a los que estaban batallando con la lujuria. La necesidad de rendir cuentas y tener transparencia es más accesible en una relación uno a uno, ya que nos ayuda a abrir nuestros corazones de una forma que meramente leyendo o escuchando a alguna enseñanza simplemente no pueden hacer.

Don acredita nuestras sesiones y momentos de oración, estudio, comunión y motivación junto a otros hermanos con intereses comunes, como cosas esenciales que le ayudaron a alcanzar un tremendo cambio en su vida. Como resultado, su caminar junto al Señor ha sido fortalecido.

Mientras estaba controlado por la lujuria él se sentía avergonzado e indigno. Su deseo de servir a nuestro Señor había sido perjudicado y no tenía deseos de ser transparente con otras personas. Ahora él siente un deseo de compartir lo que ha aprendido con aquellos que están atravesando por la misma lucha. Su atadura a la lujuria ha sido rota. Junto a esto, él encontró que su deseo de intimidad con su esposa fue fortalecido. El reconoció como experiencias pasadas y fantasías habían consumido su deseo por ella y perjudicaron su relación.

Don salió de esto con una idea clara de lo que significa obtener victoria sobre la lujuria y con la determinación para hacerlo. El ha continuado ayudando a otros usando el mismo sistema. Los resultados no son garantizados. Ha habido algunos que comienzan pero luego paran al enterarse de lo que es requerido de ellos.

Confiesa tus pecados

Tú no tienes que ir muy lejos para encontrar a otros que le den la bienvenida a una conversación franca y útil acerca de la lujuria y como vencerla en sus vidas. El proceso de compartir uno a uno acerca de cómo vivir una vida justa no necesariamente o preferiblemente requiere de un pastor. Aunque Pat Kenney fue generoso al hacer esto con Steve y conmigo, en parte porque ambos teníamos relaciones de amistad de varios años con él; ni él, ni su equipo podrían hacer esto con todos los que tengan alguna necesidad.

Más bien, este tipo de interacción es lo que individuos miembros de un cuerpo de creyentes necesitan hacer los unos con los otros. *"Por eso, confiésense unos a otros sus pecados, y oren unos por otros, para que sean sanados. La oración del justo es poderosa y eficaz."* (Santiago 5:16).

Este proceso nos permite ser honestos y a no rehuir de los temas difíciles. El Señor creó a la Iglesia para crecer como un marco de apoyo para la vida, ramas entrelazadas para que podamos recibir directamente de la Verdadera Vid y así crecer en santidad y frutos. El nos puso aquí para que podamos transmitir la verdad viva que El imparte a aquellos con quienes estamos conectados. Cuando nuestra culpabilidad o vergüenza causan que nos ocultemos y nos aislemos—así como Adán y Eva en el jardín—no podemos esperar que ocurra un cambio poderoso y efectivo. Jesús nos dio una promesa que nos motiva a hacer esto. *"Porque donde dos o tres se reúnen en mi nombre, allí estoy yo en medio de ellos."* (Mateo 18:20).

Conectando

Desafortunadamente, muchas iglesias—especialmente entre aquellas atrapadas en pecado—creen que Dios está en el negocio de la recuperación. Nuestro llamado no es recuperar, sino ser transformados. *"De modo que si alguno está en Cristo, nueva criatura es; las cosas viejas pasaron; he aquí, todas son hechas nuevas."* (2 Corintios 5:17). Esto nos lleva mucho más allá de una mera recuperación o al despojo de hábitos pecaminosos.

La transformación sucede a través de conexión. Estamos conectados a Cristo y en El, nuestra *"...Cabeza. Por la acción de ésta, todo el cuerpo, sostenido y ajustado mediante las articulaciones y ligamentos, va creciendo como Dios quiere"* (Colosenses 2:19). Dios no nos ha dejado aquí solos. Somos ramas pegadas a la "Verdadera Vid" —Jesús—con Dios cuidándonos como el Maestro Viñador. Cristo producirá abundante fruto a través de nosotros si nos conectamos a Él con propósito. (Juan 15). Cuando estamos abrumados por el pecado en nuestras vidas, Su intención es que regresemos a Él para ser libres y luego ministrar Su verdad y amor a otros en necesidad. Jesús le dijo a Pedro, *"Pero yo he orado por ti, para que no falle tu fe. Y tú, cuando te hayas vuelto a mí, fortalece a tus hermanos."* (Lucas 22:32). Ayudamos a otros como somos ayudados.

Mis amigos y yo no somos excepcionales. El hecho de que un grupo pequeño de hombres pueda ayudarse mutuamente en la forma que he explicado, debe motivar a otros a usar un método similar. Debido a que este método de ayudar a otros y las metas que procuramos alcanzar son basados en lo que Dios ha trazado en Su Palabra, se conectan a un recurso ilimitado de poder y verdad.

> **Reto:** Si esto hace sentido para ti, te urjo a que conectes con alguien más acerca del tema de la lujuria de tal forma que te permita ayudar y ser ayudado. *"Más valen dos que uno, porque obtienen más fruto de su esfuerzo."* (Eclesiastés 4:9). Dios puede usarte para ayudar a otros. Jesús nos dijo— *"Den, y se les dará: se les echará en el regazo una medida llena, apretada, sacudida y desbordante. Porque con la medida que midan a otros, se les medirá a ustedes."* (Lucas 6:38). El principio de dar para recibir es central a compartir el amor de Dios y ministrar a otros. Quizás Dios te ha traído a este punto no sólo para ayudarte, pero para ayudar a otros también. Dios no nos ha dejado sólos. El está deseoso de ayudarnos. El suplirá tu necesidad de un amigo mientras te determinas a vencer la lujuria. Si no tienes tal amigo, haz uno. Aborda este tema con las personas que conoces. Dios te guiará a aquel amigo que estará dispuesto a ayudar o tiene una necesidad tal como tú. Juntos pueden vencer el pecado de la lujuria.

Habla del Tema

Comenzando aquí y al final de cada capítulo hay preguntas para discutir. La tenacidad de este pecado demanda que ejercitemos un esfuerzo especial y conectando con otros es la mejor manera de hacer esto.

Ya que este es un tema profundamente personal, te urjo de nuevo a que busques a alguien de confianza que esté dispuesto a discutir estos temas contigo de una manera paciente, transparente y con un mutuo deseo de santidad. Tomen tiempo para confesar sus pecados y para orar el uno por el otro.

Estoy usando un borrador de este libro ya que esto es escrito mientras trabajo con otro miembro de nuestra congregación que pidió ayuda en esta área. Tú quizás desees utilizar este material de la misma manera. Hay mucha información que considerar aquí. No tengas prisa al recorrer este camino. Para facilitar el proceso, cada capítulo se ha mantenido relativamente corto y enfocado.

Para ver e imprimir los temas de discusión mencionados al final de cada capítulo en este libro, visita Overcoming-Lust.com-español.

Temas de Discusión:

1. Si no lo has hecho, lee el prefacio escrito por Pat Kenney. ¿Hay alguna parte de su historia o de lo que escribe que te sorprende?
2. Describe una ocasión cuándo hayas compartido con alguien más acerca del pecado de la lujuria en tu vida o en la de él/ellos.
3. Describe por qué "dos son mejor que uno" en la batalla contra la lujuria.
4. ¿Has encontrado que el concepto de "da y será dado a ti" aplica a ministrar a otros?
5. ¿Puedes identificarte con cualquiera de las historias compartidas en este capítulo? Si es así, explica. ¿Cómo te dan esperanza dónde previamente pudiste haber estado desanimado?

2—Entendiendo La Lujuria

"En otro tiempo también nosotros éramos necios y desobedientes. Estábamos descarriados y éramos esclavos de todo género de pasiones y placeres…"

Tito 3:3

Pablo escribiéndole a Tito pudo fácilmente haberme descrito a mi por la mayor parte de mi vida. Yo era *"necio, desobediente, engañado, sirviendo a varias pasiones y placeres."* Yo había sido criado en un hogar Cristiano y me convertí en Cristiano a una edad joven. Aun así — como tantos hombres jóvenes — experimenté una lucha constante con la lujuria sexual. Yo era un esclavo, *"sirviendo"* sus demandas. Mirando atrás, también me di cuenta que estaba *"engañado"* — carecía de entendimiento — y por esta razón, no avanzaba. Mis ideas inadecuadas de lo que necesitaba hacer para complacer a Dios con respecto a mi comportamiento sexual limitaron mi desarrollo Cristiano.

Yo siempre comprendí que no debía involucrarme con el sexo antes del matrimonio o cruzar la línea del pecado sexual. Sin embargo, nunca estuvo claro en mi mente donde se trazaba la línea. Aunque yo asumía que había ido muy lejos si me llevaba a la masturbación, en varias ocasiones había escuchado — hasta de Cristianos — que la masturbación no era tan seria y yo tendía a adoptar este punto de vista también.

Marsha y yo nos hicimos novios en la secundaria y nos casamos antes de mi último año de universidad. Ya que ambos éramos virgen, yo asumí que mis problemas con la lujuria serían cosa del pasado. Esto resultó no ser el caso. No fue hasta que yo tenía alrededor de 55 años que finalmente comprendí mi pecado y como eliminar su control en mi vida. Estoy compartiendo todo esto con el deseo de que ayude a otros a alcanzar una victoria similar — espero que mucho antes en sus vidas que en mi caso.

Los fracasos pasados en la lucha contra la lujuria trajeron dolor y decepción a mi vida y a las vidas de aquellos a mi alrededor. También resultó en una carencia de fruto en mi caminar Cristiano. Gracias a Dios, por Su gracia, mi historia no tomó un camino más sórdido. Yo nunca me hundí en el fango de la pornografía pesada, prostitución y adulterio. Esquivando tales escollos es un alivio, pero en realidad es un mínimo logro vacío.

Enseñanza Bíblica Sobre La Lujuria

La Biblia nos enseña claramente y en muchos lugares a eliminar la lujuria de nuestras vidas. Aquí hay solo algunos ejemplos:

> *Más bien, revístanse ustedes del Señor Jesucristo, y no se preocupen por satisfacer los deseos de la naturaleza pecaminosa.* (Romanos 13:14)

> *Por tanto, hagan morir todo lo que es propio de la naturaleza terrenal: inmoralidad sexual, impureza, bajas pasiones, malos deseos y avaricia, la cual es idolatría.* (Colosenses 3:5)

> *Todo lo contrario, cada uno es tentado cuando sus propios malos deseos lo arrastran y seducen. Luego, cuando el deseo ha concebido, engendra el pecado; y el pecado, una vez que ha sido consumado, da a luz la muerte.* (Santiago 1:14-15)

> *Queridos hermanos, les ruego como a extranjeros y peregrinos en este mundo, que se aparten de los deseos pecaminosos que combaten contra la vida.* (1 Pedro 2:11)

> *Pero las preocupaciones de esta vida, el engaño de las riquezas y muchos otros malos deseos entran hasta*

ahogar la palabra, de modo que ésta no llega a dar fruto. (Marcos 4:19)

Los que son de Cristo Jesús han crucificado la naturaleza pecaminosa, con sus pasiones y deseos. (Gálatas 5:24)

No fue ésta la enseñanza que ustedes recibieron acerca de Cristo, si de veras se les habló y enseñó de Jesús según la verdad que está en él. Con respecto a la vida que antes llevaban, se les enseñó que debían quitarse el ropaje de la vieja naturaleza, la cual está corrompida por los deseos engañosos; ser renovados en la actitud de su mente; (Efesios 4:20-23)

Huyan de la inmoralidad sexual. (1 Corintios 6:18)

El factor común entre estos versículos y otros como ellos es la suposición de que la lujuria es algo sobre lo cual nosotros tenemos control como seguidores de Cristo. Esta no fue mi experiencia; yo sentía que la lujuria tenía control sobre mí.

La Necesidad de Entender la Lujuria Claramente

Antes de yo poder obtener la victoria sobre la lujuria, debía comprenderla mejor y en particular, como funciona. Esto era nuevo para mí. Explicaciones útiles y orientación clara acerca de como escapar de las garras de la lujuria, simplemente no fueron parte de mi entrenamiento. Como resultado, mantuve una comprensión contradictoria y confusa acerca de cómo tratar con los deseos y pensamientos sexuales.

Tal forma confusa de pensar fue una parte necesaria de mi vida ya que—en todo aspecto—mis pensamientos internos estaban llenos de lo que se puede describir como lujuria. Esto comenzó cuando yo era joven. Posibles recursos de satisfacción sexual estaban por todas partes. Me topaba con ellos o los buscaba de forma regular, disfrutando de esa "emoción" única que estaba allí para tomar. Parecía inofensiva e inevitable.

Un Concepto Erróneo Desde la Juventud

Yo ahora conozco que la actividad en la cual me involucré era lujuria sexual pecaminosa del mismo tipo que la Biblia nos enseña a evitar, pero yo no lo veía de esa forma, incluso cuando la culpabilidad entró en mí. Por el camino desarrollé un modo de pensar que proveía un camino conveniente para que la lujuria se hiciera permanente en mi vida.

El periódico local donde vivíamos en Canadá publicaba una columna semanal escrita por Billy Graham dónde él respondía a las preguntas enviadas por los lectores. La forma en que yo interpreté una de estas columnas causó un gran impacto en mí como un joven adolescente. Un lector publicó una pregunta directa y retadora para Billy. El citó a Jesús en Mateo 5—*"Pero yo les digo que cualquiera que mira a una mujer y la codicia ya ha cometido adulterio con ella en el corazón."* (Mateo 5:28)—y quería saber cómo aplicar esta difícil enseñanza. Este versículo me inquietó a mí también, entonces quedé ansioso por leer la respuesta.

Mi recolección de cómo Billy Graham respondió a esta pregunta no está completa y aún espero que yo haya profundamente malentendido su respuesta. Sin embargo, retuve lo siguiente— si, dada la oportunidad, uno tendría sexo con la persona a quien uno está observando, sería entonces lujuria pecaminosa. Esta explicación funcionó para mí. Admito, no hizo mucho sentido, ni tuvo alguna aplicación práctica para mí, pero me ofreció una cubierta. Yo me propuse que nunca haría realmente todas esas cosas malvadas en las que yo pensaba. Aún dada la oportunidad, yo resistiría fuertemente y por ende—al aplicar esta extraña creencia—no estaría realmente cometiendo adulterio en mi corazón tampoco. Por inferencia, yo concluí que ni siquiera estaba pecando.

Una Definición Bíblica de La Lujuria

El Diccionario Bíblico Easton (1897) define a la lujuria como "anhelo pecaminoso; el pecado interno que guía hacia una separación de Dios." Esta antigua definición, si la hubiese buscado, me hubiera dirigido en la dirección correcta. Es este anhelo pecaminoso que es pecado. Aún, por más buena que esta definición sea, todavía carece de la precisión y claridad que necesitamos. ¿Cuándo exactamente nuestro anhelo se convierte en pecado? Porque estamos tan propensos a mentirnos a nosotros mismos con respecto a la lujuria, debemos aprender como reconocerla al instante.

Como expliqué anteriormente, el momento crucial para mi vino después de haber leído *La Batalla de Cada Hombre (Every Man's Battle)*. Este libro originalmente había sido un obsequio de Marsha quién, para ese tiempo, estaba decepcionada y frustrada. El libro definía la pureza sexual de una forma que profundamente desmentía las ideas porosas acerca de la lujuria que me había mantenido en ataduras por años. Aquí está lo que Stoeker escribió:

> "Tú eres sexualmente puro cuando ninguna gratificación sexual proviene de nadie o nada más, solo de tu esposa"[1]

La Emoción Sexual

"Gratificación Sexual" viene cuando experimentamos una emoción sexual, y puede suceder halla o no contacto físico o emocional. Esta experiencia es instantáneamente reconocible y permanece en el centro del tema de la lujuria.

Sin embargo, por más familiar que la emoción sexual pueda ser, sigue siendo un misterio—siendo ni exclusivamente emocional o exclusivamente física. Algunos investigadores dicen que proviene de un factor "psicológico-biológico" o psico-biológico que incluye nuestros cuerpos, nuestras emociones y procesos cognitivos. Esto desafía completamente nuestro entendimiento.

Mi confusión resultó por no pensar acerca del mecanismo que ocurría en los momentos que experimentaba una emoción sexual. Yo—como muchos otros hombres—asumí que la emoción sexual era automática. Confrontado con un estímulo sexualmente cargado, mi cuerpo y mi cerebro tomaban el control y "¡Presto!" Tenía una emoción placentera. Yo no lo consideraba una acción voluntaria. Actualmente, esta es la manera en la cual la mayoría de los hombres describirían la forma en que el deseo sexual opera en sus vidas. Ellos firmemente creen que la emoción sexual no está bajo su control y existe muy poco que ellos puedan hacer al respecto. Sin embargo, esta no es realmente la forma en que trabaja.

Asumir esa posición requiere que nosotros convenientemente ignoremos el paso extra que es requerido para producir la emoción sexual que hace de la lujuria algo tan placentero. Este paso ocurre cuando nosotros manipulamos un estímulo sexual y lo usamos para obtener gratificación sexual. Una prueba simple de que necesitamos tomar este paso es nuestra habilidad para rutinariamente pararnos a nosotros mismos de generar una emoción lujuriosa cuando involucra interacciones a las cuales nos rehusamos a sexualizar, como es el caso con nuestras hijas o hermanas.

La "Emoción Sexual Ilícita"

Dios es quien diseñó la emoción sexual—para bien. Sólo se convierte en un problema cuando la manejamos inapropiadamente. La emoción sexual ocupa un papel esencial como una etapa temprana de la intimidad dentro de la unión sexual del matrimonio. Sin ella, no nos excitaríamos y el sexo no sucedería lo suficiente como para mantener la reproducción continua o la unión matrimonial sólida. Sin embargo, esta emoción es solamente apropiada dentro de la relación matrimonial. Cuando usamos incorrectamente la emoción sexual, es lujuria pecaminosa. Considere la siguiente definición como una forma de comprender esto:

> Lujuria sexual—la emoción sexual ilícita—es una gratificación placentera voluntariamente permitida de deseo sexual incorrectamente dirigido que ocurre en lo profundo de nuestro ser.

Analicemos esto:

1. Voluntariamente permitido—es algo que decidimos hacer. No es forzado sobre nosotros. Ceder ante esto puede ser causado por hábito y llevado a cabo sin deliberación, pero aún así es una decisión nuestra.

2. Placentera—la disfrutamos. La emoción sexual ilícita es intensamente disfrutable de una forma que no podemos completamente comprender. Dios nos diseñó para que aún cuando meramente estamos buscando disfrutar el placer sexual legítimo, contemplando la lujuria o la actividad sexual, tenemos la capacidad de obtener una placentera emoción sexual.

3. Gratificación—reconocemos cuando sucede; algo encaja en su lugar. Podemos decir que "nada malo estamos haciendo" y podemos engañar a otros, pero no deberíamos intentar engañarnos a nosotros mismos. Dios, ciertamente, no puede ser burlado.

4. Deseo sexual incorrectamente dirigido—estamos enfocando nuestra atención de una forma que no está correcta. La emoción sexual solamente es apropiada cuando está basada en una relación matrimonial. Esto es difícil de aceptar cuando estamos atados a la lujuria. Buscamos una forma de justificar nuestra caprichosa gratificación de deseos sexuales—para convencernos de que está bien.

5. Ocurre en lo profundo de nuestro ser—no podemos comprender plenamente como sucede la emoción sexual. Nuestra respuesta psico-biológica es muy profunda e intensamente personal. Sucede rápidamente y sin equivocación, mucho antes (y muchas veces con ninguna) evidencia externa visible.

Esto es, admisiblemente, una situación un tanto compleja. Jesús—el Maestro Artífice de La Palabra—destiló todos estos elementos en una frase que inmediatamente suena correcta. El llamó a lo que ocurre cuando pecamos de esta forma "adulterio en el corazón" (Mateo 5:28). Al hacer esto, El incluyó todos los elementos previamente mencionados con una elegante y penetrante simpleza que un Cristiano no puede eliminar de su consciencia.

Lujuria Sexual—la emoción ilícita sexual—es adulterio en el corazón.

La Respuesta Correcta

Al encontrar una forma de aplicar todo esto, una práctica definición del pecado de la lujuria brota naturalmente. Aquí está lo que finalmente acepté como realidad:

> Lujuria sexual es permitir una emoción sexual de cualquiera o cualquier cosa aparte de tu esposa.

Jesús trazó la línea claramente. El dio expresión explicita a la ley que Él había previamente escrito en nuestros corazones. Como Sus hijos, no debemos unirnos al mundo cuando responde con incredulidad y falta de fe. En cambio, debemos ponernos de acuerdo con Jesús y seguir Sus enseñanzas. Yo no había hecho esto antes y esto explicaba mi confusión interna. Finalmente reconociendo lo que Jesús quiso decir por adulterio en el corazón y creyendo que era algo que podía ser negado se convirtió en un factor de cambio para mí mientras luchaba para vencer la lujuria.

Habiendo obtenido y aceptado una comprensión clara de la lujuria como Jesús la explica, yo podía inmediatamente identificar cuando me involucraba en adulterio en mi corazón. Excepto por mi esposa, cualquiera y cualquier cosa que pudiera iniciar una emoción sexual estaba fuera de los límites para mí. Yo reconocí que todos mis abusos pasados de la emoción sexual pudieron haber sido evitados y claramente era pecado. Yo fui forzado a confrontar el hecho de que estaba cruzando la línea e imprudentemente acomodando al pecado de una forma continua. Ya no podía culpar a las tentaciones a que me exponía, lo que otros hicieran, lo que otros dijeran o incluso mis propios conceptos erróneos del pasado. Mis propias decisiones equivocadas fueron causa de confusión y tropiezos en mi caminar cristiano. Estar claro en esto se convirtió en la herramienta esencial que yo necesitaba para comenzar el proceso de eliminar el pecado que no tenía lugar en mi vida.

Reto: Si tú deseas vencer el pecado de la lujuria, mi esperanza es que tú aceptes y firmemente actúes con base a las definiciones de pureza sexual y lujuria mostradas previamente. Obtener tal claridad puede perturbarte como lo hizo conmigo, pero espero que te motive a realizar cambios en tu vida si estás fallando en esta área.

Distinguiendo Entre Deseo Sexual y Lujuria

Hay algunas objeciones que surgen inmediatamente en algunos que escuchan esta enseñanza por primera vez y es mejor introducirlas desde el inicio.

La primera objeción es la afirmación de que la emoción sexual que los hombres desarrollamos de una forma mayormente indiscriminada, es nada más que deseo sexual natural. De hecho, la mayoría de definiciones de la lujuria la describen como un deseo normal que se ha descarriado, sin explicar claramente cuando ocurre esto. Por ejemplo, el pastor John Piper define la lujuria de la siguiente forma—"La lujuria es un deseo sexual menos el honor y la santidad."[2]

Desafortunadamente, hay un problema fundamental al usar el término "deseo" o "deseo sexual" como el punto de partida al desarrollar una definición apropiada y práctica para la lujuria. La palabra "deseo" refleja la idea de esperanza o anhelo de satisfacción futura. En contraste, aquellos que codician sexualmente no solo están sedientos—están bebiendo de la copa también.

Como hombres, estamos constantemente expuestos a estimulaciones sexuales, primeramente visuales. Este es el mundo en que vivimos. Es natural tener una reacción sexual a tal estimulación. Esto es por el deseo sexual—parte de quién somos. Sin embargo, no se nos permite tomar el próximo paso cuando esta atracción sexual está mal dirigida. Enfocar nuestra atención para obtener una emoción sexual ilícita es un acto voluntario y pecaminoso. Ese trago rápido de dulce *"agua robada"* (Proverbios 9:17) es cuando hemos cruzado la línea hacia la lujuria pecaminosa. Quizás querremos minimizar el adulterio que estamos permitiendo en nuestros corazones, pero Dios no lo ve así.

Sin embargo, no hay nada malo con el deseo sexual—siempre y cuando no sea seguido de lujuria. Es una poderosa capacidad otorgada por Dios, altamente sintonizada y no debemos pretender que desaparecerá o querer encontrar alguna falta en ella. Como el Tío Escrutopo, el tutor demoníaco le escribió a su pupilo, Ajenjo, en Cartas del diablo a su sobrino (C.S Lewis):

> Él [Dios] hizo los placeres: todas nuestras investigaciones hasta el momento no nos han permitido producir uno. Todo lo que podemos hacer es motivar a los humanos a que tomen los placeres que nuestro enemigo ha producido, en momentos, o en formas o niveles, que Él ha prohibido.[3]

El asunto es si nosotros usaremos nuestros deseos para pecar. Deseos sexuales elevados solo son permitidos mientras los compartimos y los disfrutamos dentro de los parámetros de una relación matrimonial. El pecado de la lujuria—"anhelo pecaminoso" como le llamó Easton — ocurre cuando nos permitimos a nosotros mismos placer sexual ilícito al usar incorrectamente el deseo sexual.

Pensamientos Sexuales

Otra objeción para describir la lujuria como una emoción sexual ilícita está basada en la afirmación de que no podemos eliminar pensamientos sexuales. Sin embargo, esta no es la meta que deseamos alcanzar. Mientras seguimos adelante, examinaremos cómo debemos tomar control de nuestra vida de pensamientos. Este es el frente crítico en la batalla contra la lujuria para el Cristiano—*"El reino de Dios está entre ustedes"* (Lucas 17: 21).

Mientras continuamos negando la lujuria, debemos reconocer y ser motivados por el conocimiento de que tener pensamientos sexuales inapropiados no es lo mismo que cometer lujuria. Es solo cuando nosotros inapropiadamente permanecemos en tales pensamientos para desarrollar la experiencia reconocible de una emoción sexual ilícita que hemos pecado. De esta forma, el pecado de la lujuria es comparable con otros pecados a los cuales somos susceptibles. A veces, todos enfrentamos situaciones que nos provocan enojo, pero si inapropiadamente permanecemos en ese enojo, nos deslizamos hacia pecados tales como la ira, amargura y falta de perdón. Todos enfrentamos dificultades o problemas a veces, pero si inapropiadamente permanecemos en esas dificultades y problemas, nos deslizamos hacia el pecado de la preocupación. A veces, parece que a los demás les va mejor que a nosotros, pero si inapropiadamente permanecemos en esos pensamientos, nos deslizamos hacia el pecado de la envidia o egoísmo. Podemos citar muchos otros ejemplos como estos. Mientras ganamos la victoria sobre la lujuria, nuestros deseos y pensamientos ya no nos dirigen hacia el pecado.

Enfocándonos en el Problema Real

Haber comprendido que los deseos sexuales y pensamientos—por sí solos—no estaban necesariamente ligados a la lujuria fue un descubrimiento crucial para mí. Mientras estaba profundamente perturbado por la lujuria, tales deseos y pensamientos frecuentemente resultaban en una emoción sexual ilícita. Inicialmente, asumí que necesitaba deshacerme de tales deseos sexuales esporádicos y malos pensamientos.

Este enfoque se llama "supresión de pensamientos". La supresión de pensamientos ha sido estudiada extensamente y es mejor ilustrada por el experimento de intentar auto-detenerse de pensar en un elefante rosado. Desafortunadamente, esta estrategia nunca ha mostrado su efectividad. En vez de tales intentos, debemos aceptar que en algunos momentos tendremos pensamientos malos y continuaremos sintiendo deseo sexual en formas que no elegimos. En vez de suprimir nuestros pensamientos y deseos rebeldes, debemos *"llevarlos cautivos"* (2 Corintios 10:5) negándoles acceso a nuestros corazones. La tentación de "darle riendas sueltas" a esos pensamientos y deseos debe ser resistida.

En efecto, no importa qué forma de tentación o debilidad enfrentemos, debemos actuar con el conocimiento y la confianza de que Dios es fiel para proveer *"la salida"* (I Corintios 10:13). Entrar por ese *"camino"* necesariamente significa que nos rehusamos a cometer adulterio en nuestros corazones. Ni siquiera debemos angustiarnos por tales deseos y pensamientos que cruzan nuestras mentes. No es pecado. Nuestro enfoque debe estar en negarle acceso al pecado, creciendo en madurez como creyentes y aprendiendo a complacer a Dios.

Estemos claros acerca de esto. No podemos apagar nuestros deseos y pensamientos, ni deberíamos procurar hacerlo. Ellos no son el problema real. Sin embargo, también debemos reconocer cuando hacemos mal uso de nuestros deseos o pensamientos para acomodar al pecado y desarrollar estrategias prácticas para obtener la victoria si nos encontramos siendo dominados por este pecado. Muchos incorrectamente creen—como lo hice yo alguna vez—que los deseos sexuales y pensamientos sexuales son partes de nosotros que tienen poderes especiales. Ellos sienten que no tienen opción—al ser sometidos a tentación—aparte de permitir estos deseos y pensamientos para generar una emoción sexual ilícita. Se ha convertido en una respuesta automática porque han cruzado la línea de forma regular.

Desafortunadamente, nuestros deseos y pensamientos sexuales están envenenados y hechos desagradables por el pecado, así como todo lo que el pecado toca. Para algunos, se convierten en un asqueroso y pervertido pozo séptico. Sin embargo, es aquí que el agua viva de nuestro Salvador se hace poderosamente evidente. Mientras le obedecemos a Él y caminamos en Su Espíritu, hasta nuestros pensamientos y deseos sexuales son lavados, transformados y hechos nuevos. Eventualmente, la urgencia de usar deseos y pensamientos impuros mal dirigidos para poder pecar pierde su poder.

La capacidad de comprender esta distinción y cómo expresarla se desarrolló en mí con el pasar del tiempo. Carl Westerlund, un veterano Pastor Asociado en Calvary Chapel Costa Mesa, revisó una versión previa de este trabajo. Como parte de su respuesta, él incluyó el siguiente comentario—"No podemos eliminar los pensamientos y deseos sexuales." Su forma de expresarse con respecto a este tema—admitiendo que hasta él continuaba experimentando esto—causó que yo re-escribiera partes de lo que ya había escrito y que incluyera esta sección. Quizás él sintió que mis pensamientos y ciertamente mis escritos hasta ese punto no estaban claros con respecto a este asunto crítico.

Reto: Si encuentras que la forma en que estás utilizando tus deseos y pensamientos sexuales es descontrolada e inapropiada, entonces la forma en que te estás comportando en tu corazón te está perjudicando y obstaculizando tu relación con Dios. Aunque los deseos y pensamientos sexuales son una parte integral de la experiencia humana, no son pecados. Sin embargo, cuando permaneces en y manipulas los deseos y pensamientos sexuales para llegar a cometer adulterio en tu corazón—permitiéndote a ti mismo una emoción sexual ilícita—has cruzado la línea y desobedeciste a Dios.

Aunque no eliminaremos los pensamientos y deseos sexuales maldirigidos, esto no nos da un pase gratis hacia la lujuria.

Manejo del Pecado

En su perspicaz libro de 1997, La Conspiración Divina, Dallas Willard presenta una clara descripción de cómo la mayoría de Cristianos modernos tratan con el pecado, resignándose a su poder sin enfocarse en vivir en santidad. Al hacer esto, el introdujo la frase, los "evangelios del manejo del pecado" dónde la "transformación de la vida y el carácter no es parte del mensaje redentor."[4] El observa que los Cristianos que se enfocan en sus vidas Cristianas de esta forma tratan con cualquier pecado que se levanta procurando manejarlo y sus consecuencias, en vez de vencerlos. En otra parte, Willard ha descrito esto como Cristiandad del "miserable pecador" —una creencia que no espera que los Cristianos vivan en santidad. [5]

Aquellos que son abrumados por el pecado de la lujuria fácilmente se deslizan hacia este modo de pensar. Ellos no saben cómo obtener la victoria sobre este tenaz pecado o no consideran la victoria sobre este pecado como una meta realística. Como resultado, aunque son Cristianos, aún viven bajo el poder y convicción del pecado y sufriendo debido al daño constante que el pecado inflige.

Así fue como yo pasé la mayor parte de mi vida. Nunca imaginé que la lujuria pudiera ser algo que podía ser "crucificado" en la forma que la Biblia describe. Como resultado, experimenté disonancia cognitiva (una brecha racionalizada entre nuestras acciones y nuestras creencias) cuando tenía que ver con el estudio de lo que la Biblia enseña con respecto a este tema. Teniendo oídos para oír, no escuchaba. Mi caminar Cristiano estaba completamente en desacuerdo con lo que yo estaba leyendo. Ignorar las palabras de Jesús en Mateo 5 requirió gimnasia mental que era totalmente ridícula pero no necesaria para excusar mi comportamiento interno.

Temas a Discutir:

1. Considera la definición, "Tu eres sexualmente puro cuando ninguna gratificación sexual proviene de nadie más que tu esposa." ¿Hay una mejor manera de describir la pureza sexual? ¿Por qué se requiere de una definición?

2. ¿Describirías las definiciones de la lujuria provistas en este capítulo como realísticas? ¿Exactas? ¿Útiles? ¿Qué fue nuevo para tí en esto?

3. ¿Considerarías la lujuria como automática o como algo que te permites experimentar? Describe por qué.

4. Considera la forma en que "emoción sexual ilícita" es descrita en este capítulo. ¿Tienes alguna otra manera para describirla?

5. ¿Cuáles son algunas formas de experimentar deseo sexual sin pecar?

6. ¿Cómo podemos tener pensamientos sexuales sin pecar? Ofrece ejemplos.

7. Viendo hacia atrás en tu vida, ¿Dirías que creías que lo mejor que podías desear era poder manejar la lujuria y la tentación sexual o creías que podías vencerla? ¿Cómo ha cambiado este capítulo tu vieja manera de pensar?

3—El Peligro de la Lujuria

"...Que se aparten de los deseos pecaminosos que combaten contra la vida."

1 Pedro 2:11

"Deseos carnales" Guerra en contra de nuestras almas. Nosotros triunfaremos sobre estos o seremos arrastrados en la derrota. La guerra es una amenaza seria, no debe tomarse a la ligera.

Traduciendo "Epitemia" como "Deseos Malvados"
La NVI consistentemente interpreta la palabra del Nuevo Testamento *epitemia*, como *"deseos malvados"* en vez de *"lujuria"* cuando esta palabra es usada para describir al pecado. Por ejemplo, 1 Pedro 1:14 en la NVI indica: *"Como hijos obedientes, no se amolden a los malos deseos que tenían antes, cuando vivían en la ignorancia."* Este pasaje claramente transmite el significado subyacente. Nota que Pedro señala *"ignorancia"* como la condición motivadora debajo de la práctica de los deseos malvados. Cuando ya dejamos de ser ignorantes o confundidos con respecto a cómo los deseos malvados se manifiestan en nuestras vidas, esto sirve de mucho para empoderarnos y así poder vencer estos deseos.

"Deseos Malvados" es una traducción preferida ya que la palabra "lujuria" es a menudo utilizada imprecisamente. Ignorancia e imprecisión—colaborando mientras continuamos pecando— son algo común en la manera en que esta palabra es utilizada. Por ejemplo, he escuchado este término utilizado de forma aprobante y errónea para describir como uno debe sentirse con respecto a su esposa, lo que

simplemente está incorrecto. En mi caso, la lujuria pasó a significar actividades considerablemente más malvadas que la emoción sexual ilícita de todos los días que continuamente me causaban tropiezos.

> **Reto:** Es cuando tomas los deseos y pensamientos que originan en tu mente e intencionalmente permites una emoción sexual ilícita que estás pecando en tu corazón de la manera que Jesús tan fuertemente condenó. Si no tienes claridad con respecto a la verdadera naturaleza y la mecánica de la lujuria, esto puede significar que estás viviendo *"en ignorancia"* justo como yo lo estaba y esta puede ser la raíz de tu pecado. Que no seamos codiciosos lujuriosamente es parte de la ley de Dios, escrita en nuestros corazones. Todos sabemos que está mal. Permanecer ignorantes o en negación acerca de cómo y cuándo esto sucede, o como vencerle, no cambia las consecuencias inevitables de la desobediencia.

Tres Características de la Lujuria:

1) La lujuria es insaciable.

Proverbios lo dice, *"El sepulcro, la muerte y los ojos del hombre jamás se dan por satisfechos."* (Proverbios 27:20). Es difícil explicar porqué alguien tiene que "checar" cada mujer bonita que ve, aún más, desperdiciar horas incontables compulsivamente viendo pornografía, o persiguiendo algo nuevo de naturaleza sexual. En algún momento, parecería que tendríamos suficiente. Sin embargo, esta compulsión permanece en el centro del pecado de la lujuria. Una vez que nos rendimos y permitimos que nuestros deseos y pensamientos sexuales den entrada a la emoción sexual ilícita, no solo estamos pecando, también nos hemos posicionado para deslizarnos a una caldera de pecado continuo. Es una sed que nunca logra ser satisfecha completamente, más bien genera aún mas sed.

De nuevo, yo confieso mi propio fracaso y falta de entendimiento. Yo no reconocí que era un esclavo, *"sirviendo a todo género de pasiones y placeres"* (Tito 3:3). Mi interpretación trastornada era que yo todavía estaba en control. Yo "comprobé" esto por la forma en que yo estaba limitando los tipos de cosas que permitía y manteniéndome fuera de problemas más serios. Por ejemplo, me rehusé a ver ciertas películas y programas de televisión. Tales disciplinas tienen un valor importante como parte de vivir una vida libre de la lujuria, pero careciendo de eso, estos pequeños esfuerzos a medias lograron poco para aplastar mi lujuria interna. Nuestras mentes pueden crear mucho de algo pequeño. En efecto, ya que no estaba eliminando la lujuria en mi corazón, no tomó mucho—incluyendo algo desenterrado de mi memoria—para avivarla de nuevo.

La insaciabilidad de la lujuria es capturada por la idea de "quemarse en lujuria," una manera de describir este comportamiento pecaminoso que fue utilizado por varios escritores Bíblicos incluyendo a Pablo (1 Corintios 7:9). Es un fuego. Como un fuego, se sostiene a sí mismo continuamente alimentándose de más combustible. Mis intentos de manejar aquello con lo que yo entrara en contacto y como me comportaba pudo en algunos momentos haber reducido mi lujuria a un ardor sin llamas, pero aún a ese nivel, mantenía la habilidad de levantarse en furia con poca provocación.

2) La Lujuria es Engañosa

No comprender que la insaciabilidad y poder de la lujuria son el resultado directo de mantenerla viva es un buen ejemplo de otra característica de la lujuria, que es su capacidad de engañar. Como Pablo escribió, la lujuria es *"engañosa"* (Efesios 4:22). En el primer capítulo de Romanos, él explica esto en gran detalle, mostrando lo que sucede a aquellos que persisten en su maldad. *"Por eso Dios los entregó a los malos deseos de sus corazones, que conducen a la impureza sexual, de modo que degradaron sus cuerpos los unos con los otros. Cambiaron la verdad de Dios por la mentira,"* (Romanos 1:24-25).

Antes de yo aprender a vencer el poder de la lujuria, mis pensamientos eran *"fútiles"* y mantenía el *"entendimiento depravado"* como Pablo describe más adelante en este pasaje al referirse a aquellos que se entregan al pecado sexual. En vez de tener principios claros que guiaran mi comportamiento en esta dimensión, yo estaba inventando cosas sobre la marcha, siempre con el resultado de permitirle al pecado que mantuviera sus ataduras en mi vida.

Otro engaño era mi convicción de que yo había sido "cableado" para la lujuria. Esto causó que yo concluyera a un nivel práctico que el estándar Bíblico era ambos, antinatural y contrario a como yo había sido diseñado. Esto es simplemente falso. No estamos destinados a la lujuria. Es algo que permitimos que suceda.

La lujuria causó que yo me auto-engañara y que engañara a otros mientras minimizaba o negaba lo que estaba ocurriendo en mi vida. El engaño intrínseco de la lujuria completamente infiltra nuestro ser cuando le permitimos desarrollarse. Jesús deploró la hipocresía más que cualquier otro pecado subyacente. Como un Cristiano que mantuvo fantasías sexuales, era un hipócrita, de doble ánimo e inestable. Aún mientras profesaba mi fe y actuaba limpio por fuera, yo era en realidad una "taza sucia" en el interior. Dios vio dentro de mi corazón y conocía mis pensamientos. Su deseo para mi es que yo mantenga una pureza que me deje sin temor de permitir que mis pensamientos sean revelados a cualquiera.

3) La Lujuria es Destructiva

Una tercera característica de la lujuria que a menudo es pasada por alto es su destructividad intrínseca. Cuando Pedro escribió—*"que se aparten de los deseos pecaminosos que combaten contra la vida."* (1 Peter 2:11)—Él utilizó el término "combate" porque la guerra es más seria que una batalla o escaramuza. La guerra es hecha con el intento de conquistar y destruir.

Todos estamos muy conscientes de historias, algunas sensacionales, de líderes Cristianos que han sido derribados por la lujuria. Quizás has visto este tipo de historia desarrollarse en las vidas de Cristianos que conoces. Tan horribles como esos ejemplos vergonzosos han sido al pasar de los años, no he encontrado que esas miserables historias de hermanos atacados hayan sido muy instructivas. Lo que pude llevarme de esas historias era que más me valía no pasarme de la "línea" borrosa que había trazado.

Como muchos, yo pensaba que un poco de lujuria era inevitable; todo el tiempo estando agudamente consciente de que mucho de eso podía resultar en un desenlace desgarrador tal como un hogar destruido, pérdida de carrera o peor. No había duda de que la lujuria era una fuerza hostil que podía actuar como una bola demoledora en la vida de un hombre, trayendo devastación total. Sin embargo, yo no esperaba que esto me sucediera a mí. Al permitirme a mí mismo lo que yo consideraba como sólo un poco de lujuria, yo determiné mantener un nivel "seguro", cuidadosamente guardado para que yo pudiera rápidamente devolverme cuando pareciera salirse de control. En vez de una enfermedad fatal, parecía más bien un nivel bajo de fiebre o condición crónica. Sin embargo, nutrir a la lujuria a este nivel causó daños considerables.

El problema más crítico con este enfoque es que significa romper el primero y más grande de todos los mandamientos. Somos mandados a amar a Dios con todo nuestro corazón, mente, alma y fuerzas (Marcos 12:29). Al rendirme ante la lujuria, esto secuestró mis pensamientos y energía creativa y desagradó a mi Padre. ¿Es algún asombro que mi caminar con Dios era incómodo y mi vida espiritual pasmada? Mi poderosa imaginación y mi intrigante vida de pensamientos fueron diseñadas para el Reino de Dios. Forman parte de Su plan. ¿Por qué estaba tornando estas facultades hacia el pecado? Al haber creado espacio para la lujuria en mi vida, esta enfatizó su poder de forma inesperada, aún en esos momentos cuando yo deseaba acercarme a Dios.

Nunca debemos olvidar que cosechamos lo que sembramos. Asumiendo que podemos involucrarnos en la lujuria y aún así escapar de las consecuencias es tonto. La lujuria echa raíces que crecerán hasta convertirse en ramas llenas de espinas y su intención es ahogarnos. Afectará nuestras relaciones con nuestras esposas o eliminará nuestro testimonio ante aquellos que conocemos. Ciertamente limitará nuestra vida de oración y obstaculizará nuestro íntimo caminar con Dios. No debemos actuar sorprendidos por el resultado desastroso o diluirnos al pensar que recibir perdón es equivalente a la obediencia. Dios no ha suspendido la ley de la cosecha.

El ejemplo perfecto para esta realidad es el Rey David. El pecado de la lujuria produjo tragedia en su hogar y en su reino. Irrespectivamente de su arrepentimiento y determinación de obtener un *corazón limpio*, (Salmos 51), las consecuencias de su pecado continuaron.

¿Deberíamos esperar escapar a un destino similar? Una y otra vez, las Escrituras nos dicen que nos tornemos de nuestro pecado y que vivamos nuestra vida en Cristo. Si no lo hacemos, podemos estar seguros de que nuestro pecado nos encontrará.

Un Entendimiento Secular

Sexhólicos Anónimos—un grupo de recuperación—ofrecen un recurso útil en sus páginas de Internet con respecto a la insaciabilidad, engaño y peligro de lo que ellos llaman "enfermedad espiritual" de la lujuria. Aquí les incluyo un extracto:

> La idea de que nosotros podíamos parar los comportamientos sexuales indeseables mientras permitíamos que la lujuria viviera en nuestras mentes debía ser destruida. La conclusión era inescapable: la lujuria debía irse si íbamos a dejar de actuar de esa forma.
>
> Basados en experiencia personal sabemos que la lujuria es astuta, desconcertante, poderosa y paciente. En el trajín del día a día, nos preguntamos cómo podemos ganar contra un enemigo que nunca duerme y nunca se rinde. En el pasado, cuando la lujuria tocaba, siempre le abríamos la puerta. Era como si no teníamos otra opción. Pero hoy en recuperación, si tenemos otra opción. Existen muchas herramientas que podemos utilizar para mantener la puerta cerrada a la lujuria.[6]

Observa que este grupo secular comprende que la lujuria por sí sola debe ser atacada directamente en vez de simplemente resistir la urgencia de "actuar en ella". "Actuar en ella" es lo que los grupos de recuperación y los consejeros llaman a la manifestación externa de la lujuria como masturbación, el uso de pornografía y relaciones ilícitas. Este grupo está ansioso por resolver el problema de la lujuria de la mejor forma posible, usando sus experiencias y conocimientos. Al hacer esto, ellos están respondiendo a la creciente realización de las consecuencias infelices de la lujuria y el estilo de vida libertino que nuestra cultura ha adoptado.

Por otro lado, es raro escuchar entre la mayoría de grupos de recuperación e incluso en las iglesias, una clara advertencia acerca de las ataduras que la lujuria trae a nuestras vidas o—más importante—cómo "mantener la puerta cerrada a la lujuria". Esto, a pesar de que los creyentes han sido única y ricamente equipados por la Palabra de Dios, no sólo para comprender y resolver el problema de la lujuria, pero también para compartir esta solución con un mundo en dolor.

El Efecto del Pecado Sobre La Emoción

Generar una emoción sexual ilícita con frecuencia es buscar problemas. Aunque podemos estar enfocados en los problemas espirituales, emocionales y relacionales que resultan, no podemos ignorar los daños colaterales que ocurren. Cuando persistimos en este pecado, inesperadamente creamos un desastre en nuestras capacidades sexuales dadas por Dios. Por ejemplo, mi amigo Don, de quien compartí su historia en el primer capítulo, encontró que su eficiencia sexual mejoró y que su placer sexual incrementó dramáticamente para él y su esposa luego de que comenzara a tratar con la lujuria correctamente. Antes de esto, le habían sugerido que tomara Viagra, ya que su doctor creía que sus problemas sexuales eran causados por las medicinas que tomaba para el corazón.

¿No debería de parecernos extraño que tantos hombres—que en otro aspecto están perfectamente saludables—no pueden disfrutar una relación sexual saludable con sus esposas? Mi conclusión es que la explosión de Viagra es solo una de tantas consecuencias indeseables que provienen del mal uso de nuestras capacidades sexuales. Abúsala y piérdela.

Otra consecuencia infeliz es cuando hombres o mujeres recurren a fantasías de estar con otra persona mientras hacen el amor con su pareja. Esta engañosa y distorsionada forma de adulterio en el corazón esta patéticamente extendida y hasta es recomendada en algunos círculos.

Tales deterioros en la sexualidad saludable provienen del hecho de que el pecado sin dudas daña y le resta valor a todo lo que toca. Si persistimos en utilizar nuestra capacidad sexual dada por Dios de una forma diferente a la cual fue diseñada, requerirá de una cantidad incremental de estimulación para llegar al resultado prohibido que buscamos. Igualmente, resultará en una cantidad reducida del placer aceptable que podemos disfrutar.

Continuar en Pecado Destruye Nuestra Paz

La ley de Dios aplica, aún cuando estamos inseguros con respecto a sus requisitos. Viendo hacia atrás, aunque estaba confundido con respecto a la forma en que la lujuria trabaja y cómo podía vencerle, aún sufría de una falta de paz y gozo por mi desobediencia.

Esto me trae a la memoria una historia dicha por un pastor/misionero en Romania. En su iglesia había un nuevo convertido quien se convirtió en un apasionado seguidor de Cristo. A pesar de esto, el estaba abrumado por la culpabilidad y frustrado en su caminar. El no podía dormir y no tenía paz. A media noche, le llamó a su pastor y le rogó por su consejo. El pastor no llegaba a una solución con él hasta que el hombre le dijo, "Yo estaba en cama hablando con mi novia de esto." El pastor le respondió en asombro: "Tú eres un Cristiano. ¡No debes estar en cama con tu novia!".

El joven saltó de la cama y le repitió el comentario en horror a su novia. Esto era nuevo para él. No volvió a tener intimidad sexual con ella hasta que se casaron. Haber comprendido la inquebrantable ley de Dios y haber puesto a un lado el comportamiento pecaminoso permitió que la culpabilidad y la convicción le dieran entrada a la paz con Dios. El mismo proceso trabajará dentro de ti si has entendido incorrectamente pero ahora comienzas a obedecer las enseñanzas claras con respecto a la lujuria que la Biblia provee.

Estallar

Si le permitimos a la lujuria mantener sus garras en nuestras vidas, incluso hasta el grado de meramente permitirnos la aparentemente inofensiva emoción sexual ilícita, estamos sembrando el *"viento"*. La *"tempestad"* que cosecharemos es inevitablemente dañina. (Oseas 8:7). No importa cuánto deseamos mantenerlo bajo control, nuestro pecado no nos permitirá que simplemente nos mantengamos al límite. Las semillas de la lujuria, plantadas tan a la ligera, resultarán en una completa floración como parte natural de su proceso. Esta floración es un tipo de erupción que es generalmente descrita como "estallar".

> **Reto:** Estallar es el punto donde ya no puedes pretender que estás bien. Aunque puedes estar sorprendido acerca de cómo llegaste allí, no debe haber confusión. Lamentablemente, en vez de tratar con el pecado subyacente, la pregunta crítica en tu mente en este punto debe ser como responder a este inevitable estallido de pecado o su efecto en tu vida. Sin embargo, un ungüento para la herida no sanará el cáncer debajo.

Obedecer a Cristo con respecto a la lujuria hace que un "estallido" sea impensable.

Victoria Sobre La Lujuria

Ya que la lujuria es un pecado destructivo, debemos encontrar una manera para vencerle—alcanzar la victoria sobre él. ¿Qué significa eso exactamente? De la siguiente forma lo describo:

> Victoria sobre la lujuria significa que ya no es un pecado habitual que domina la vida.

Algunos se burlan de la posibilidad de tal victoria y como prueba mantienen que la pureza sexual absoluta es imposible. Yo no argumentaré a favor o en contra de esa posición. Es un argumento de hombre de paja. El hecho de que todos pecamos a veces es innegable. Sin embargo, el pecado de la lujuria no debe verse como un caso especial.

Como con todo pecado, debe ser arrancado de raíz. Cuando los Cristianos permiten que la lujuria se establezca, están viviendo en la carne y desarrollan malos hábitos que les causarán tropiezos de manera regular. Mantener este pecado, aunque no escale hacia algo horrible o vergonzoso limitará el crecimiento y fruto en la vida de un Cristiano. Hábitos pecaminosos deben ser quitados y hábitos divinos deben ser establecidos. Hasta que quebremos las ataduras de la lujuria pecaminosa, estaremos incapaces de vivir en una manera que agrade a Dios.

Una Difícil Definición y Meta

La definición, "Lujuria sexual es permitir una emoción sexual de cualquiera o cualquier cosa aparte de tu esposa", puede parecer radical para ti como lo pareció para mí. La idea de obtener la victoria puede parecer locamente fuera de alcance. Vivimos en una era voyeurística. Inicialmente, requería de un esfuerzo intenso poder combatir la lujuria de la forma que estoy describiendo. El hábito pecaminoso de obtener una emoción sexual ilícita de una forma descuidada y casual fue una que lamentablemente yo había adoptado.

Yo no podía culpar a mi entorno o cultura por mi elección de tal comportamiento. Apuntar el dedo contra la manera despectiva en que las películas presentan a las mujeres o hasta la forma en que muchas mujeres deciden presentarse a sí mismas, no es una defensa creíble. ¿Realmente esperamos que los medios de comunicación se limiten con respecto a la manera en que promueven el comportamiento sexual? El mundo de la publicidad también ha aprovechado nuestro deseo de consumir todo tipo de placer visual. El sexo vende. ¿Esperamos que la industria publicitaria le baje un tono al nivel que nos evitará involucrarnos en la lujuria?

Puede ser argumentado que la cultura Romana en la cual la Iglesia Occidental fue fundada era mucho más permisiva y depravada en sus prácticas sexuales que la nuestra hoy en día. La oscuridad que yo veía a mí alrededor no era el problema. Era la falta de luz que brotara de mi interior.

De hecho, la lujuria puede florecer en el más árido terreno. No requiere de pornografía o tentaciones atractivas. Brota del interior. Como Jesús explicó—*"Porque del corazón salen los malos pensamientos, los homicidios, los adulterios, la inmoralidad sexual, los robos, los falsos testimonios y las calumnias."* (Mateo 15:19**).**

Conocer la Meta es Solo el Comienzo

Tristemente, aún cuando yo adquirí una clara comprensión de la forma de operar y la seriedad de la lujuria, también aprendí de la forma difícil que esto no era suficiente. Yo no estaba dispuesto a tomar los pasos necesarios para vencer mi pecado. Yo había aprendido que la lujuria podía ser y debía ser completamente desarraigada y removida de mi vida. Aunque hacer esto no era una prioridad para mí inicialmente, el primer paso para ser educado en lo básico de la lujuria era esencial.

Yo había sido engañado y creo que muchos otros continúan siéndolo también. El estándar que Dios establece en Su Palabra no es ambiguo. Yo tuve que admitir que cada emoción sexual ilícita en mi vida era auto-generada, no forzada sobre mí por algún factor externo.

> **Reto:** Si comenzaste a leer esto porque estás batallando con la lujuria, esta forma de ver el tema puede ser nueva para ti; pero creo que encontrarás que es cierto de todas formas. Espero que mientras continúas leyendo estés de acuerdo y hagas todo lo que sea necesario para vencer este pecado en tu vida. Puedes preferir mantener una descripción indefinida de la lujuria o decirte a ti mismo que obtener la victoria sobre ella es imposible. Quizás insistirás en permitirte a ti mismo alguna libertad para tomar parte en la abundante cantidad de deleites para los ojos. Puedes considerar tales "meriendas" como meramente una tentación a la lujuria en vez del plato fuerte en que rápidamente se convierte. De ser así, debes considerar si estás agradando a Dios cuando haces esto y qué peligroso es continuar en pecado. El mundo y sus tantas falsas sirenas no pueden ser tu guía. Para un Cristiano, la enseñanza es clara. Cuando tiene que ver con generar una emoción sexual, pertenece dentro del matrimonio solamente.

El peligro en retirar este estándar es que tú—como alguien que está batallando en esta área— puedes quizás creer que leyendo, creyendo o quizás deseando alcanzar lo que Dios ha claramente demandado es suficiente. Puedes decir, "Ya comprendo" y luego pensar que puedes conformar tu vida alrededor de esta comprensión más clara de la lujuria simplemente porque crees que está correcta.

Yo era así. Inicialmente, obtuve el conocimiento necesario, le di aceptación intelectual y aun así fracasé al no tomar la acción necesaria. Haber hecho esto demostró que yo subestimaba el poder de mi pecado, sobre-estimaba mis propias habilidades y peligrosamente opté por ignorar las claras enseñanzas Bíblicas.

En la misericordia de Dios, El no me dejó en esa posición. Persistir en pecado habitual no podía permanecer como una opción aceptable desde ese punto en adelante. Si apenas estás comenzando a comprender estos asuntos y sientes la necesidad de cambiar, Yo oro para que el Espíritu de Dios trabaje en tu vida y te liberte de las ataduras de la lujuria.

Esto tomó tiempo para mí. De las descripciones que usó Pablo, *"necios, desobedientes, descarriados y éramos esclavos de todo género de pasiones y placeres."* (Tito 3:3), Yo inicialmente me identifiqué con todas, aunque ya no estaba engañado, por lo menos en el aspecto cognitivo. Mi ignorancia en lo que respecta a la naturaleza de la lujuria había sido arrancada. Aun así, de todos modos, continué siendo *"necio"* y *"desobediente"* mientras continuaba siendo *"esclavo de todo género de pasiones y placeres"*.

Temas a Discutir:

1. La lujuria es descrita como insaciable. ¿Has encontrado que eso sea cierto en tu experiencia? ¿Puedes proveer un ejemplo de esto en vida?

2. La lujuria es descrita como engañosa. ¿Has encontrado que eso sea cierto en tu experiencia? ¿Puedes proveer un ejemplo de esto en vida?

3. La lujuria es descrita como destructiva. ¿Has encontrado que eso sea cierto en tu experiencia? ¿Puedes proveer un ejemplo de esto en vida?

4. La frase tomada de la página de Sexhólicos Anónimos incluye lo siguiente: "La lujuria es astuta, desconcertante, poderosa y

paciente." ¿Cuál de estas cualidades has encontrado ser verdadera en tu experiencia con la lujuria?

5. ¿Cómo puede la caracterización de Pablo con respecto a sus pasadas actitudes y comportamiento en Tito 3:3—*"necios, desobedientes, descarriados, esclavos de todo género de pasiones y placeres"*—describir tus propias actitudes y comportamiento, ahora o en el pasado?

6. ¿Qué has aprendido que sea nuevo acerca de la lujuria al leer hasta este punto y al discutir el tema con otros? ¿Cómo piensas que esto afectará la forma en que vives?

4—Entrando en la Guerra Contra la Lujuria

En verdad, Dios ha manifestado a toda la humanidad su gracia, la cual trae salvación y nos enseña a rechazar la impiedad y las pasiones mundanas. Así podremos vivir en este mundo con justicia, piedad y dominio propio, mientras aguardamos la bendita esperanza, es decir, la gloriosa venida de nuestro gran Dios y Salvador Jesucristo. Él se entregó por nosotros para rescatarnos de toda maldad y purificar para sí un pueblo elegido, dedicado a hacer el bien.

Tito 2:11-14

Como describí anteriormente, inicialmente obtuve una clara comprensión de la lujuria y una convicción específica con respecto a la forma en que estaba desobedeciendo a Dios, pero me rehusé a actuar en ello. Sin embargo—habiendo obtenido este entendimiento—Yo ya no podía ignorar o racionalizar la manera en que vivía. My pecado estaba *"siempre presente"* (Salmos 51:3).

Mi falta de progreso creó división en mi matrimonio. Cuando la crisis de mi amigo Steve estalló, trajo todo hacia el frente para mí también. Tornándome a enfrentar la situación, encontramos que las Escrituras y la rendición de cuentas mutuamente comenzaron a penetrar y a hacer su labor de limpieza. .

Pablo escribió a Tito que debemos rechazar la *"impiedad y las pasiones mundanas."* Al finalmente decidirme a procurar la pureza sexual como descrita en los capítulos anteriores, rápidamente me comprobé a mí mismo que la emoción sexual ilícita y casual que había formado una gran parte en mi vida no era inevitable para mí como creyente y que por el contrario, sirvió como campo de batalla para mi lucha por vencer la lujuria. Es *"por nosotros"* quienes nos involucramos en tales actividades que *"Jesús se entregó"* para poder *"rescatarnos"*—liberarnos—de tales acciones de *"maldad"* y *"purificar para sí un pueblo elegido."*

Una Cuestión de Madurez como Cristiano

Entrar en esta batalla incluyó mucho más que meramente eliminar malos hábitos. Aunque mi enfoque inicial fue dejar de desagradar a mi esposa y dejar de sentirme culpable, pronto comprendí que el asunto real era si yo iba a madurar como Cristiano y ser obediente en mí caminar Cristiano.

En los capítulos más adelante, enumeraré catorce facetas de esta batalla de forma sistemática. Pero primero, describiré como este proceso se ha desarrollado en mi vida.

Retrocediendo de la Lujuria

La herramienta práctica más importante para yo poder vencer la lujuria fue haber aprendido a tornarme de ella inmediatamente. Los escritos de Fred Stoeker me introdujeron a esta idea con una de sus recomendaciones llamada "rebotando los ojos." El usó esta frase para describir la práctica de instantáneamente redirigir la atención de cada tentación visual hacia la lujuria. Yo llamo a esa misma acción "retrocediendo de la lujuria". Esto se convirtió y continúa siendo una manera poderosa de *"rechazar pasiones mundanas"* (Tito 2:11) ya que provee una manera de sofocar el tipo de emoción sexual ilícita que anteriormente había sido tan común para mí. He aquí cómo funciona: En cualquier punto donde me encuentre, me rehúso a fijar mi atención en cualquier cosa que resulte en una emoción sexual inapropiada. He aprendido que esta simple forma de responder a las tentaciones visuales anula una reacción que en algún momento parecía automática.

Fue un logro fascinante. Había descubierto una manera de conscientemente evitar la lujuria. Mis acciones carnales estaban siendo crucificadas. Aunque este método de *"rechazar la impiedad y pasiones mundanas"* (Tito 2:12) era simple y efectivo, un paso más difícil era convertirlo en un reflejo automático. Así como yo había aprendido a través de los años cómo aplicar precisamente suficiente atención para crear una emoción sexual ilícita, ahora yo debía aprender qué era requerido para evitarla. Implementar este enfoque desarraigó mi comportamiento pecaminoso pero no fue una solución rápida o fácil. Mi hábito pecaminoso se había convertido profundamente arraigado y debía ser tratado como un pecado controlador y habitual. Tal pecado requiere de determinación sostenida y enfocada para quebrar su poder.

Al principio me sentía incómodo con respecto a mi nuevo enfoque. Significaba mantener mis ojos al frente mientras conducía, instantáneamente pasar las páginas de una revista o rápidamente cambiar el canal en la televisión. Marsha estaba perpleja de que tantas situaciones, aparentemente inocentes, me perturbaran. Como yo, ella asumió que tentaciones más severas eran el problema. Sin embargo, ya que yo estaba aprendiendo cómo parar la lujuria inmediatamente y estaba determinado a tener éxito, debía tomar las decisiones correctas cuando enfrentaba una tentación, incluso las "menores" mencionadas previamente.

Deseos y Pensamientos Sexuales Normales

Como mencioné anteriormente, yo aprendí relativamente temprano que mi meta no podía ser eliminar los deseos y pensamientos sexuales. Eso sería una persecución interminable—no el modelo Bíblico—y uno que inevitablemente ha demostrado ser infructuoso. En el pasado, lo que yo deseaba y los pensamientos que pasaban por mi mente ciertamente conducían a problemas. Si has sido atrapado por la lujuria, tú sabes cómo se siente. Sin embargo, si toma algo tan común como un mal pensamiento o un deseo sexual mal dirigido para descarrilarnos, ciertamente somos un desastre. Francamente, no podemos erradicar estos pensamientos y deseos, y no debemos usarlos como excusa. En vez de esto, debemos aprender a vivir con quien somos y a enfocarnos en lo que sí podemos hacer.

Esto trae a mi memoria un fragmento de una película jocosa de Jon Lovitz—jocosa, pero me gusta—*Mamá y Papá Salvaron al Mundo*. En esta película, una fuerza invasora de miles fue vencida por un temido sistema de armas, estratégicamente ubicado para vencerles—"ligeras granadas". Estas armas letales tenían una advertencia en ellas de que no debían ser levantadas. Uno por uno, cada soldado en el ejército completo ignoraba esa advertencia, levantando la granada e instantáneamente moría. Esto es semejante a aquellos que habitualmente toman los pensamientos y deseos sexuales y los utilizan mal para la lujuria. No deben hacerlo, pero lo hacen—a pesar de las consecuencias destructivas hacia sus propias vidas y en las vidas de aquellos que han observado.

Cualquiera que se rinde ante la lujuria de forma regular daña su apetito sexual normal y enfrenta dificultad por sus deseos y los tipos de pensamientos que penetran su mente. El mundo dice que el daño causado es permanente e irreparable. Básicamente, ellos creen que la atracción de una "ligera granada" continúa siendo potente indefinidamente para aquellos que se han rendido ante la lujuria. Sin embargo, es aquí donde precisamente el poder de la fe se hace evidente y maravilloso. Caminando en el Espíritu y rechazando pasiones mundanas, la libertad del pecado se hace realidad y una nueva vida nos sobreviene. Los deseos de nuestros corazones son transformados y nuestros pensamientos se tornan a Dios y los placeres que provienen de Su presencia. *"Pues donde tengan ustedes su tesoro, allí estará también su corazón."* (Lucas 12:34). Permitir una emoción sexual ilícita se hace cada vez menos atractiva y progresivamente más fácil de rechazar. Es un proceso gradual que se desarrolla cuando somos obedientes. Al entrar y continuar en este camino encontrarás gozo, libertad, victoria y paz, así como yo y muchos más hemos encontrado.

> **Reto:** Comprende y esfuérzate por alcanzar una meta alcanzable. Tu enfoque debe ser eliminar la emoción sexual ilícita. Tú no puedes detener tus pensamientos o neutralizar tus deseos. No desperdicies tu energía en tales

intentos, ya que simplemente te frustrarán y quizás hasta causen que te rindas en tu esfuerzo por obtener la victoria sobre la lujuria.

Levantando Murallas Contra el Mundo

Ya que las formas de iniciar una emoción sexual ilícita son prácticamente ilimitadas, Yo no podía esperar evitar todas las tentaciones. La oportunidad toca a la puerta incesantemente. Por ende, el rechazo a la lujuria debía suceder en mi corazón para que entonces la respuesta correcta fuera automática.

No obstante, había unas cuantas cosas que podían hacerse. Tenemos televisión por satélite en nuestro hogar y descubrí que a pesar de mi nueva determinación, yo no era muy bueno controlando mis hábitos visuales. Marsha y yo acordamos que ella bloquearía cualquier canal o tipo de programa que pudiera ser un problema, tal como videos musicales. Es un poco vergonzoso, decirle a tus hijos adultos que no tienes el código para ver algo que ellos desean ver, pero también es algo educacional para ellos.

También determiné restringir lo que veía mientras Marsha no estaba presente, limitando este tiempo a deportes, noticias, documentales y demás, haciendo uso extenso del DVR para evitar tener que pasar todos los canales. Pronto se hizo aparente que muchas de las noticias por televisión realmente no eran noticias. Fox News, por ejemplo, intencionalmente inserta imágenes provocativas e historias durante el transcurso de su programación. Afortunadamente existen muchas formas de obtener las noticias.

Intenté instalar un filtro de Internet en mi oficina, pero esto casi destruye la red de mi compañía. Para ayudarme en esta área, le pedí a Marsha que auditara lo que yo veía tanto en las computadoras de la oficina, así como en la casa y me propuse nunca eliminar mis registros de navegación. Me pregunto si es posible ocultar lo que hemos hecho en una computadora; yo me rehusé a intentarlo. Marsha es muy astuta con estos asuntos, así es que eso se convirtió en suficiente apoyo para mantenerme fuera de problemas en esta área.

Yo no puedo comentar con respecto a lo que otras personas deben hacer en lo relacionado a sus actividades por Internet. Algunos toman medidas extraordinarias mientras intentan filtrar la basura o tienen a alguien de confianza que monitorea su actividad por medio de sistemas de rendición de cuentas. Algunos han parado de utilizar el Internet completamente. Debemos hacer todo lo necesario con respecto a este seductor y potencialmente abrumador foco de tentación, especialmente al inicio. Es durante el inicio de nuestra batalla—cuando todavía estamos propensos a caer en casi todas las tentaciones—que se requiere de esfuerzo extra. Sin embargo, debemos reconocer que a pesar de nuestros mejores esfuerzos, aún enfrentaremos una abundancia de tentaciones incluyendo aquellos que son explícitos. Siempre habrá formas de alimentar la lujuria.

Por ejemplo, hace un tiempo atrás un hotel de convenciones reportó con aires de suficiencia, que las órdenes de pornografía por televisión (pago-por-evento) subieron dramáticamente cuando hospedaron una convención de pastores de jóvenes. Sin embargo, pago-por-evento se está convirtiendo en algo arcaico así como los teatros que exclusivamente mostraban películas pornográficas. Nuevas formas de distribución de pornografía evolucionan rápidamente. Las barreras no pueden evolucionar tan rápido. Los más recientes retos resultan de la proliferación de los teléfonos inteligentes con sus conexiones de Internet ultra privadas.

¿Cuál es la solución? ¿Debemos todos convertirnos en ermitaños? ¿Debemos requerir que cada mujer en nuestra presencia se ponga una burka? Francamente, simpatizo con los musulmanes que culpan a la tentación por sus pecados y buscan la forma de eliminarla de sus vidas. Algunos recurren a métodos extraños para conseguir esto, como los jóvenes musulmanes británicos que recientemente fueron enjuiciados por pintar con spray por encima de publicidad sensual en un tren subterráneo. Desafortunadamente, acciones como esta, motivadas por cualquier razón, logran muy poco por sí solas. Limitar las oportunidades para alimentar la lujuria no debe servir como la primera línea de defensa.

En esa nota, yo aprendí hace mucho tiempo que limpiar mi entorno de muchas formas no eliminaba el problema. Acomodado a cualquier nivel, la lujuria localizará el sustento que necesita para prosperar en su ambiente más constreñido y eventualmente enreda. No obstante, no debemos permitir que tentaciones perturbadoras persistan si existen formas de eliminarlas.

> **Reto:** Debes tomar inventario de tu vida y determinar cómo la lujuria se está sosteniendo. Mi deseo es que puedas adquirir el valor y la determinación para realizar los cambios necesarios en tu vida.

Al yo eliminar de forma proactiva las actividades que me permitieron codiciar lujuriosamente en el pasado, encontré que era más difícil que los ataques visuales me descarrilaran también.

Más Allá de los Ojos

Gradualmente se me hizo claro que el pecado con el cual luchaba era muy poderoso como para ser combatido solamente con la estrategia de retroceder de las tentaciones visuales. Mientras continuaba en esto, mis pensamientos e imaginación estaban siendo simultáneamente limpiadas también. Sin embargo, no eran tan puros como debían ser. Esto me causó que atacara al problema desde un ángulo diferente. Yo deseaba que mis pensamientos también mejoraran, para no ser avergonzado al exponerlos a Marsha o a cualquier otra persona. Ya es así con Dios. Debemos permanecer siempre conscientes de la rendición de cuentas requerida de nosotros.

> *"Y no hay cosa creada que no sea manifiesta en su presencia; antes bien todas las cosas están desnudas y abiertas a los ojos de aquel a quien tenemos que dar cuenta."* (Hebreos 4:13)

Para limpiar mi forma de pensar yo necesitaba aplicar una disciplina básica de retroceder de la lujuria muy dentro de mí también. Esto significaba forzar mi atención hacia la dirección opuesta de los pensamientos inapropiados e imaginaciones. Se dice que el hombre promedio piensa en sexo una vez cada seis minutos. Obviamente esto incluye las veces cuando no hay tentaciones visuales. Sea como sea, tales pensamientos no resultan en lujuria automáticamente— al menos que hayamos hecho de esto un pecado habitual.

Yo aprendí que era capaz de redirigir mi atención lejos de las cosas que estaban surgiendo en mi mente así como las que veía. El mismo principio es operante. Con la ayuda de Dios, somos absolutamente capaces de tratar con pensamientos fugaces y mantenernos enfocados en el camino. *"Así que sométanse a Dios. Resistan al diablo, y él huirá de ustedes."* (Santiago 4:7). Nuestras mentes no son cañones fuera de control.

Sin embargo, no hay esperanza para obtener la victoria en esta área si continuamente estamos llenando nuestras mentes con deleites visuales y frecuentemente nos permitimos una emoción sexual ilícita, no importa cuán pequeña. A este punto, "el caballo ha salido del establo". No se nos ha dado la habilidad de perseguir cosas fugaces, aunque este fue precisamente el enfoque que yo había tomado. Al llenar mi cerebro con pensamientos, imágenes y pequeñas emociones, mi mente se hizo fértil, cálida y abonada para más pecado. Soñar despierto, que es una función vital, o soñar mientras dormido con estas cosas correteando en mi mente no podían contrabalancearse con devocionales, oraciones u otras actividades espirituales. Lo inverso es igualmente cierto. Cuando dejamos de proveer nuevos estímulos, nuestras mentes excitables se tranquilizan, haciéndose menos vulnerables al pecado y naturalmente tornándose hacia las cosas de Dios.

Llevar mis pensamientos cautivos no fue logrado siguiendo una simple formula o estableciendo comportamientos repetitivos. El pecado de la lujuria arrollará cualquier intento que asuma que podemos seguir adelante en control remoto sin una profunda y viva relación con nuestro Señor. El próximo capítulo expande este tema más a fondo.

Permaneciendo Abierto

La forma en que Fred Stoeker explicó su historia de una forma tan transparente en *La Batalla de Cada Hombre*, fue lo que más me atrajo al libro. La mayoría de los hombres que hablan sobre este tema y la mayoría de los libros escritos respecto al tema no son así. Por ejemplo, otros libros como, *La Guerra Interna* y *Pecados del Cuerpo,* cubren asuntos similares pero están escritos por autores anónimos. Cuando nos volvemos temerosos o indispuestos a ser transparentes, el mensaje se hace menos efectivo. Una parte importante de mi batalla fue la de abrirme al tratar este tema uno a uno. Debemos bajar nuestras defensas y ser reales los unos con los otros.

Alcanzando la Victoria

Otra diferencia clave entre *La Batalla de Cada Hombre* y otros libros de este tipo es que establece un claro mensaje de victoria. Aunque tales libros generalmente adoptan la analogía de una competencia atlética o batalla de guerra, la mayoría falla al no proveer un resultado final satisfactorio. Esta es una debilidad crítica, ya que aquellos que batallan contra la lujuria—así como aquellos que ingresan en una batalla o competencia deportiva—solo pueden tener éxito o mantener el esfuerzo cuando ven una manera de ganar.

Basado en el ejemplo presentado por Stoeker en los varios libros y artículos que él ha escrito, yo me aferré a la creencia de que a través del tiempo, mi respuesta podría volverse pura frente a todo lo que el mundo lanzaba en mi dirección y que las tentaciones eventualmente perderían su poder seductor. Esto me permitiría vivir en este mundo malvado en una forma que agradara a Dios. Aquellos que obedecen la Palabra de Dios con respecto a la lujuria pueden estar eligiendo un camino que inicialmente puede parecer muy difícil, pero al hacerlo están construyendo sus vidas sobre roca firme. Una tentación tempestuosa no los moverá ni los destruirá.

Una vez que me había propuesto la meta de obtener la victoria sobre la lujuria, cualquier cosa menos que eso era inaceptable. Me volví determinado en romper su poder habitual sobre mí. Apuntar a un objetivo menor no podría alcanzar el nivel de obediencia que yo sabía era necesario. Haber leído como Stoeker pudo lograrlo fue un factor decisivo en mi éxito. Él es mi héroe. Si a veces fallé, no fue porque intenté hacer lo imposible. Yo solo debía levantarme y continuar caminando hacia la meta.

Sorprendentemente, el libro *La Batalla de Cada Hombre* ha sido considerablemente criticado por su dependencia en técnicas como "rebotando los ojos". Se ha argumentado que aquellos que trabajan en vencer la lujuria de esta forma están confiando en sus propias habilidades, intentando hacer las cosas en su carne. Tales críticas confunden y no están alineadas con la enseñanza Bíblica. Considera nuevamente lo que Pablo escribió a Tito—*"En verdad, Dios ha manifestado a toda la humanidad su gracia, la cual trae salvación y nos enseña a rechazar la impiedad y las pasiones mundanas. Así podremos vivir en este mundo con justicia, piedad y dominio propio,"* (Tito 2:11-12). ¿Exactamente quién es que debe estar haciendo el "rechazo", sino aquellos que estaban pecando? ¿Si hay una forma de negar las pasiones mundanas aparte de inmediatamente retroceder de ellas, como se vería eso?

Intentar encontrar una manera de vencer la lujuria sin expresamente sacar de raíz la lujuria en sí es una estrategia que no puede tener éxito. El ejercicio compuesto de primeramente arrepentirse—que incluye despojarse del pecado y del viejo hombre—seguido de ponerse a Cristo y el nuevo hombre, es el enfoque Bíblico. Como escribió Pedro, *"Su divino poder nos ha concedido todas las cosas que necesitamos para vivir como Dios manda."* (2 Pedro 1:3). Estamos bien equipados para vencer el pecado.

El Lugar para Actividad Espiritual

Anterior a esto, yo había pensado que mi inhabilidad de vencer la lujuria se debía a la falta de algo que yo necesitaba hacer o aprender. Como resultado, algunas veces intenté contener o batallar contra la lujuria por medio de incrementar mi actividad espiritual. Mas oración, más lectura, más escuchar, más entendimiento o más algo seguramente sería la solución. En mi experiencia, esto no hizo y no hará diferencia a menos que se acompañe de un esfuerzo coordinado de *"rechazar las pasiones mundanas"*. Tal negación no debe ser limitada a cuando esté espiritualmente fortalecido. Debe ser ejercitada cuando esté cansado, bajo tensión, atravesando un conflicto, espiritualmente apagado o en cualquier otra condición. Este es el único camino hacia la victoria.

De hecho, realmente no estamos en una posición donde podamos ponernos al hombre nuevo sin antes despojarnos del hombre viejo—las primeras cosas deben venir primero. Confesamos nuestros pecados, nos arrepentimos y nos tornamos a Dios de tal manera que nuestras acciones de adoración, meditación, oración, servicio y justicia refuerzan nuestro compromiso determinado hacia la santidad. Esta es la manera apropiada de caminar en Cristo.

Mientras yo iba *"rechazando pasiones mundanas"*, encontré que mi dependencia de Dios y mi intimidad con el incrementaban. Ya que no estaba ensuciando mi mente con la basura que acumula la lujuria, Dios hizo cosas nuevas y excitantes. Pablo describe esto como ser *"transformado"*.

> *No se amolden al mundo actual, sino sean transformados mediante la renovación de su mente. Así podrán comprobar cuál es la voluntad de Dios, buena, agradable y perfecta* (Romanos 12:2)

Tener nuestras mentes transformadas no es posible si nosotros insistimos en usarlas de maneras que se conforman al mundo.

Comportarse Mal

> **Reto:** Quédate conmigo si todavía no estás convencido de que la forma que estoy describiendo para contrarrestar la lujuria es posible. Como muchos hombres, puedes creer que un poco de lujuria es inevitable e inofensiva, aún estando agudamente percatado de lo que la lujuria puede causar. Puede parecerte curioso que yo esté haciendo tanto alboroto acerca de esto. ¿Te has vuelto tan insensible a la lujuria que sus efectos ya no están claros para ti?

Yo recuerdo haber llevado a mi hijo a una conferencia regional para padres e hijos, diseñada para motivar a la pureza sexual. El amplio santuario estaba lleno de cientos de hombres y sus hijos mientras pastores y líderes—todos de renombre—presentaron unas series de temas. El movimiento de Calvary Chapel es único en que la mayoría de sus fundadores salieron de la década entre los sesenta y setenta donde "todo era válido". Nunca imaginamos que la decadencia originada por este período solo crecería y se intensificaría. El mensaje predominante mientras estos hombres hablaban era el de mantenerse puros para el matrimonio y que evitaran los errores que ellos habían cometido. El enfoque central era mantenerse lejos de toda inmoralidad sexual e impureza.

Con tanta verdad que hay en este mensaje, me pareció aún entonces que esta instrucción de qué evitar no era suficiente. Cuando nuestra meta se convierte en meramente evitar algunos comportamientos incorrectos, sin tratar con la causa original de la lujuria y la necesidad de madurar como Cristianos, inevitablemente nos estamos posicionando para el fracaso. A menos que implementemos un cambio profundo, no podremos impedir que la lujuria eche raíces.

Antes de que mi batalla se enfocara correctamente, yo había implementado exitosamente una estrategia de no ir muy lejos y hasta tomé una cierta cantidad de orgullo mal ubicado al hacerlo. Esto me mantuvo alejado de ciertos problemas, pero no me llevó a la victoria. De hecho, los estándares resbaladizos que adopté para gobernar lo que permití en mi vida, abrieron la puerta al pecado gradualmente. Siendo responsable y comportándome "muy bien" no es lo que agrada a Dios.

Temas a Discutir:

1. ¿Cómo se compara evitar el mal comportamiento con vencer la lujuria?
2. ¿Cómo has actuado sobre lo que reconoces como cierto concerniente a la lujuria?
3. ¿Puedes describir una crisis en tu vida causada por la lujuria?
4. ¿Alguna vez has escuchado acerca de retroceder de la lujuria por medio de *"rebotar los ojos"* o alguna sugerencia similar? ¿Te parece que es práctico o efectivo hacerlo?

5. ¿Hasta qué punto estarías dispuesto a ir para eliminar tentaciones recurrentes hacia la lujuria en tu vida?
6. ¿Alguna vez has retrocedido de la lujuria en tus pensamientos? ¿Piensas que es práctico o efectivo hacer esto de manera constante?
7. ¿Has encontrado que eres incapaz de vencer la lujuria aunque te involucres en intensas actividades espirituales? ¿Por qué piensas que esto sucedió? ¿Cómo lo manejaste?
8. ¿Cómo pretendes batallar contra la lujuria de ahora en adelante?

5—Confrontando Racionales Falsos

*Que abandone el malvado su camino,
y el perverso sus pensamientos.*

Isaías 55:7

Si la lujuria es tan mala, ¿por qué tantos Cristianos la toleran?

El Triángulo de la Lujuria

Yo soy un contable y como resultado de un reciente incremento en delitos de cuello blanco, nuestra profesión ahora requiere que tomemos medidas proactivas para identificar instancias de fraude o ambientes donde este pueda surgir. Una parte importante de esto incluye comprender cuando un fraude es más propenso a ocurrir. Resulta en un intento desde una perspectiva secular y profesional para comprender por qué alguien peca.

Expertos en esta rama han desarrollado un modelo factible para comprender las condiciones que producen fraude y la han llamado el "Triangulo de Fraude". Su análisis de esto provee información que puede ser aplicada a casi cada pecado también. Los tres lados necesarios del triangulo son: Oportunidad, Necesidad y Racional. Consideremos cómo esto aplica al pecado de la lujuria.

Oportunidad

Para negocios y organizaciones, el enfoque esta en el lado de la Oportunidad del triangulo. Esta es su única opción, ya que simplemente no están en una posición que permita impactar efectivamente la necesidad o racional que causa que un empleado falle. Para tratar con este asunto, los negocios y organizaciones establecen un sistema interno de controles diseñado para remover oportunidades de fraude y robo.

Desafortunadamente, tratar con el lado de la Oportunidad en el triangulo de la lujuria no es el enfoque más efectivo. Claro, la oportunidad se necesita para codiciar. Sin embargo, ya que siempre podemos codiciar—incluso a plena vista de todos— la oportunidad de hacerlo es virtualmente ilimitada. Remover la oportunidad—tentaciones—no puede ser el primer enfoque en nuestra batalla. Ciertamente no es una estrategia efectiva en la cual depender. Ya que vivimos en el mundo, no podemos ser insulados de lo que está en el mundo. De hecho, si la tentación es todo lo necesario para causarnos codiciar lujuriosamente, de seguro tropezaremos.

Necesidad

El lado de la Necesidad del triangulo también es problemático—para los negocios y para aquellos tratando con la lujuria. ¿Quién puede saber lo que otra persona "necesita"? Sin embargo, el pecado nunca es una necesidad. No necesitamos permitir una emoción sexual ilícita. Adulterio en el corazón es un uso distorsionado de una capacidad otorgada por Dios—no una necesidad.

Aun así, porque la lujuria es insaciable, cuando le damos entrada a nuestras vidas, desearemos más. Este deseo pecaminoso imita a una verdadera necesidad. La mejor manera de eliminar tal deseo es adoptar un enfoque de cero tolerancia y encontrar algo más poderoso y placentero para llenar nuestras vidas. Es aquí como nosotros como Cristianos hemos sido especialmente dotados. Tenemos al Espíritu Santo trabajando en nosotros para transformar nuestras vidas. El está deseoso de reemplazar nuestra lujuria con justicia y santidad.

> **Reto:** Siempre encontrarás oportunidades para la lujuria, así que no dependas de eliminar las tentaciones como tu primera estrategia al combatir contra ella. Conéctate completamente con Cristo y la necesidad de obtener una emoción sexual ilícita se volverá menos poderosa.

Racional

La tercera parte de los triángulos—de tanto la lujuria como el fraude—es el racional requerido. En el lugar de trabajo, antes de que una persona cruce la línea para robar o cometer fraude, ella debe internalizar una razón relativamente probable que le indique que está bien. Por ejemplo, cuando alguien roba materiales de oficina de su empleador, esta persona puede usar el racional de que su robo es insignificante o un beneficio no establecido como empleado. Otro racional es que todos los demás empleados lo hacen y que toman más que esta persona. Tales racionales están presentes dondequiera que hay pecado. Son necesarios para sanar nuestras consciencias. Los negocios no se enfocan en el lado Racional del triángulo del fraude, ya que es privado y difícil de identificar—tal como el lado de la Necesidad.

Sin embargo, el lado Racional del triángulo es el más crítico de los tres al procurar vencer la lujuria. La lógica, verdad o fortaleza de los racionales que utilizamos para permitir la lujuria en nuestras vidas siempre se retirarán si las enfrentamos de frente. Sujetas a escrutinio, cada una es indefendible. No hay argumento convincente para el pecado. Sin embargo, nuestro pecado requiere de algo en qué apoyarse—algo que nos permita vivir con nosotros mismos y dormir por las noches. Más importante aún, mantener un racional nos permite seguir haciendo aquellas cosas que sabemos están mal.

Los racionales que han sido presentados para continuar en la lujuria son innumerables. Uno de los míos iba algo así: "Yo soy un hombre. Dios me ha hecho como soy y realmente no puedo cambiar la forma en que experimento placer sexual cuando soy tentado." Cuando le permitía a mis ojos andar por mucho tiempo por lugares donde no debían andar, me explicaba a mi mismo que no estaba haciendo algo malo ya que solo estaba haciendo lo que venía naturalmente. También me convencí a mí mismo de que las miradas lujuriosas "menores" que me permitía eran una parte inevitable de mi vida como hombre. Puede ser que algunas veces sea tentado a tener fantasías o a pecar de una manera más descaradamente, pero la lujuria cotidiana era otra cosa. Yo descartaba mi pecado como meramente una tentación. Ser tentado no es pecado. Después de todo, esto es así con cada hombre.

Un amigo ha compartido conmigo dos racionales más que él mantuvo como una forma de excusar la lujuria. Una fue que cuando él se encontraba analizando a una mujer atractiva él podía descartarlo como simplemente una actividad estética. El solo estaba admirando lo que Dios había creado. Igualmente, de paso, como algunos hombres, él había desarrollado una forma pícara y coqueta de sí mismo. Esto le permitía acercarse rápidamente a las mujeres y estar con ellas en una forma que él sabia era motivada por la sexualidad. Sin embargo, él se decía a sí mismo que cuando lo hacía, él solo estaba siendo amigable y sociable. Desafortunadamente, este racional creó espacio para el comportamiento que lo llevó a una relación extra-matrimonial.

Como resultado de estos racionales cuestionables que mantuve, mi meta en esta área era—tanto como fuera posible—mantener la lujuria bajo control, no obtener la victoria sobre ella. Ya que no siempre me deslizaba a un pecado más profundo y evidente, me decía a mí mismo que realmente no había pecado a menos que lo llevara más lejos. Siempre y cuando yo fuera exitoso en mantener las cosas a un nivel bajo, yo excusaba mi comportamiento como aceptable.

> **Reto:** Cada lado del triángulo de la lujuria es necesario para sostenerlo. Sin embargo, el que más necesitas tratar es el racional sobre el cual te apoyas. Debes confrontar y abandonar cualquier racional falso que te está permitiendo continuar en tu pecado.

Nuestros Pensamientos—Sus Pensamientos

> *Busquen al Señor mientras se deje encontrar,*
> *llámenlo mientras esté cercano.*
> *Que abandone el malvado su camino,*
> *y el perverso sus pensamientos.*
> *Que se vuelva al Señor, a nuestro Dios,*
> *que es generoso para perdonar,*
> *y de él recibirá misericordia.*
> *«Porque mis pensamientos no son los de ustedes,*

ni sus caminos son los míos
—afirma el Señor —.
Mis caminos y mis pensamientos
son más altos que los de ustedes;
¡más altos que los cielos sobre la tierra!

(Isaías 55:6-9)

Nuestros racionales son expuestos cuando medimos nuestros *"pensamientos"* contra Sus *"pensamientos"* y nuestros *"caminos"* contra Sus *"caminos"*. Aún, esto no es suficiente. Debemos también *"abandonar"* nuestros *"caminos"* y *"pensamientos"* cuando estos no se alineen apropiadamente y *"retornen al SEÑOR"*. La mejor forma de confrontar cualquier racional destructivo es verlo a la luz de las Escrituras. La segunda parte de este libro toma la forma de un estudio Bíblico. Mientras escudriñamos las Escrituras, veremos que confronta poderosamente nuestras falsas ideas y nos persuade a dejar de lado los racionales que podemos albergar para continuar en el pecado de deseos malvados.

Como fondo, he sido bendecido por haber tenido mucha oportunidad de estudiar las Escrituras, habiendo adquirido una licenciatura en Estudios Biblicos al igual que haber recibido algún entrenamiento seminarista. Nunca he dejado de estudiar la Biblia, aún aprendiendo Griego y algo de Hebreo. Puedo defenderme al discutir teología. Sin embargo, todo ese conocimiento no me llevó a obtener la victoria sobre la lujuria o a desinflar los racionales a los que me apegué con tanto esfuerzo. Muchos en nuestras iglesias también se adhieren a racionales falsos—aún con todo su conocimiento Bíblico—y los usan para levantar el Triángulo de la Lujuria en sus vidas.

Cristianos, que no maduran—faltos de santidad y justicia—son como niños que no crecen, no importa cuánto hayan aprendido. Una vez que comencé a ver claramente que mis racionales eran falsos y comencé a efectivamente abandonarles y el pecado que fomentaban, inmediatamente pude sentir la presencia de Dios en lo que estaba haciendo. Aparte de esto, las Escrituras con las que ya estaba familiarizado cobraron vida y se convirtieron en la fuente de mucha motivación.

Jack y Shaq

Al lado de nuestra vivienda hay dos alborotados perros de la raza Boxer, uno de esos llamado Jack. De cualquier punto de vista, ellos tienen una buena vida. Su área de paseo es amplia y siempre tienen personas alrededor. Tienen libertad para ir donde quieran dentro de su propiedad.

Sin embargo, Jack no está conforme. El no para de pensar en formas para poder escaparse de su jardín bordeado. Las cercas elaboradas y barreras no son efectivas. El es capaz de escalar cualquier cerca con facilidad. Un placer ilícito particularmente atractivo para Jack es entrar en nuestro jardín para jugar con los juguetes de nuestros perros. Molly, nuestra Golden Retriever, lo observa desde el interior de nuestra casa. Ella se desespera viendo a Jack revolcándose, burlándose de ella y esperando que nosotros le correteemos de regreso a su casa.

La solución ha sido suplementar la cerca metálica que bordea la casa de Jack con una barrera electrónica. Jack usa un collar que le emite una descarga eléctrica cada vez que se acerca a la cerca. Sin embargo, él no ha perdido su deseo o determinación. Algunas veces él se resigna y se lanza a pesar de la descarga eléctrica. En otros momentos, él se percata de que las baterías andan bajas en el aparato y logra quitarse el collar. Sin falla, él utiliza estos momentos para deleitarse en vuelos de libertad. En vez de disfrutar de la hermosa propiedad que está a su disposición, él se acerca lo más posible al perímetro sin recibir una descarga.

Mi hermano Rick tenía problemas similares con su perro. El tenía un Rottweiler imponente llamado Shaq y su trabajo le requería mudarse constantemente. Shaq se mudaba con ellos. A lo largo del camino, él y su familia se establecieron en una sub-división de Minneapolis que no permitía cercas. Todos los jardines eran continuos y se desplegaban como un parque. Ya que Shaq era pronto a la persecución, era necesario contenerlo. Rick decidió que instalar una cerca eléctrica era su única esperanza y consiguió a un contratista que le garantizo resultados.

Desafortunadamente, a Shaq no le impresionó. El actuaba como si la cerca no existiera. Rick llamó al contratista y él le dijo que no se preocupara. Shaq podía ser entrenado. La solución inicial seria agregar otro collar. Sin embargo, aún sintiendo doble dolor, Shaq aprendió a ignorar la cerca y escapar. Sin rendirse, el contratista regresó con una caja llena de collares y procedió a ponérselos a este pobre perro. Luego, en vez de permitir que Shaq probara y atravesara la cerca a toda velocidad, comenzó a arrastrar a Shaq, lenta y dolorosamente a través de la cerca. Luego de esta relativamente dolorosa lección, Shaq estaba bien. El no volvió a cruzar la cerca otra vez.

Libertad

¿Cuándo consideramos nuestra actitud hacia el pecado de la lujuria, somos como Jack y Shaq? Yo ciertamente era. En el pasado, yo sabía que había un precio que pagar por cruzar la línea, y me propuse no ir muy lejos. Generalmente, no lo hacía. Esta cantidad limitada de éxito era solo eso. De hecho, un racional adicional que utilicé cuando las cosas iban muy lejos era que esto era inevitable, creyendo que obtener la victoria sobre este pecado era "imposible" para mí, sin importar lo que la Palabra de Dios promete.

La victoria sobre la lujuria significa que hemos madurado como Cristianos y hemos sido hechos libres su poder habitual. Eso era algo que yo desconocía. La atracción del pecado estaba presente en todo momento y mi corazón estaba lejos de la pureza a la cual mi consciencia y la Palabra de Dios constantemente me llamaban. Pablo escribió a Tito que Jesús vino para *"redimirnos de toda iniquidad"* (Tito 2:14). La lujuria puede tenernos atrapados, pero nuestro Señor desea liberarnos y asegurarnos en Su amor, el cual es mucho más fuerte.

Luchar sin resolución es muy evidente en aquellos Cristianos que no obtienen la victoria sobre la lujuria y causa que el mundo apunte su dedo acusador a nosotros y se burle. Nos ven como aquellos que se niegan a sí mismos placeres comunes, pero que se deleitan en los mismos pecados cuando nadie observa. El mundo puede notar tal hipocresía y tiene razón en denunciarlo.

Sin embargo, todos incluyendo a los incrédulos, entienden que un estilo de vida permisivo es horrible. Los restos de matrimonios destruidos, así como de familias y reputaciones destrozadas por la lujuria, son un constante recordatorio de que quebrantar la ley de Dios con respecto al pecado de la lujuria puede causar un sufrimiento inmensurable. Todos también reconocemos los beneficios de vivir una vida con dominio propio. Algunos pueden imaginarse una vida completamente desligada de las cadenas del pecado destructivo.

> *"Porque fue sometida a la frustración. Esto no sucedió por su propia voluntad, sino por la del que así lo dispuso. Pero queda la firme esperanza de que la creación misma ha de ser liberada de la corrupción que la esclaviza, para así alcanzar la gloriosa libertad de los hijos de Dios."* (Romanos 8:20-21)

Nos gusta apuntar hacia el futuro cuando seremos liberados gloriosamente de estos cuerpos de pecado. Sin embargo, la libertad gloriosa a la que Pablo se refiere aquí y en otros pasajes no es solamente una promesa futura. Jesús vino para librarnos de nuestros pecados.

Esta libertad es dada a nosotros. Jesús vino para liberar a los cautivos. No libres en la forma en que Shaq y Jack lo conocen. Más bien, somos liberados de las garras controladoras e invariablemente destructivas del pecado que está ansioso por establecerse en nuestras vidas. Si nuestra fe meramente proveyó una cerca mejor que la ofrecida por el mundo, no sería especial. Alguien con más determinación o siguiendo otro sistema o religión probablemente superaría nuestros esfuerzos. Si eso es todo lo que nuestra fe ofrece, podemos ser vistos y podemos vernos a nosotros mismos como simplemente languideciendo por una vida de pecado que nos ha sido negada. Esta no es la intención de una vida Cristiana. En vez de esto, cuando adquirimos victoria sobre la lujuria, ya no tiene poder sobre nosotros. No la deseamos. La aborrecemos. Somos gloriosamente libres.

No Estamos Lisiados

He escuchado a alguien enseñar que aquellos que en algún momento de sus vidas se han entregado a la pornografía y a varios pecados sexuales están lisiados de una manera única. Muchos años más tarde, esas cosas que ellos han visto o experimentado se dice que inevitablemente resurgen para convertirse en un lazo cuando ellos intentan mantenerse puros sexualmente. Yo había aceptado este modelo de razonamiento en el pasado.

De hecho, esta forma errónea de pensar se convirtió en otro de mis racionales debilitantes. Yo asumí que simplemente nada podía hacer con respecto a todas las memorias de cosas que yo había visto y experimentado en el pasado. Lo que yo no había comprendido era que estas cosas permanecían vivas porque yo continuaba motivando a mi mente descarriada cada vez que me permitía a mí mismo una emoción sexual ilícita. Inevitablemente mis experiencias pasadas y memorias volvieron y actuaron como combustible para el fuego. Con mi primera línea de defensa derribada, yo era vulnerable a las cosas que salieron de mi pasado, así como cualquier tentación nueva que cruzara mi camino.

Mis ojos jamás estarían satisfechos. No hay fin para la sed compulsiva que incita la lujuria. Esta compulsión permanece en el pleno centro de este pecado. Sin embargo, comprender y reconocer esta característica de la lujuria es de mucho beneficio al buscar la victoria. Romper el ciclo de motivar nuestros deseos malvados es la clave. Una vez que detuve mis ojos y mis pensamientos de alimentar la lujuria en mi corazón, ya no estaba afilando o empoderando un apetito insaciable. Haberme rehusado a rendirme ante la lujuria rompió sus persistentes demandas, incluyendo el poder de las memorias del pasado. Ya que no me conformaba a viejos hábitos, encontré que cualquier cosa que yo haya hecho o haya visto en el pasado ya no tenía poder sobre mí. Ya no estaba lisiado o esclavizado por mi pasado o pecado.

Crucificando La Carne

Ser libre del abrazo determinado y asfixiante de la lujuria requirió traer mis facultades a sus posiciones correctas como esclavas de la justicia y esto no era un proceso fácil o automático. Aunque aprendí que mi pecado no era comparable con el poder que Dios había puesto a mi disposición, este no dejaba de ejercer un agarre desproporcionado y poderoso sobre mi vida hasta que la victoria fue obtenida. La fuerza completa de todos los recursos espirituales disponibles para mi necesitaban ser dirigidos hacia crucificar la carne con sus pasiones y deseos.

Una vez que desistí de proveer para el pecado que tan rápidamente me amarró y comencé a presentarme más de lleno al propósito de nuestro Salvador, la meta de la victoria se hizo clara y accesible. No solo reconocí a mi antiguo secuestrador como el despiadado y corrupto monstruo que realmente era, pero también sabía que yo no necesitaba estar bajo su control. Mis racionales fueron demolidos.

El Pecado que Mora Dentro

John Owen, un escritor puritano del siglo 17 escribió muchas obras de influencia incluyendo dos llamadas *El Pecado que Mora en los Creyentes* y *La Mortificación del Pecado*. Una buena descripción de lo que Owen enseñó acerca del pecado que habita en el ser humano es provista por John D Hannah:

> Para ilustrar el punto de cómo un Cristiano debe crecer en santidad, Owen usa la imagen de un bosque. Antes de ser salvo, la vida de una persona puede ser caracterizada como una densa enredadera de árboles, ramas y arbustos. El suelo está completamente cubierto; no hay áreas despejadas y la luz no penetra hasta la tierra. El pecado, como una densa jungla, completamente domina el panorama completo de nuestro ser: el intelecto, emociones y la voluntad. Ni existe ni puede existir alguna virtud en el incrédulo en que todo su ser esté deforme y corrupto.

> Retornando a la imagen del bosque, el oscuro, denso e impenetrable bosque de árboles inmensos y arbustos entrelazados ha sido roto para siempre; el dominio del pecado, su poder universal sin remedio ha concluido. Hay ahora lugares claros en la jungla; algunos de los árboles han

sido sacados de raíz, otros podados. Esta nueva condición es el estado del creyente con respecto al pecado que mora en él (ej., el pecado permanece, pero ya no es tan penetrante). La meta de la vida espiritual es la de continuar el trabajo de limpiar el bosque, abriendo áreas claras más grandes y el descubrimiento de nuevos árboles que arrancar (si no se puede arrancar, la meta debe ser eliminar la mayor cantidad de ramas y cortar la mayor cantidad de maleza posible). La acción negativa de hacer morir al pecado es a lo que Owen se refiere como mortificación.[7]

El trabajo de "aclarar el bosque" nunca está completamente hecho en esta vida. Sin embargo, mientras procedemos, yo argumentaré en contra de lo que yo considero es una mala interpretación de parte de Owen y otros con respecto a lo que Pablo identifica en solo una ocasión, como "el pecado que habita en mí" (Romanos 7:17). Este error es confundir el pecado que habita dentro del ser humano y el tormento final descrito solamente en Romanos 7 con el pecado residual que permanece en todos los creyentes. Observa como lo describe Hannah: "Pecado que habita dentro (ej., el pecado permanece, pero ya no es completamente penetrante)."

Ciertamente—el pecado continúa en nosotros. Sin embargo, yo estoy convencido de que el pecado que habita dentro mencionado por Pablo en Romanos 7 no era este residuo de pecado, sino más bien un pecado habitual y controlador, que mantuvo su habitación inapropiada y terca en la vida de Pablo cuando este era un joven creyente. Yo creo y explicaré más adelante que aunque Pablo luchaba con tales pecados internos, él fue capaz de sobrepasar las ataduras y entrar en la vida plena del creyente como descrito en Romanos 8. En mi vida como creyente, la lujuria era tal pecado interno. Ya no lo es.

Una Meta y Un Ejemplo

Un tiempo atrás, yo compré un curioso aparato para hacer ejercicios llamado La Pechada Perfecta. Como un flojo débil, yo necesitaba comenzar a hacer un poco de ejercicio y esto parecía ser una forma directa de desarrollar algo de fuerza. Al principio yo apenas lograba hacer una, pero con práctica, logré hacer hasta veinte y estaba orgulloso de esto. Sin embargo, mientras pasaba tiempo con otro contable y conocido, me enteré de que él hacía cien pechadas al día. Esto me pareció absurdo. Sin embargo, ya que él lo había hecho, de repente me pareció posible. Para alguien sin historia de haber hecho ejercicio, esto significaba gradualmente desarrollar fuerzas y resistencia a través de un esfuerzo persistente. Al cabo del tiempo yo podía hacer cien pechadas también. Si no hubiera escuchado acerca de su experiencia, esto jamás hubiera sucedido. (Me alegro de que él no estableciera su meta personal más arriba.)

> **Reto:** Mi intención es poner delante de ti un ejemplo y explicar cómo tú puedes lograr la meta claramente definida de la victoria sobre la lujuria. Hacer cien pechadas es una hazaña menor comparada con vencer el poder tenaz de la lujuria una vez que se haya convertido en un pecado dominante en tu vida. Implementar el concepto de la pureza sexual inicialmente se hizo difícil para mí debido a mis malas interpretaciones calcificadas y tercos racionales. Ya que esta es una condición común, yo espero que mientras obtengas una mejor comprensión de tu pecado, serás capaz de vencer tus racionales falsos y hagas de vencer a la lujuria tu meta también.

Temas a Discutir:

1. Describe el Triangulo de la Lujuria. ¿Qué te llamo la atención más cuando leíste acerca de esto?
2. Describe libertad de la lujuria como está descrita en este capítulo. ¿Cómo es esa libertad en la vida cotidiana?
3. ¿Quiénes son los modelos a seguir en tu vida, con respecto a vencer la lujuria?
4. Describe la libertad de la lujuria o cualquier otro pecado al comparar con los ejemplos de Jack y Shaq. ¿Alguna vez has sentido tal libertad de la lujuria?

5. ¿Cuáles racionales—usados por algunos para excusar la lujuria—se destacan más para ti en este capítulo? ¿Cuáles de estos has usado en tu vida?

6. ¿Cómo procederás con respecto a abandonar los racionales que respaldaron tu pecado en el pasado?

6—Armas para Vencer La Lujuria (Parte 1)

Pues aunque vivimos en el mundo, no libramos batallas como lo hace el mundo. Las armas con que luchamos no son del mundo, sino que tienen el poder divino para derribar fortalezas. Destruimos argumentos y toda altivez que se levanta contra el conocimiento de Dios, y llevamos cautivo todo pensamiento para que se someta a Cristo.

2 Corintios 10:3-5

Reto: Nuestro Señor ha proporcionado el medio para que tú "renuncies a la impiedad y a los deseos mundanos" (Tito 2:11). *"El instruye a los pecadores en Su camino."* El te está instruyendo en el camino que debes seguir y debes responder a su instrucción y no ser como "el *caballo o la mula, que no tienen entendimiento."* Su intención es que cada uno de tus pensamientos sea llevado *"cautivo a la obediencia de Cristo Jesús."*

Muchos de nosotros fuimos dominados por el hábito pecaminoso de la lujuria cuando primeramente llegamos a Cristo. Algunos que son Cristianos desde hace mucho tiempo—como yo hasta los últimos años—también han permitido que eche raíces. Sabemos que en ocasiones algunos pecados serios se caen como escamas y ya no mantienen poder. Hay muchos ejemplos de tales liberaciones inmediatas. Sin embargo, esto no es lo normal; especialmente cuando se trata de pecados como la lujuria que son tenaces y fáciles de ocultar.

No podemos permanecer quietos en nuestro caminar Cristiano. Estamos avanzando hacia la justicia o retrocediendo hacia el pecado. Nuestro caminar no está supuesto a ser una caminata sin rumbo, sino un movimiento intencional hacia adelante. La escritura describe esto en términos militares. Nuestro caminar debe ser semejante a una campaña sostenida que procura traer una parte cada vez mayor de nuestras vidas bajo el dominio del Reino de Dios.

No es simplemente un factor de decidir parar la lujuria. ¿Qué tan frecuentemente decimos, "No volveré a hacer eso?" El pecado que ha tomado residencia dentro de nosotros no es fácilmente removido. Nuestra batalla no es *"carnal"* o física en su naturaleza. En cambio, estamos involucrados en una batalla espiritual que requiere de armas adecuadas para la batalla. Confiar en nuestras habilidades o las soluciones del mundo no conducirán al éxito.

> **Reto:** Hasta que el pecado ya no te domine, tu corazón, alma, mente y fortaleza no pueden estar apropiadamente centradas en amar a Dios. Es esencial ganar esta guerra si pretendes complacerle a Él. Cobra ánimo. Nuestras *"armas"* son *"poderosas en Dios"* y provienen de Él. Él generosamente te ha armado para la tarea de llevar *"cada pensamiento cautivo a la obediencia de Cristo."* No te limites ante esta idea, ni minimices la importancia que tiene en tu vida y en la voluntad de Dios para ti como Su hijo. Si te encuentras atrapado en el pecado de la lujuria y lleno de excusas y objeciones, entonces debes ponerte a trabajar. El hecho de que regularmente estás entreteniendo pensamientos sexuales y complaciendo la pasión de la lujuria demuestra que estás firmemente cautivo en territorio enemigo. Tomará pasos intencionales y el poder de Dios para obtener la libertad y establecer victoria sobre la lujuria en tu vida.

Catorce Armas

Yo tengo las catorce armas a continuación para ser efectivo en vencer la lujuria. Algunas de estas fueron más importantes durante diferentes etapas de la guerra. Encontrarás que algunas son más útiles y aplicables que otras en tu situación. Cada uno de nosotros tenemos diferentes habilidades, oportunidades y estamos atraídos por diferentes caminos. Esto es como debe de ser, aún cuando procuramos complacer a Dios. Nuestra nueva vida no está completamente regimentada. En Él—siguiendo Su camino—hay libertad, poder y Su presencia creadora con cual interactuar. Sin embargo, la Palabra de Dios es clara acerca de cómo debemos tratar con el pecado. Debemos de acatar lo que Él nos enseña.

Yo llamo a lo siguiente *"armas"*, porque creo que eran a lo que Pablo se refería en 2 Corintios como *"las armas de nuestra guerra"*. Cada una es un conducto específico hacia la victoria. En aplicar todo esto, ayuda tener en mente lo que Pablo le dijo a los Efesios, *"Con respecto a la vida que antes llevaban, se les enseñó que debían quitarse el ropaje de la vieja naturaleza, la cual está corrompida por los deseos engañosos; ser renovados en la actitud de su mente; y ponerse el ropaje de la nueva naturaleza, creada a imagen de Dios, en verdadera justicia y santidad."* (Efesios 4:22-24). La *"conducta"* que escogemos determina si estamos creciendo *"corrompidos"* o siendo *"renovados"*. Utilizar cada una de estas armas requiere ponerse o quitarse ciertos tipos de *"conducta"*.

Recurriendo a estas armas, podemos escapar de la porquería de la lujuria y entrar en la *"verdadera justicia y santidad"*.

1) Comprendiendo La Meta Claramente

"Ustedes saben cuáles son las instrucciones que les dimos de parte del Señor Jesús.

La voluntad de Dios es que sean santificados; que se aparten de la inmoralidad sexual; que cada uno aprenda a controlar su propio cuerpo de una manera santa y honrosa, sin dejarse llevar por los malos deseos como hacen los paganos, que no conocen a Dios;" (1 Tesalonisenses 4:2-5)

> **Reto:** ¿*"Sabes"*? Debes saber precisamente cual es *"la voluntad de Dios"* si tienes esperanza de alcanzarla. Su

voluntad para nosotros es nuestra *"Santificación"*—la continua obra de Dios en nosotros que nos hacen más como Cristo. Esto requiere saber cómo seguir adelante sin vivir en la *"pasión de la lujuria"*.

No debe caber duda con respecto a lo que Pablo se refería como *"instrucciones"* que dieron de *"parte del Señor Jesús"* en lo relacionado a la inmoralidad sexual. Pablo se basaba en la específica enseñanza de Jesús y no la consideraba ambigua. El escribe mucho acerca de la lujuria y sin duda enfatizó—como lo hizo Jesús—que no debemos codiciar en el corazón. Si Pablo o alguno de los otros discípulos hubiesen conocido un mandamiento menos preciso o demandante de parte de nuestro Señor Jesús, sin duda lo hubiesen compartido. Cuando la lujuria es un pecado dominante en nuestras vidas, se mantiene al frente y al centro como un obstáculo hacia nuestra santificación.

Si somos tan tontos o enseñados de manera tan inapropiada, que abandonemos o diluyamos lo que Jesús enseñó, careceremos del conocimiento crítico necesario para vivir nuestras vidas de una forma agradable a Dios. Nos convertimos en soldados sin una misión, atletas sin una estrategia de juego y exploradores sin un compás.

Dallas Willard describió un formato tripartito para lograr cambio en nuestras vidas llamado VIM. Las letras en VIM representan Visión, Intención y Medio.[8] Cada una es necesaria. Sin embargo, comprender la meta o visión de lo que debemos alcanzar es el inicio esencial.

Anteriormente expliqué como logré comprender la posibilidad de la pureza sexual. Este conocimiento formó la fundación para el cambio en mi vida. Mi pecado indiscriminado fue resultado de mi ignorancia—no haberme dado cuenta o no haber comprendido lo que la Palabra de Dios claramente enseña acerca de la voluntad de Dios para mí en esta parte de mi vida. En lo que refiere a la pureza sexual, nuestras claras órdenes de marcha son que evitemos cada emoción sexual ilícita. Tal claridad es fundamental. El pecado de cualquier tipo debe ser instantáneamente reconocido. Cuando aceleramos sobre la carretera de la vida en medio de una neblina, inevitablemente cruzaremos la línea y nos lanzaremos hacia el tráfico opuesto.

2) Despreciando y Lamentando Mi Pecado

"...¡Pecadores, límpiense las manos! ¡Ustedes los inconstantes, purifiquen su corazón! Reconozcan sus miserias, lloren y laméntense. Que su risa se convierta en llanto, y su alegría en tristeza." (Santiago 4:8-9)

Al inicio de mi lucha para vencer las poderosas ataduras de la lujuria, la seriedad extrema de ser cautivo por este pecado debía ser impresa en mi mente. Honestamente, yo pensaba que cuando yo supiera lo que estaba sucediendo yo me repondría rápidamente. Yo fallé en observar que el tema esencial para cualquier creyente con respecto al pecado es determinar si continuará o no en ese pecado. Desafortunadamente, como otros que son atrapados, yo tendía a minimizar lo que yo permitía y sobre lo cual yo no establecía control argumentando, "¿Cuál es la gran cosa?" Esta falta de pesar y repugnancia por el pecado pavimentó el camino para más pecado. El mundo e incluso la mayoría de Cristianos pueden minimizar la emoción sexual ilícita común, pero nosotros no debemos unirnos a esto.

Mis faltas eran dolorosamente comunes cuando comencé a caminar en la dirección correcta. Sin embargo, cada una demandaba la misma atención y lamento. Este es un proceso sumamente confrontante y humillante. Yo rápidamente encontré los límites de mi propio poder y habilidades. Pero incluso en los momentos cuando tropecé—y aún tropiezo—siempre podía extender mi mano hacia mi Salvador para alcanzar perdón y fortaleza. Él lo ha hecho maravillosamente posible que nosotros podamos escapar la debilitante y putrefacta *"corrupción que hay en el mundo debido a los malos deseos"* (2 Pedro 1:4).

No desviarme de la seriedad de mi pecado causó que me volviera agudamente apercibido de que cada vez que tropezaba, mi pecado me hería y me causaba cicatrices nuevas. Estamos engañados si pensamos que el pecado no es una fuerza que corrompe y que podemos seguir adelante sin causar daños. Un verdadero aborrecimiento y lamento proviene de esto, *"Porque la tristeza que es conforme a la voluntad de Dios produce un arrepentimiento que conduce a la salvación, sin dejar pesar; pero la tristeza del mundo produce muerte."* (2 Corinthians 7:10).

Hacemos bien al lamentarnos si nos rendimos a la lujuria. Considera el daño que este pecado trae a nuestras vidas y a las vidas de aquellos que nos rodean. Igualmente, considera el derroche de oportunidades para ser productivos y efectivos en el Reino. Más aun, debemos permanecer siempre conscientes de que nuestro pecado le causa tristeza a Dios. (Efesios 4:17-32).

3) Confesando Mi Pecado y Buscando El Perdón

"Si confesamos nuestros pecados, El es fiel y justo para perdonarnos los pecados y para limpiarnos de toda maldad." (1 Juan 1:9) *"Te manifesté mi pecado, y no encubrí mi iniquidad. Dije: Confesaré mis transgresiones al SEÑOR; y tú perdonaste la culpa de mi pecado. (Selah)Por eso, que todo santo ore a ti en el tiempo en que puedas ser hallado;"* (Salmos 32:5-6)

Yo busqué el perdón de Dios constantemente, casi de continuo, cuando comencé a seriamente batallar contra la lujuria. Yo descansé en saber que esto no desagradaba a Dios. El profeta Jeremías preguntó porqué sus compatriotas no buscaban al Doctor y el bálsamo de Galaad para recibir sanidad y recuperación (Jeremías 8:22). ¿Debemos ser cuestionados de la misma manera? ¿Existe realmente alguna otra solución?

Es precisamente cuando estamos luchando intensamente para liberarnos del pecado habitual que debemos tornarnos rápidamente a Dios. El desea perdonarnos y *"limpiarnos de toda injusticia."*

4) Arrepintiéndome de Mi Pecado

"¿O tienes en poco las riquezas de su bondad, tolerancia y paciencia, ignorando que la bondad de Dios te guía al arrepentimiento?" (Romanos 2:4) *"El que encubre sus pecados no prosperará, mas el que los confiesa y los abandona hallará misericordia."* (Proverbios 28:13)

Considera los atributos de nuestro Dios y Salvador misericordioso—*"Su bondad, tolerancia y paciencia."* Nosotros no podemos comprender Su amor por nosotros. ¿Nos atreveríamos a *"tener en poco"* Sus riquezas al no arrepentirnos? ¿Nos atreveríamos a encubrir nuestros pecados?

El arrepentimiento va más allá de meramente parar lo que estamos haciendo. También incluye activamente tornarnos y dirigirnos en la dirección correcta. En el pasado, mi práctica era buscar perdón sin arrepentirme efectivamente. No fue hasta cuando finalmente comprendí que el pecado innecesario y destructivo de la lujuria en mi corazón no debía continuar que pude efectivamente arrepentirme de él.

Inicialmente, esto era principalmente una acción tipo "no hagas esto". Al fortalecerse mi caminar Cristiano, esto se volvió un caminar más completo y pleno con Dios. Ya que yo estaba ejercitando el poder dado a mí para resistir el pecado, me permitió caminar en santidad. Pablo, con su imagen descrita en palabras acerca de dejar al hombre viejo con todas sus faltas y vestirnos del hombre nuevo, capta este proceso perfectamente.

> **Reto:** El pecado habitual puede agobiar por una temporada y mantener un agarre tenaz sobre ti mientras te hiere e infecta, pero el tratamiento es el mismo cada vez que tropiezas. Debes arrepentirte. Arrepentirse incluye rendir tus antiguos caminos y pensamientos. ¿Estás preparado para hacer eso?

5) No Proveer Para El Pecado

> *"antes bien, vestíos del Señor Jesucristo, y no penséis en proveer para las lujurias de la carne."* (Romanos 13:14)

Pablo entendió y explicó el pecado como ningún otro escritor; sin duda, ya que él mismo había sido un pecador excepcional—*"Yo soy el primero"* (1 Timoteo 1:15). Al singularizar el concepto de *"provisión,"* —proveyendo para algo por adelantado—él directamente resaltó las travesuras tramposas en las que el pecado de la lujuria prospera. Mientras era esclavo de la lujuria, patéticamente anticipaba las oportunidades para alimentarle. Esto requería cierto nivel de planeación y anticipación. Pablo habla directamente en contra de este proceso de planeación.

Es probable que no me admitiera a mi mismo que yo escogía una película, ruta, publicación, página de Internet, búsqueda de Google o un programa de televisión porque me ofrecía oportunidad para la lujuria, pero esa es exactamente la forma en que un esclavo de la lujuria toma decisiones. De hecho, la preparación para y la anticipación de la lujuria es una parte integral de su atractivo. Esperar con ansias poder satisfacer nuestros deseos malvados ofrece su propio placer independiente y debe ser tratado en su propia forma. Debemos matar la tentación anticipada—cuidadosamente evitando las situaciones donde sabemos que estamos más propensos a satisfacer las demandas de deseos malvados.

Como ejemplo de esto, prácticamente he abandonado las ofertas de entretenimiento público presentadas por la televisión y otros medios. Afortunadamente, Marsha está de acuerdo con esto. Cuando diligentemente nos rehusamos proveer para el pecado, no le es posible sostener su poder.

6) Huyendo de La Tentación y Resistiendo El Primer Impulso A Pecar

> *"Huid de la fornicación. Todos los demás pecados que un hombre comete están fuera del cuerpo, pero el fornicario peca contra su propio cuerpo."* (1 Corintios 6:18)

Aunque yo dejé el camino más transitado, todavía estoy propenso a emboscadas por tentación. Esto es inevitable y esperado. Sin embargo, tales emboscadas no conllevan el mismo peligro, poder o atracción que algún día tuvieron. Mi defensa es instantáneamente retroceder de ellas. Tal respuesta es posible porque mi corazón y mente no han sido cubiertas con capa tras capa de pecado. La nueva lujuria no echa raíces.

Yo no alego que haya desarrollado ninguna habilidad especial o fortaleza para soportar la tentación. La lujuria es un pecado tan poderoso y repentino que puede adherirse muy rápido. No hay nada que obtener con probar mi fortaleza o habilidad para resistir. En cualquier caso, la batalla siempre es iniciada y decidida al primer impulso a pecar. ¿Me rendiré o me tornaré? La historia de José huyendo de la tentación de la esposa de Potifar es un buen ejemplo de esto. (Génesis 39). Dada la oportunidad de tornarnos, esta debe ser nuestra primera línea de defensa. Una prueba temeraria de nuestra fuerza crea un campo desproporcionado para el cual no estamos equipados. Huir físicamente, cuando sea posible, y ciertamente dentro de las meditaciones de nuestros corazones, es la única estrategia efectiva. Esto puede ser equivocadamente confundido con una señal de debilidad. En cambio es simple obediencia. ¿De qué mejor forma podemos obedecer el mandato que nuestro Salvador nos dio?

Huimos al rehusarnos a permanecer física, visual o mentalmente enfocados sobre aquello que puede convertirse en pecado. Comprender la mecánica de la lujuria y que no es inevitable o forzada sobre nosotros por la forma en que Dios nos diseñó, nos mantiene agudamente conscientes de que el pecado no puede desarrollarse a menos que se lo permitamos. Si obedecemos en este aspecto—actualmente haciendo aquello que se nos dijo que hiciéramos—actúa como evidencia práctica de nuestra relación con Cristo. *"Y en esto sabemos que hemos llegado a conocerle: si guardamos sus mandamientos."* (1 Juan 2:3).

"Ustedes no han sufrido ninguna tentación que no sea común al género humano. Pero Dios es fiel, y no permitirá que ustedes sean tentados más allá de lo que puedan aguantar. Más bien, cuando llegue la tentación, él les dará también una salida a fin de que puedan resistir." (1 Corintios 10:13). El comentario de Pablo parece ridículo para aquellos que consistentemente se rinden ante la emoción sexual ilícita, pero para aquellos que conocen el pecado inicial de la lujuria en el corazón y comienzan a actuar en la forma que Dios desea, resulta ser verdadero y confiable.

Es por medio del *"escudo de la fe"* que podemos *"apagar todos los dardos encendidos del maligno."* (Efesios 6:16). Nuestra fe no es auto-generada o auto-dirigida, sino que proviene de Dios y está en El. Al aprender a confiar plenamente en nuestro Salvador y en las instrucciones que El estableció para nosotros, automáticamente retrocederemos del pecado como El nos advirtió. Jesús sabía que aprender a hacer esto podía ser difícil y por ende provee abundante ayuda. *"Si ustedes me aman, obedecerán mis mandamientos. Y yo le pediré al Padre, y él les dará otro Consolador para que los acompañe siempre: el Espíritu de verdad,"* (Juan 14:15-17).

7) Reconciliando Relaciones

"Así mismo el esposo debe amar a su esposa como a su propio cuerpo. El que ama a su esposa se ama a sí mismo, pues nadie ha odiado jamás a su propio cuerpo; al contrario, lo alimenta y lo cuida, así como Cristo hace con la iglesia," (Efesios 5:28-29)

Cuando pecamos no solamente desagradamos a Dios y nos hacemos daño a nosotros mismos; también le hacemos daño a los demás. En mi caso, le causé mucho dolor a mi amada esposa de muchos años. Ella completamente esperaba que yo viviría de una forma que agradara a Dios y el hecho de que me rendí ante la lujuria fue doloroso y dañino para ella y nuestra relación.

El libro de Joe Dallas, *La Estrategia del Juego (The Game Plan)*, hace un excelente trabajo describiendo tal daño y sugiriendo acciones apropiadas de parte de los esposos en el proceso de reconciliación. El explica que las esposas cuyos esposos sucumben ante el pecado de la lujuria pueden perder la confianza con respecto a aquellas cosas sobre las cuales basaron su matrimonio, su atractivo físico, su inteligencia al elegir un hombre así y hasta su fe en un Dios que le permitiría entrar en tal relación. [9]

Como la mayoría de los hombres, yo prefiero seguir adelante y no mirar hacia atrás. El pecado de la lujuria es aislante, endurece el corazón y es egoísta. Además, los aspectos "emotivos" de la vida no surgen naturalmente para mí. Sin embargo, nuestro Dios se revela a sí mismo como supremamente relacional y espera que seamos *"tal y como"* El es en este aspecto. Aprendiendo como amar sacrificialmente y haciendo todo lo posible para reconciliar y traer sanidad a una relación matrimonial es evidencia de que un carácter semejante al de Cristo está siendo forjado en nosotros. *"Tal y como"* El es, gentil, humilde, compasivo, nutriente, cariñoso y amoroso hacia nosotros, así debemos demostrar estas mismas características hacia nuestras esposas.

En muchos aspectos de la misma manera, debemos reconciliarnos con cualquier otra persona—tal como en nuestra familia—quienes son lastimados por nuestro pecado.

Temas a Discutir:

1. ¿Estás de acuerdo con que no existe el tema de "mantener el estado actual" en la verdadera vida Cristiana? Si es así, ¿sientes que estás moviéndote hacia delante en pos de la santidad o hacia atrás rumbo al pecado?
2. ¿Cuál debería ser tu meta con respecto a la pureza sexual?
3. ¿Cómo te sientes luego de permitirle acceso al pecado de la lujuria en tu vida? ¿Te da tristeza o te lamentas? ¿Racionalizas la culpabilidad? ¿Sientes nada? ¿Puedes recordar un ejemplo de esto?
4. Describe la última vez que confesaste el pecado de la lujuria y te arrepentiste de él.
5. Al mirar atrás en tu vida, ¿Cómo has provisto para la lujuria?
6. ¿Cuál es tu plan para no continuar proveyendo para la lujuria en tu vida, tanto ahora como en el futuro?
7. Ofrece un ejemplo de a dónde has huido o podrías huir de una tentación sorpresiva.
8. ¿Hay alguna relación en tu vida que haya sido dañada por la lujuria? ¿Cómo podrías ser capaz de traer una reconciliación en esta relación?
9. ¿Cuáles de las armas mencionadas en este capítulo crees más efectivas para ti en la lucha contra la lujuria? ¿Por qué?

7—Armas para Vencer La Lujuria (Parte 2)

*"Olvida los pecados y transgresiones
que cometí en mi juventud.
Acuérdate de mí según tu gran amor,
porque tú, Señor, eres bueno.
Bueno y justo es el Señor;
por eso les muestra a los pecadores el camino."*

Salmos 25:7-8

En este capítulo, continuamos examinando los recursos dados a nosotros por nuestro Señor para vencer la lujuria. Debemos permanecer siempre agradecidos de que El "les muestra a los pecadores el camino" y seamos prontos en tomar la instrucción.

8) Regocijándome en Mí Esposa

*"Bebe el agua de tu propio pozo,
  el agua que fluye de tu propio manantial.
¿Habrán de derramarse tus fuentes por las calles
  y tus corrientes de aguas por las plazas públicas?
Son tuyas, solamente tuyas,
  y no para que las compartas con extraños.
¡Bendita sea tu fuente!
  ¡Goza con la esposa de tu juventud!
Es una gacela amorosa,
  es una cervatilla encantadora.*

¡Que sus pechos te satisfagan siempre!
   ¡Que su amor te cautive todo el tiempo!
¿Por qué, hijo mío, dejarte cautivar por una adúltera?
   ¿Por qué abrazarte al pecho de la mujer ajena?
Nuestros caminos están a la vista del Señor;
   él examina todas nuestras sendas."

   (Proverbios 5:15-21)

La mayoría de nosotros deseamos un matrimonio monógamo y amoroso. Sin embargo, aquellos que permiten la lujuria en sus vidas—antes o después de casarse—sucumben ante un cáncer que inevitablemente daña o destruye su habilidad de alcanzar o mantener tal relación.

Muchas parejas casadas están infelices sexualmente con algunas buscando consejería profesional por este motivo. Con respecto a esto, la exhortación de Proverbios más arriba contiene todos los consejos necesarios. Yo tengo un cliente que es terapeuta sexual y he compartido algunas partes del material de este libro con él. Aunque su práctica no es enfocada en Cristianos o practicada desde un enfoque Cristiano, el está completamente de acuerdo con que cuando hombres—y mujeres—aman correctamente a su pareja y enfocan toda su energía sexual solamente en ellos, no tienen necesidad de Viagra, fantasías o terapia sexual.

Las imágenes escritas en este pasaje—*"fuentes, corrientes de agua, manantial, un pozo"*—son ricas y dignas de mucha contemplación. El agua es una preciosa mercancía en el clima desértico de Israel y el afecto que compartimos con nuestras esposas es también intensamente valioso y supuesto a ser igualmente refrescante.

Paul Newman, algunas veces descrito como el hombre más sensual de su generación, fue sumamente admirado por su devoción a su esposa de muchos años, Joanne Woodward. Su famoso consejo respecto a la infidelidad hace eco de Proverbios, "¿Por qué salir a buscar una hamburguesa cuando tienes filete en casa?" Merendar golosinas visuales todo el día nos arruina el apetito por la cocina cacera.

Nuestra pasión sexual está diseñada para enfocarse dentro de una relación que *"Dios ha unido"* (Marcos 10:9). Este es el único escape Bíblicamente aceptable para altos niveles de deseos sexuales y por ende el único enfoque que tiene esperanza de proveer satisfacción duradera. Yo puedo atestiguar que avivar esto en nuestro matrimonio ha sido un extraordinario gozo y gran bendición. La calidez, intimidad y confianza de una relación comprometida y sin distracciones, forman una incubadora para el verdadero placer sexual y un amor romántico duradero.

Si utilizamos mal las capacidades sexuales diseñadas y provistas por Dios, no debemos esperar que todo esté bien al paso del tiempo. Rendirse constantemente a la emoción sexual ilícita dañará nuestras vidas, así como encender la ignición de un auto incesantemente arruinaría a ese vehículo.

9) Desarraigando Todo Orgullo Espiritual

"Por lo tanto, si alguien piensa que está firme, tenga cuidado de no caer." (1 Corintios 10:12)

Mientras alguien está vencido por el pecado habitual la respuesta natural es sentir culpabilidad. Cuando la culpabilidad pasa y comenzamos a obtener la victoria, debemos guardarnos de la falsa confianza. Hubo momentos, especialmente al inicio, cuando esto surgió y me causó tropiezos. Es decepcionante y sorprendente como continúo siendo perturbado por la tentación a veces y hasta tropiezo.

Siempre tengo que recurrir a las armas descritas aquí y nunca esperar ser infalible aunque la lujuria ya no me tiene entre sus garras. Sin embargo, es incómodo escribir un libro como este. Francamente, puede ser interpretado como una forma de alardear. "¿Quién se cree el que es? ¿El se cree que lo tiene todo resuelto?"

Sentirse engreído acerca de la victoria sobre el pecado o sugerirnos a nosotros mismos que hemos establecido un auto-control excepcional es tonto en muchos niveles. Para comenzar, debemos *"regocijarnos en Cristo Jesús, y no tener confianza en la carne"* (Filipenses 3). No podemos esperar victoria sin confiar completamente en que Dios nos librará.

Las continuas deficiencias en mi caminar Cristiano también son un recordatorio constante de cuanto más debe ser hecho en mi vida. Mirar hacia atrás de donde inicié y compartir con otros que están en ataduras similares o peores, también ayuda a mantener el orgullo aplacado.

Adicionalmente, me avergüenza constantemente descubrir que muchos hombres Cristianos nunca han tenido problemas similares a largo plazo con la lujuria. Nunca se convirtió en un pecado dominante en ellos. Esto me recuerda que yo nunca debí sumergirme tan profundamente en primer lugar, al igual que malgastar tantos años en el pecado. Finalmente, constantemente reafirma que mi condición como esclavo de la justicia es un buen antídoto para el orgullo. Yo no me pertenezco. He sido comprado por un precio.

Las constantes advertencias en las Escrituras que nos motivan a "prestar atención", "estar precavidos", "permanecer firmes" confirman que nunca debemos ser complacientes o poner la confianza en nuestras propias habilidades. *"Dios se opone a los orgullosos, pero da gracia a los humildes."* (Santiago 4:6). Humildad en Su presencia es la única respuesta razonable. El orgullo revela ignorancia de la realidad. *"Él dirige en la justicia a los humildes, y les enseña su camino."* (Salmos 25:9). La falta de humildad desvía nuestra habilidad para aprender y crecer.

10) Continuando en Oración

"Estén alerta y oren para que no caigan en tentación. El espíritu está dispuesto, pero el cuerpo es débil." (Mateo 26:41)

La oración resalta como la expresión más directa de estar en Cristo. Es a través de la oración que confesamos nuestros pecados, buscamos perdón, adoramos a Dios y expresamos nuestras necesidades. Cuando permanecemos en Cristo y Su palabra permanece en nosotros, nuestras vidas internas toman forma como una continua conversación con Dios.

Nuestra intención debe ser *"orar sin cesár"* (1 Tesalonicenses 5:17). Ya que el pecado interno de la lujuria no me controlaba, la idea de permanecer incesantemente en oración se volvió razonable y apelaba a mi vida espiritual renovada, especialmente en las vigilias de la noche. Al orar continuamente, nuestros deseos más internos se tornan a complacer a nuestro Salvador y deseamos conducir nuestras vidas como El espera. Ten confianza en que Dios escucha nuestras oraciones y desea respondernos. *"Si permanecen en mí y mis palabras permanecen en ustedes, pidan lo que quieran, y se les concederá."* (Juan 15:7).

Jesús dedicó tiempo extenso a la oración e intimidad con Su Padre. El enseñó a Sus discípulos a hacer lo mismo. Debemos ver la oración concisa del Señor como un modelo. Contiene todos los ingredientes diferentes encontrados en una oración efectiva. Al personalizar y elaborarlas, podemos cubrir nuestra propia situación—*"perdona nuestros pecados"; "líbranos del mal";" hágase tu voluntad"; "danos hoy nuestro pan de cada día."*

Mientras la victoria se hacía realidad en mi vida, encontré que mi vida de oración naturalmente se hizo más intensa y significativa. Yo había estado tontamente, pero necesariamente tratando de ocultarme de Dios mientras sufría de la culpabilidad del pecado habitual. En vez de vivir en el Espíritu, había estado viviendo en la carne. Considera la oración de David en Salmos 19. Es muy probable que pudiera haber estado luchando con la lujuria al escribir esto:

"¿Quién puede discernir sus propios errores? Absuélveme de los que me son ocultos. Guarda también a tu siervo de pecados de soberbia; que no se enseñoreen de mí. Entonces seré íntegro, y seré absuelto de gran transgresión." (Salmos 19:12-13)

Reto: Como David, tu oración debe ser que Dios te *"absuelva"* y te mantenga lejos del "pecado de soberbia" de la lujuria, para que no se "enseñoree" de ti.

No debemos de frustrarnos o avergonzarnos cuando nosotros *"no sabemos que pedir"* al orar. No importa si nos vemos a nosotros mismos como débiles o fuertes en la fe, permanecemos limitados en nuestros talentos e ignorantes acerca de las posibilidades. Por eso es que el Espíritu y Jesús mismo interceden efectivamente por nosotros ante el Padre. (Romanos 8:26, 34).

11) Manteniendo Transparencia con Otros Comprometidos A Ayudar

> *"Por tanto, confesaos vuestros pecados unos a otros, y orad unos por otros para que seáis sanados. La oración eficaz del justo puede lograr mucho.* (Santiago 5:16)

Esta no era una batalla que debía pelear solo. Muchos otros están atravesando las mismas luchas y yo necesitaba su ayuda.

Mi liberación surgió con la ayuda esencial de hermanos Cristianos. Haberme vuelto intencionalmente transparente con respecto a este tema, que es discutido tan infrecuentemente, resulto en muchos tipos de bendiciones. Compartir de una manera tan deliberada solo puede tener éxito cuando estamos enfocados en obtener la victoria y buscar una pureza que se alinee con lo que Dios espera. Recibiendo oración, orando por otros, confesando fracasos, admitiendo luchas y buscando la verdad de Dios son todas posibles cuando esto sucede.

> **Reto:** Pídele a Dios que te guíe a otros que tienen un deseo similar por santidad. La lujuria se desarrolla más fácil en la oscuridad. Exponerla a la luz desinfla una gran parte de su poder. Puedes recibir ayuda y ayudar a otros si extiendes tu mano y conectas dentro del Cuerpo de Cristo.

12) Dirigiendo Nuestros Pensamientos Apropiadamente

> *"Alégrense siempre en el Señor. Insisto: ¡Alégrense! Que su amabilidad sea evidente a todos. El Señor está cerca. No se inquieten por nada; más bien, en toda ocasión, con oración y ruego, presenten sus peticiones a Dios y denle gracias. Y*

la paz de Dios, que sobrepasa todo entendimiento, cuidará sus corazones y sus pensamientos en Cristo Jesús.

Por último, hermanos, consideren bien todo lo verdadero, todo lo respetable, todo lo justo, todo lo puro, todo lo amable, todo lo digno de admiración, en fin, todo lo que sea excelente o merezca elogio. Pongan en práctica lo que de mí han aprendido, recibido y oído, y lo que han visto en mí, y el Dios de paz estará con ustedes." (Filipenses 4:4-9)

Nuestras mentes son increíblemente potentes y adaptables. Podemos utilizarlas para lograr mucho bien o mucha maldad. Por ende, debemos decidir cada día y cada momento cómo dirigiremos nuestros pensamientos. Jesús vino a liberarnos de aquellos pecados que secuestran nuestras mentes y corazones. Permaneciendo en El, ya no necesitamos usar nuestras mentes para propósitos pecaminosos. Nos volvemos muy conscientes que hacer esto es una forma directa de desobediencia que nos guiará a más pecado. Dios se preocupa profundamente por esta parte vital de nuestro ser.

Cuando El nos llama a cada uno de nosotros a *"amarlo con todo"* nuestro corazón, nuestra mente, alma y fuerzas es una invitación a los lugares más íntimos del Dios Todopoderoso para que podamos ejercitar capacidades y obtener una idea de las actividades que nos absorberán por toda la eternidad. No debemos descuidar o perdernos esta magnífica oportunidad. Al ser liberados de nuestra esclavitud a los deseos malvados, somos hechos libres para meditar en *"todo lo verdadero, todo lo respetable, todo lo justo, todo lo puro, todo lo amable, todo lo digno de admiración, en fin, todo lo que sea excelente o merezca elogio".*

Nuestros pensamientos y deseos son limpiados gradualmente mientras diligentemente resistimos la tentación de permitir adulterio en nuestros corazones— sabiendo que aquí es donde los pensamientos malvados y deseos mal-dirigidos nos llevaron en el pasado. Debemos consciente y diligentemente llenar el vacío que permanece—por haber abandonado la lujuria—con aquello que nos nutrirá y fortalecerá.

Cada día somos ofrecidos un "cuerno de la abundancia" de opciones con respecto a lo que podemos leer, observar y pensar. Tenemos la televisión, computadoras, radio, material impreso, tocadores mp3 y ahora teléfonos inteligentes para forzar información e imágenes profundamente en nuestras mentes y corazones. Es importante que seamos selectivos y sobrios en la forma que usamos estos juguetes, sabiendo que el enemigo está ansioso por usarlos para nuestra destrucción.

13) Meditando Sobre La Palabra de Dios

"En mi corazón atesoro tus dichos para no pecar contra ti." (Salmos 119:11)

En el proceso de vencer la lujuria y aprendiendo a mantenerme en Cristo, he encontrado que meditar en la Palabra de Dios sobresale como el arma más poderosa y permanente. De hecho, memorizar Las Escrituras y trayéndola a la memoria durante el día se ha convertido en una práctica transformadora fundamental.

Al haber hecho de la Palabra de Dios mi meditación primordial, he encontrado que me cautiva de una manera comparable a como la lujuria lo hizo en un tiempo. En vez de usar mi imaginación y pensamientos internos para pecar, están siendo tornados a considerar activamente los *"Indescifrables juicios"* de Dios (Romanos 11:33).

"La palabra de Dios es viva y poderosa, y más cortante que cualquier espada de dos filos." (Hebreos 4:12). Esta efectiva y exquisita arma afilada por el Espíritu e impartida por medio de Sus fieles santos, inevitablemente hará su obra en nosotros si nos sumergimos en ella. (El tema de memorizar y meditar en las Escrituras es cubierto en el siguiente capítulo.)

14) Persistiendo en Santidad

"No es que ya lo haya conseguido todo, o que ya sea perfecto. Sin embargo, sigo adelante esperando alcanzar aquello para lo cual Cristo Jesús me alcanzó a mí. Hermanos, no pienso que yo mismo lo haya logrado ya. Más bien, una cosa hago: olvidando lo que queda atrás y esforzándome

por alcanzar lo que está delante, sigo avanzando hacia la meta para ganar el premio que Dios ofrece mediante su llamamiento celestial en Cristo Jesús." (Filipenses 3:12-14)

"El que siembra para agradar a su naturaleza pecaminosa, de esa misma naturaleza cosechará destrucción; el que siembra para agradar al Espíritu, del Espíritu cosechará vida eterna. No nos cansemos de hacer el bien, porque a su debido tiempo cosecharemos si no nos damos por vencidos." (Gálatas 6:8-9)

Persistencia y consistencia en mantener nuestro caminar en el Espíritu es un componente necesario de nuestra guerra contra el pecado destructor. A través de la historia de la Iglesia, ha habido aquellos que han declarado cierto nivel de victoria sobre la lujuria sexual y luego *"se han desviado de la fe"* (1 Timoteo 6:9-10).

Esto no debe sucedernos a nosotros. Nunca debemos bajar la guardia y permitirle al pecado que nos cargó tan pesadamente en el pasado que nuevamente establezca una brecha. Las prácticas como las descritas aquí crean un círculo virtuoso. Cada una se alimenta de la otra. Las malas hierbas en el jardín a penas brotan antes de ser arrancadas. Esto permite que una cosecha de buen fruto se desarrolle. La elección está clara. Nos convertiremos en *"esclavos de la santidad"* o nos deslizaremos a las ataduras del pecado habitual de una forma u otra. (Romanos 6:19).

Convertirnos en esclavos de la santidad es un asunto inconcluso de tiempo completo. Es como se desarrolla la madurez en la fe en la vida de cada seguidor de Cristo. Si en cambio nos convertimos en esclavos del pecado, no hay una conclusión rápida o una formula sin esfuerzo que nos cause tornarnos en el camino. Requerirá el uso diligente de las armas descritas aquí para tornarnos en esclavos de la santidad.

Otros Pasos

Mientras consideras las catorce armas presentadas aquí, otros métodos pueden venir a la mente que pueden asistir efectivamente en traer pureza a tu vida. Mencionaré unos cuantos más que son dignos de consideración.

Ayuno: Ayunar—dejar alimentos y/o bebidas por un periodo de tiempo—fue practicado por Jesús y luego por sus seguidores a través de la historia. Esta disciplina de perturbar nuestra rutina y forzar nuestra atención a las cosas de Dios es bastante difícil. Aunque no soy muy experimentado en esto, lo he implementado un poco y encontré que ayuda y transforma, especialmente cuando encuentro alguna dificultad y debo tomar decisiones difíciles.

Servicio: Otra disciplina es la de tornar nuestra atención al servicio de los demás. Esto es más una regla general y no directamente enseñada como un método de vencer el pecado. Sin embargo, ya que la lujuria que hemos practicado era auto-dirigida, nuestra habilidad y deseo de servir a otros se convierte en una opción más natural de ahora en adelante. La encontrarás especialmente gratificante al utilizar cualquier nuevo conocimiento o éxito reciente con respecto a vencer la lujuria al conversar o ayudar a otras personas con respecto a este tema perturbador.

No hay razón para tratar esto de forma mecánica. Al final es el Espíritu de Dios quien trabaja en y a través de nosotros para lograr Su buena voluntad. Sujetarnos a Sus deseos para nosotros inevitablemente causará cambios positivos y radicales en nuestras vidas de muchas formas.

> **Reto:** Las armas descritas aquí pueden ayudarte si estás luchando para vencer la lujuria en tu vida. Inicialmente, la batalla puede ser amarga y desalentadora. Cobra animo; mira hacia ese momento cuando la victoria puede ser justamente reclamada y celebrada.

Temas a Discutir:

1. Si estás casado, ¿Cómo puedes glorificar más efectivamente a Dios en tu relación sexual con tu pareja?

2. ¿Estás siendo transparente con alguien con respecto a tus fracasos y éxitos con respecto a la lujuria?
3. Describe formas en que puedes mejorar tus pensamientos.
4. ¿Has tenido alguna lucha manteniéndote consistente en la batalla contra la lujuria?
5. ¿Cómo puedes mejorar la forma en que oras?
6. Si tienes tiempo, comenta acerca de cada una de las catorce armas descritas en este capítulo y el anterior. ¿Estás utilizando alguna de estas armas? ¿Cuáles? ¿Cómo? ¿Cómo puedes hacer mejor uso de ellas?
7. ¿Cuál de las armas descritas en este capítulo crees que puede ser de más ayuda para ti para vencer la lujuria?
8. Al leer esto, ¿te parece que la conducta recomendada es excesiva o "fuera de borda" en términos de lo que se requiere para vencer la lujuria? Si la respuesta es sí—explica ¿Cual conducta parece así y por qué?

8—Meditando en Las Escrituras

Dichoso el hombre
que no sigue el consejo de los malvados,
ni se detiene en la senda de los pecadores
ni cultiva la amistad de los blasfemos,
sino que en la ley del S*eñor se deleita,*
y día y noche medita en ella.
Es como el árbol
plantado a la orilla de un río
que, cuando llega su tiempo, da fruto
y sus hojas jamás se marchitan.
¡Todo cuanto hace prospera!

Salmos 1:1-3

Los capítulos anteriores describen catorce armas útiles contra la lujuria. De estos, la práctica de meditar en las Escrituras ha comprobado ser especialmente efectiva para mí para obtener la victoria. Más allá de esto, se ha convertido en una parte integral de mi vida espiritual con beneficios duraderos.

Salmo 1—el salmo más prominente de todos—es instructivo en esto. Una cualidad que define al *"hombre dichoso"* descrito en este salmo es que él "de día y de noche medita" en la Palabra de Dios. El término *"meditar"* puede tener diferentes significados. Algunos pueden imaginarse un retiro de una semana, concentrados en la Palabra de Dios sin distracciones o tomando tiempo cada día para minuciosamente leer y estudiarla. Otros pueden creer que solo un monje viviendo en un monasterio sería capaz de hacer lo que el salmista describe. En vez de dirigirnos a tan excepcional actividad, yo creo que el Salmo 1 describe a uno que tiene Escrituras ocultas en su corazón por medio de la memorización y luego utiliza todo su tiempo libre para meditar en ella.

Nuestras Mentes Ambulantes

Cuando el salmista escribió, *"en Su ley medita de día y de noche,"* él necesariamente tuvo que incluir esas veces cuando nuestros pensamientos deambulan, que siempre lo hacen. De hecho, aparentemente nuestras mentes fueron expresamente diseñadas para deambular ya que estudios indican que treinta por ciento de nuestro tiempo se utiliza en precisamente eso. Es la poderosa función llamada soñar despierto. Adicionalmente a soñar despierto, hay numerosos viajes paralelos que nuestros pensamientos toman cuando tratamos de enfocarnos. También tenemos esos enormes bloques de tiempo cuando estamos procesando pensamientos y preocupaciones mientras dormimos. Nuestras imaginaciones perpetuamente activas insisten en reclamar y disfrutar la libertad de desarrollarse fuera de los confines de nuestras responsabilidades, rutinas y hasta nuestra voluntad. Una mente errante—por su naturaleza— no puede ser controlada directamente. Es controlada por nuestros corazones.

Sorprendentemente, los científicos han demostrado que durante nuestro tiempo "neutro" de aparentes pensamientos casuales y aleatorios es precisamente cuando el cerebro está más activo y productivo. Parte de esos estudios demuestran de forma convincente que es durante estos tiempos cuando no estamos específicamente involucrados mentalmente que somos capaces de explotar todas nuestras supuestas capacidades, talentos y habilidades latentes. Nuestro hombre interior se enfoca en sus propias formas misteriosas, en problemas para poder alcanzar ideas esquivas de alto valor, algunas veces llamadas avances creativos o momentos de "Eureka."[10]

La palabra Hebrea traducida como meditar en el Salmo 1 es profundamente enunciada e incluye mucho más energía y actividad que lo implicado en el idioma Inglés. Por ejemplo, se utiliza para describir como un león permanece sobre su presa (Isaías 31:4) y es traducida en una variedad de formas incluyendo rugir y gemir. Con respecto a la Palabra de Dios, su uso aquí sugiere roer, probando, consumiendo y continua atención. El hombre dichoso del Salmo 1 utiliza toda su energía y tiempo disponible en esta forma. Aun durante tiempos de distracción, su mente no se desvía hacia el pecado.

Escondiendo y Guardando

"En mi corazón atesoro tus dichos para no pecar contra ti." (Salmos 119:11).

El salmista comprendió el valor de lo guardado—lo que yo consideraría la Palabra memorizada—en nuestros corazones como un método de batallar contra el pecado. *"La ley de Dios está en su corazón, y sus pies jamás resbalan."* (Salmos 37:31). *"Me agrada, Dios mío, hacer tu voluntad; tu ley la llevo dentro de mí."* (Salmos 40:8). Con la Palabra de Dios firmemente oculta en nuestros corazones logramos obtener tracción y no somos fácilmente desviados de nuestro camino.

Guardando la Palabra de Dios—una frase Bíblica familiar—presenta una idea similar a ocultar y meditar pero conlleva un énfasis diferente. *Guardar significa proteger, preservar, supervisar, nutrir.* Esta frase aparece 10 veces distintas en el libro de Apocalipsis, incluyendo justo al principio—*"Dichoso el que lee y dichosos los que escuchan las palabras de este mensaje profético y hacen caso de lo que aquí está escrito, porque el tiempo de su cumplimiento está cerca."* (Apocalipsis 1:3)

> **Reto:** Guardar la Palabra de Dios en tu corazón por medio de la memorización te permitirá meditar (consumir, roer, dedicarle atención continua) y guardar (preservar, supervisar y nutrirla) en todo momento. La habilidad de hacer estas cosas es un gran regalo y ejercitarlas es inevitablemente una práctica transformadora.

Meditar No Es Lo Mismo Que Estudiar

La meditación no debe ser confundida con meramente estudiar la Palabra de Dios. Claramente, tal estudio es un ejercicio necesario y útil.

Hecho con la motivación espiritual adecuada, nos enseña *"sana doctrina"*, nos hace *"sabios para salvación"* y provee *"instrucción en justicia"* (2 Timoteo 3:15-16). Sin embargo, estudiar por si solo puede ser una actividad peligrosa e incompleta. Después de todo, los escribas y Fariseos con quienes Jesús trató eran los menos probables a seguirle. Esto es porque el estudio es primordialmente una actividad intelectual.

Nuestro aprendizaje puede convertirse fácilmente contraproducente. Desconectados de la obediencia, estudiar las Escrituras produce resultados negativos, como la religiosidad y el orgullo. Como Pablo escribió, *"la letra mata"* (2 Corintios 3:6). Las generosas promesas del Salmo 1 están dirigidas específicamente a aquellos que meditan sobre la Palabra de Dios, en vez de aquellos quienes meramente la estudian.

Meditar No Es lo Mismo que Leer o Escuchar

Hay un problema similar en simplemente leer la Escritura. Para muchos de nosotros, leer la Palabra de Dios es una parte integral de nuestra actividad devocional. Para aquellos que no pueden leer, que es lo normal en la experiencia humana global, escuchar es equivalente a leer. Tanto escuchar como leer requieren concentración, dedicación y energía, pero no necesariamente producen una respuesta justa. De hecho, Jesús específicamente condenó a aquellos que escuchan, pero se rehúsan a obedecer. Por esa razón, meramente leer a través de la Biblia de forma regular o exponernos a las mejores enseñanzas Bíblicas no nos garantiza un resultado beneficioso.

Inevitablemente, aquellos que continúan en pecado mientras mantienen o incrementan su conocimiento de la verdad, desarrollan hipocresía, estancamiento espiritual y corazones endurecidos. Debemos evitar meramente leer la Palabra de Dios sin permitirle que afecte como vivimos. Por otro lado, la meditación sobre la Palabra de Dios permea las áreas más profundas de nuestros corazones y logra su propósito—nos cambia.

"Porque como desciende de los cielos la lluvia y la nieve,
y no vuelve allá, sino que riega la tierra, y la hace germinar y producir,

y da semilla al que siembra, y pan al que come,
así será mi palabra que sale de mi boca;
no volverá a mí vacía, sino que hará lo que yo quiero,
y será prosperada en aquello para que la envié."
(Isaías 55:10-11)

Meditar Sigue Al Arrepentimiento

Por ende, aunque algunos desean las promesas y beneficios encontrados en el Salmo 1 por medio de la meditación en la Palabra de Dios sin antes tornarse de sus pecados, encontrarán que esto simplemente no funcionará. Como el salmista aclara, el bienaventurado *"no anduvo en consejo de malos, Ni estuvo en camino de pecadores, Ni en silla de escarnecedores se ha sentado;"* (Salmos 1:1). Tornarse del pecado hace que la meditación sea posible y efectiva. Para aquellos de nosotros cuyas vidas no son dominadas por el pecado, tornarse del pecado inevitable que entra en nuestras vidas sucede repentinamente. La plegaria por perdón surge consistentemente de nuestros labios, aun como Jesús nos enseñó a orar, *"Perdónanos nuestras deudas"* (Mateo 6:12). No permitimos que el pecado more en nosotros, ni nos dejamos atrapar por él.

Por otro lado, una persona que tenga la mente angustiada por la lujuria esta bajo un constante ataque de meditaciones impías. Continuar en este pecado dificulta cualquier intento intencional de meditar productivamente en la Palabra de Dios de una forma consistente y continua. Meramente parchar meditación con propósito—o cualquier otra disciplina espiritual—en una vida angustiada de esta forma no será efectivo. Es como tomar agua pura de un vaso mientras tomamos veneno mortal de otro vaso. Así eran mi propio pasado y mi pasmado caminar Cristiano.

> **Reto:** Te insto a que medites en Escrituras memorizadas como parte de un esfuerzo concertado para vencer la lujuria. Esta práctica formará parte importante en tu lucha para decisivamente asegurar la victoria y también se convertirá

en el fundamento para progresivamente crecer en santidad. Aunque inmersión en la Palabra de Dios es vital para ser libre, tal inmersión solo logrará el resultado deseado mientras te tornes de tu pecado.

El arrepentimiento incluye moverse en la dirección correcta adicionalmente a meramente parar el mal comportamiento. Recuerdo el comentario de un hombre que indicó que él había obtenido la victoria sobre su uso de pornografía y pecados relacionados. Sin embargo, una vez ahí, el aburrimiento comenzó. El estaba insatisfecho. En vez de utilizar su energía para conectar con Dios y seguir Sus caminos, el se desvió hacia el pecado. Este es un resultado común.

Otro ejemplo es un hombre que conocí mientras participaba de un taller el cual describo en el siguiente capítulo. El estaba allí porque se consideraba a sí mismo como un adicto al sexo. Ya él había estado lidiando con una adicción al alcohol por medio de un programa de recuperación de doce pasos. Creyendo que su problema de alcohol estaba bajo control, el había sido sumergido en un nuevo pecado y participó en este taller para obtener ayuda similar.

La victoria sobre el pecado no involucra solamente dejar el mal comportamiento. Cuando nos despojamos de las vestiduras viejas, debemos ponernos las vestiduras nuevas. Nos sumergimos en la pura Palabra de Dios para que nuestras meditaciones complazcan a Dios. En vez de desviarnos hacia otro pecado, la verdadera victoria proviene cuando estamos empleando nuestras capacidades libres como esclavos de la justicia. Demostramos esto con amor y meditación continua sobre las cosas que deben ser deseadas más *"Deseables son más que el oro, y más que mucho oro afinado; Y dulces más que miel, y que la que destila del panal."* (Salmos 19:10).

Moisés and Josué

La memorización fue primeramente descrita por y comandada por medio de Moisés.

> *"Grabad, pues, estas mis palabras en vuestro corazón y en vuestra alma; atadlas como una señal a vuestra mano, y serán por insignias entre vuestros ojos. Y enseñadlas a vuestros hijos, hablando de ellas cuando te sientes en tu casa y cuando andes por el camino, cuando te acuestes y cuando te levantes."* (Deuteronomio 11:18-19)

Josué combinó esta idea con enseñanzas relacionadas de Moisés en una forma que indudablemente luego se convirtieron en el fundamento para el Salmo 1.

> *"Este libro de la ley no se apartará de tu boca, sino que meditarás en él día y noche, para que cuides de hacer todo lo que en él está escrito; porque entonces harás prosperar tu camino y tendrás éxito."* (Josué 1:8)

Evidencia de memorización exhaustiva e intensa de las Escrituras se observa en los sermones extemporáneos que Esteban y Pedro ofrecieron en Hechos. Están llenos de citas Bíblicas que el Espíritu Santo inyectó en sus mensajes.

Cuando memorizamos Escrituras, ejercemos una concentración y esfuerzo que ocupa completamente nuestra energía y mente. Nos permite meditar en la Palabra en la manera descrita por Moisés. Al memorizar la Palabra de Dios y meditar en ella, estamos implantando gran poder espiritual profundamente en nuestras vidas—directamente en nuestros corazones. Una vez allí, está a la disposición del Creador del universo, el Autor de la Palabra de vida. En nuestros corazones, la Palabra viva—guiada por el Espíritu Santo—puede hacer su trabajo de limpieza y fortalecimiento.

Todo Tu Corazón, Alma y Mente

> *"Y amarás al Señor tu Dios con todo tu corazón, y con toda tu alma, y con toda tu mente, y con toda tu fuerza."* (Marcos 12:30)

No existe un consenso con respecto a cómo distinguir lo que se indica por el corazón, alma o mente en este u otros pasajes. Sin embargo, estos no todos se refieren a la misma cosa. Considera la siguiente explicación.

El corazón puede ser visto como el pozo profundo de nuestro ser—la parte sobre la cual tenemos menor control. En el hombre no regenerado, el corazón es malvado y engañoso en maneras que nadie puede comprender (Jeremías 17:9). La mente, por otro lado, puede ser vista como la parte razonadora y más controlada de nuestras vidas interiores. Entre estas dos está nuestra alma, donde nuestros corazones y mentes se integran.

A veces, le decimos a nuestras almas, aparentemente por el uso de nuestras mentes, como actuar—*"Bendice, alma mía, al Señor, y bendiga todo mi ser su santo nombre. Bendice, alma mía, al Señor, y no olvides ninguno de sus beneficios."* (Salmos 103:1-2). Similarmente, pero de una forma mucho más sutil y poderosa, el corazón también surge efecto sobre el alma—*"Bendeciré al Señor que me aconseja; en verdad, en las noches mi corazón me instruye."* (Salmos 16:7). Jesús reveló que es *"de nuestro corazón"* que los pecados provienen (Mateo 15:19). *"Yo, el Señor, escudriño el corazón, pruebo los pensamientos"* (Jeremías 17:10).

Reto: *"Con toda diligencia guarda tu corazón, porque de él brotan los manantiales de la vida."* (Proverbios 4:23). No envenenes la parte más vital de tu ser permitiendo el adulterio en tu corazón.

Cuando memorizamos las Escrituras, comienza con la mente, claro. Tomamos tiempo y con propósito nos enfocamos en una tarea que requiere disciplina y puede ser ardua. Sin embargo, este proceso es necesario para permitir la meditación en la Palabra de Dios y la impregna profundamente en nuestros corazones. Es en el corazón donde las Escrituras realizan su labor más efectiva. *"en mi corazón meditaré; y mi espíritu inquiere."* (Salmos 77:6). La Palabra es tan poderosa y verdadera que hecha fuera y elimina los dañinos y falsos argumentos, información, imágenes y hasta nuestras más profundas motivaciones, las cuales de otra manera podrían asumir poder en nuestras vidas.

Es cuando nuestras mentes divagan mientras estamos soñando despiertos o durmiendo, sin las restricciones de la camisa de fuerzas de nuestros pensamientos racionales, que somos más dirigidos por nuestros corazones. Es entonces que nuestras imaginaciones, sueños, pensamientos recurrentes y obsesiones se revelan. Aquí es donde realmente vivimos. Un corazón saludable que ha sido lleno y nutrido con la Palabra de Dios, plenamente habitada por Su Espíritu, se convierte en el director dominante de nuestras almas renovando nuestras mentes.

"Pon tu delicia en el Señor, y El te dará las peticiones de tu corazón." (Salmos 37:4)

Aquello en lo que nos deleitamos llena nuestros corazones. Si el objeto de nuestro deleite es la lujuria, nada bueno puede salir de ello. Sin embargo, si el objeto de nuestro deleite es el Señor y Su Palabra, El en cambio nos dará y nos enriquecerá con aquello que es nuestro deleite.

Comenzando a Memorizar las Escrituras

He aquí como yo comencé en esto. Cuando comencé a efectivamente luchar contra la lujuria, encontré que mis imaginaciones y pensamientos internos eran notablemente infructuosos. Yo estaba eliminando el contenido pecaminoso pero no lo estaba reemplazando con suficiente de aquello que es espiritual. Alrededor de este tiempo, también invertí en una audio Biblia en MP3—GoBible® que puede pararse en cada verso—y comencé a escuchar las Escrituras mientras hacía mis ejercicios de rutina en la caminadora.

Al escuchar toda la Biblia, me decepcioné por sentir que no estaba recibiendo todo lo que esperaba de ello. Mi experiencia fue equivalente a los varios programas para leer a través de la Biblia que había seguido intermitentemente desde que encontré un programa de estos en un Nuevo Testamento—mi primera Biblia—cuando cursaba el quinto grado. Las palabras parecían atravesarme. Mi mente divagaba. Continuaba estando decepcionado en mi vida de oración también. Mis oraciones eran repetitivas y carecían de enfoque apropiado, intensidad y poder.

Me torné a la memorización de las Escrituras en parte leyendo los trabajos de Dallas Willard—el recomienda esta disciplina enfáticamente—aunque no tengo buena memoria. Tengo problemas recordando nombres y números telefónicos. Como resultado, la cantidad de Palabra que yo me había enfocado en memorizar era patéticamente pequeña. En retrospectiva, puede ver que esto era mayormente una excusa. Si lo hubiese hecho una prioridad, hubiese ocurrido.

Utilicé mi tocador MP3 para ayudar con esto, escogiendo Filipenses 4:4-9 como el primer pasaje a memorizar. Incluido en este pasaje hay enseñanza que proveyó motivación adicional.

"Por lo demás, hermanos, todo lo que es verdadero, todo lo digno, todo lo justo, todo lo puro, todo lo amable, todo lo honorable, si hay alguna virtud o algo que merece elogio, en esto meditad." (Filipenses 4:8)

Este verso habla alto y claro a cualquiera que esté limpiando su mente de pensamientos sexualmente saturados. Yo comencé escuchando estos versículos una y otra vez. Luego laboriosamente memoricé cada versículo rebobinando y tocando el audio hasta que mi recolección fue igual a lo que escuchaba palabra por palabra. Para mi sorpresa esto funcionó extremadamente bien. Escuchar el ritmo de las palabras y el patrón de las oraciones me ayudó a memorizar este pasaje y a mantenerlo allí.

Habiendo descubierto esta nueva habilidad, me propuse una meta de memorizar otros pasajes y eventualmente seleccionar una parte favorita—grande o pequeña—de casi cada libro del Nuevo Testamento. Definir cuales versículos memorizar fue un gran ejercicio de por sí. Desde entonces he completado este proyecto y me he enfocado en los Salmos y otros pasajes, cautelosamente seleccionando aquellos en los cuales deseo pasar más tiempo.

Obvio, esto no es extraordinario. Muchos han memorizado mucho más de lo que yo pueda esperar porque lo han hecho por más tiempo y tienen mejores aptitudes. Por ejemplo, cuando Billy Graham y Grady Wilson se preparaban para su ministerio, ambos memorizaron el Evangelio de Juan completo, permitiéndoles recitarlo el uno al otro, desde cualquier partida en el texto. Un amigo en Colorado es parte de una iglesia donde el pastor ha memorizado la Biblia entera, extensivamente recitándola durante sus sermones. El también es capaz de recitarla desde cualquier punto de partida en el texto.

A estas alturas, ya no uso mucho el MP3. Yo simplemente ataco un nuevo pasaje y trabajo en el hasta que se ha agregado a mi bóveda mental. Luego de que un pasaje o dos se ha añadido, comienzo a repasar aquellos que han sido agregados anteriormente. Al escribir esto, el número de pasajes memorizados equivale a alrededor de sesenta. Yo mantengo estos en un documento de computadora imprimible en cualquier momento. Una versión actual está disponible en un blog.[11] Mi ritmo de agregar pasajes a esta lista ha reducido mientras dedico mayor cantidad de tiempo revisando y meditando en aquellos en los cuales he trabajado previamente.

Mi rutina actual es enfocarme en un solo pasaje cada mañana y hacer de él mi meditación del día, trayéndolo a memoria cada vez que sea posible durante las próximas veinticuatro horas. Puedo recitar muy pocos de estos en "frio", pero cada pasaje viene rápidamente cuando los repaso. Al seguir esta práctica puedo felizmente identificarme con aquel para quien *"en la ley del Señor está su deleite,"* meditando en ella de *"día y de noche"* (Salmos 1:2).

Que Memorizar

Hay muchas formas de seleccionar qué versículos memorizar y, afortunadamente, ¡no hay malas elecciones! *"Toda Escritura es inspirada por Dios"* (2 Timoteo 3:16). Soy atraído por versículos y pasajes que hablan directamente a mi corazón. Puede que estos no sean los mismos que te hablen a ti. También me he propuesto aprender versículos en contexto, para que incluya el pensamiento completo encontrado en un pasaje. Algunos de estos pasajes han sido familiares para mí por mucho tiempo sin haber sido plenamente impregnados en mi mente. Por ejemplo, Gálatas 5:22-23 lista los atributos del fruto del Espíritu.

Aunque siempre he podido nombrar algunos de estos, no puedo recordar todos de memoria. Ahora, regularmente medito sobre estos versículos junto a los versículos que siguen en orden para absorber el pensamiento completo de Pablo.

Cuando aprendemos un versículo favorito en contexto, nos topamos con una situación similar a cuando compramos un CD de música. En algún tiempo atrás—créalo o no—la única forma de obtener una canción de un artista era comprando el álbum elepé (larga duración) completo. Cuando yo era más joven, tales compras venían en la forma de "8 tracks" o elepés de vinyl y significaba una inversión considerable. Eventualmente yo me familiarizaba con todas las canciones del álbum y encontraba que me gustaban algunas más que las que originalmente me motivaron a comprar el álbum. Al tomar la determinación de aprender pasajes más largos, invitamos a Dios a impartir verdades que de otra forma estaríamos expuestos a pasar por alto.

El Efecto en Mi Vida

El efecto que memorizar y meditar en las Escrituras ha causado en mi vida ha sido profundo. Como muchos hombres de mi edad, mis noches incluyen períodos de estar despierto. En el pasado, este tiempo era mal-gastado o mal-utilizado. Una mente que no es propiamente dirigida es una que es fácilmente distraída y propensa a pecar. Debemos permanecer constantemente en guardia contra la ansiedad, la lujuria y otros pecados. Durante períodos de estar despierto por la noche, yo ahora medito sobre el versículo en el cual estuve meditando el día anterior. Recitar y meditar en estas Escrituras es vigorizante y fundamentalmente transformacional durante esos momentos al igual que durante otros momentos del día.

Comprometer grandes bloques de tiempo a la memorización de las Escrituras puede ser especialmente valioso. Por ejemplo, unos cuantos años atrás, durante un viaje de cinco horas para visitar a un cliente, me propuse memorizar 1 Corintios 13. Con la ayuda de mi confiable GoBible®, logré mi propósito para cuando había completado mi viaje ida y vuelta. Luego de haberlo practicado desde aquel entonces, el gran "capítulo del amor" está ahora impregnado en mi corazón de tal forma que mi recolección se está convirtiendo en automática y precisa.

Si deseas más motivación con respecto a la memorización, te recomiendo el libro *"Scripture by Heart" (Escrituras de Corazón)*, escrito por el Pastor Joshua Choonmin Kang. Entre aquellos que componen su prominente iglesia Koreana de Los Ángeles, la memorización de las Escrituras es una disciplina central. El sugiere que dediquemos 30 minutos al día para esta práctica. Esto suena correcto para mí en términos de un esfuerzo concentrado, pero cuando incluyo todas las veces que mi mente se remonta a un pasaje durante un período de veinticuatro horas, mi tiempo total dedicado a la meditación de la Palabra es mucho mayor. Las Escrituras resuenan dentro de mí e informan a mis pensamientos durante el día y hacia la noche. Las meditaciones internas del corazón son complejas, pero completamente diseñadas y capacitadas por nuestro Señor para llevar a cabo Sus propósitos.

Haber hecho de esto mi práctica, ahora puedo identificarme plenamente con las instrucciones de Moisés y Josué. Comprendo el amor y devoción por la Palabra expresada en pasajes como la segunda mitad del Salmo 19 y todo el Salmo 119. Además, cada vez me gustan menos el entretenimiento popular y las "noticias" de la mayoría de recursos de información. Como con otros ejercicios, he encontrado que memorizar la Palabra y meditar en ella es algo que se hace cada vez más fácil con la práctica y se hace cada vez más satisfactoria.

Reto: Puede ser que Dios te ha dado—y a todos Sus hijos—una capacidad especializada para impregnar las palabras de Dios en tu corazón. Te motivo a que identifiques una forma para memorizar y meditar en Su Palabra que funcione mejor para ti. Como enseña el Salmo 1, si te comprometes a continuamente meditar en la Palabra de Dios, experimentarás el éxito en todo lo que hagas, incluso en tu lucha contra la lujuria.

Temas a Discutir:

1. ¿Cuántos versículos Bíblicos o pasajes has memorizado en el pasado?
2. ¿Cuáles permanecen en tu memoria o estarían disponibles si los repasaras?
3. Describe las diferencias entre esconder, guardar y meditar en la Palabra de Dios.
4. Compara los beneficios de leer, estudiar y meditar acerca de las Escrituras.
5. ¿En qué piensas más cuando tu mente divaga? ¿Cuando despiertas por la noche?
6. ¿Cómo distingues entre tu corazón, tu alma y tu mente?
7. ¿Qué opinas acerca de hacer de las Escrituras tu método principal de meditación?
8. ¿Qué pasaje de las Escrituras desearías memorizar? ¿Cuál recomendarías para aquellos que luchan con la lujuria?
9. ¿Cómo piensas que meditar en las Escrituras te ayudaría a vencer la lujuria?

9—Victoria Sobre La Lujuria

"Nuestra alma ha escapado cual ave del lazo de los cazadores; el lazo se rompió y nosotros escapamos."

Salmos 124:7

La imagen descrita de un lazo roto en el Salmo 124 capta vívidamente lo que es estar libre del pecado de la lujuria. Un lazo es una simple, pero efectiva trampa. Un ave o pequeño animal que pise dentro de un lazo es apretado aun más fuerte al intentar escapar. De niño en Holanda, una vez me topé con una cruel e ilegal trampa a lo largo de un camino de conejos mientras jugaba en un bosque. No hay escape de una trampa preparada por un cazador experto y parecía que no habría escape de mi pecado.

La forma en que yo continuaba regresando a mi pecado en el pasado demostraba que yo había sido atrapado por él. A pesar del confort y refugio encontrado en la gracia y perdón de nuestro Padre Celestial, yo sabía que no le estaba agradando. Yo estaba pidiendo perdón sin plenamente tornarme de mi lujuria. Yo no comprendía como quebrar el agarre asfixiante que tenía sobre mí. Mi desobediencia me mantuvo regresando como un perro regresa a su vómito y desagradaba a Dios. No experimenté la libertad del *"pozo de la desesperación"* o del *"lodo cenagoso"* (Salmos 40:2).

Antes de que llegara la victoria, el prospecto de caminar conforme al Espíritu y tener paz con Dios era como una imagen fugaz. Me había resignado a mi situación, sabiendo que la lujuria dentro de mí encontraría la manera de liberarse tarde o temprano, sin importar lo que yo hiciera. Atrapado en un ciclo de lucha sin final, el fracaso y el arrepentimiento resultaron en un crecimiento espiritual pasmado.

Pablo escribió—*"si vivimos por el Espíritu, andemos también por el Espíritu"* (Gálatas 5:25). Andar por el Espíritu es la posición natural para un Cristiano. Por el contrario, andar por la carne, lo cual yo hice por tanto tiempo, no es natural y es continuamente perjudicial. Felizmente, ahora puedo estar de acuerdo con Pablo cuando el escribe que Jesús le hizo libre del pecado. Ahora soy parte del plan de Dios de *"purificar para si un pueblo para posesion suya, celoso de buenas obras."* (Tito 2:14).

Reto: Si has estado envuelto en una larga lucha contra la lujuria, la persecución de libertad de ella puede parecer irrealista, aunque las Escrituras claramente enseñan la realidad de esto y el Espíritu dentro de ti confirma la necesidad de ello. Sin embargo, si te comprometes a abstenerte de la lujuria, sin importar que tiempo lleves esclavizado, te embarcarás en un camino que lleva a la libertad del pecado.

Crea En Mí Un Corazón Limpio

Pedro escribió *"Pues su divino poder nos ha concedido todo cuanto concierne a la vida y a la piedad,"* (2 Pedro 1:3). Alegar que no tenemos poder es una afirmación sin fundamento Bíblico. A pesar de esto, negarnos placeres mundanos requiere acción de nuestra parte. No debemos ser esposados por la óptica equivocada de que la pureza sexual es algo que Dios necesita establecer aparte de nuestra obediencia. Mientras obedecemos nos volvemos limpios. Entonces, también puede ser dicho de nosotros que *"Puesto que en obediencia a la verdad habéis purificado vuestras almas..."* (1 Pedro 1:22).

En el pasado, le había pedido a Dios que *"creara en mi un corazón limpio"* (Salmos 51:10), mientras saboteaba este trabajo al mismo tiempo. Aunque no excusaría otros pecados como robar, de alguna forma estaba convencido de que el pecado de la lujuria era diferente. Ahora comprendo que todos los pecados esclavizan a aquellos que se rinden a ellos y la victoria sobre cualquier pecado no vendrá automáticamente. Cada arbusto espinoso necesita ser desarraigado. Cuando le permitimos al pecado una brecha, crece, nos enreda y nos estorba para ser fructíferos.

No Permitiendo que el Mundo Establezca los Términos de la Batalla

Lamentablemente, una gran parte de la iglesia ha adoptado el vocabulario y estrategia del mundo con respecto a pecados tercos. Adicción, recuperación, sobriedad y recaer son solo algunos de los términos que son utilizados para describir y en efecto motivar a que pecados comunes florezcan en vez de ser vencidos. La resignación Cristiana a la visión del mundo de una lucha perpetua sin una victoria real es desastrosa porque tergiversa la naturaleza de nuestra nueva vida en Cristo. La liberación comienza con el entendimiento de que ningún pecado puede mantenerse ante el poder que está obrando en nosotros y que las ataduras de cualquier pecado interno, dominante y habitual pueden ser quebradas. Nosotros somos la *"luz del mundo"* (Mateo 5:14). La oscuridad no tiene poder a menos que le hagamos espacio en nuestras mentes y corazones. Debemos de parar esto independientemente de nuestros niveles de estrés, nuestro ánimo espiritual, el estado de nuestras relaciones o las tentaciones a las que nos enfrentemos.

Como Se Ve La Victoria

La victoria sobre la lujuria fue descrita anteriormente con el significado de que la lujuria ya no es un pecado habitual que domina nuestras vidas.

Tomó tiempo aprender cómo combatir la lujuria y aún más tiempo para finalmente ver la victoria llegar. Yo no era—y no soy—un súper santo. Sin embargo, este debilitante y destructivo pecado ya no está en control. Dice en Proverbios que aquel a quien le falta dominio propio es como una ciudad cuyas paredes han sido derrumbadas (Proverbios 25:28). Así era el caso conmigo. No tenía manera de evitar que los dardos de fuego del diablo penetraran profundamente en mis pensamientos—guiándome a utilizar mis pensamientos y deseos maldirigidos para pecar.

En Gálatas, donde Pablo explica las características del fruto del Espíritu, puede ser argumentado que la cualidad final recibió elaboración especial. Su lista culmina con *"mansedumbre, dominio propio; contra tales cosas no hay ley. Pues los que son de Cristo Jesús han crucificado la carne con sus pasiones y deseos."* (Gálatas 5:23-24). Dominio propio significa que no somos controlados por fuerzas externas. Pablo muestra que esto ocurre porque hemos *"crucificado la carne"*, algo requerido de cada creyente. Si fallamos en esto, estamos destinados a convertirnos en esclavos de algún pecado y a sufrir sus fatales consecuencias incluyendo la incapacidad de madurar y mostrar el fruto del Espíritu en nuestras vidas.

> *"Y no os adaptéis a este mundo, sino transformaos mediante la renovación de vuestra mente, para que verifiquéis cuál es la voluntad de Dios: lo que es bueno, aceptable y perfecto."* (Romanos 12:2)

Un desarrollo sorprendente fue que con el pasar del tiempo—al establecerse el dominio propio—yo no tenía que guardar el perímetro de mi vida como una prioridad, ni mantener una lucha vigorosa contra la lujuria. Ya las pasiones y los deseos ilícitos no poseen esa atracción magnética que alguna vez tuvieron. Ya no tengo un deseo poderoso de tomar una revista inapropiada o pasar canales de televisión ya que la tentación sexual no es el molestoso problema que alguna vez fue. Esencialmente, encontré que mi vida estaba siendo transformada y mi mente estaba siendo renovada como resultado de ya no conformarme a este mundo.

> **Reto:** Al resistir la lujuria diariamente y creciendo en madurez Cristiana, la tentación en torno a este pecado perderá mucho de su poder. Esto es como debe de ser. Mientras luchas contra la lujuria, debes hacerlo con la expectativa de la victoria. Una vez que la victoria esté en tu poder, tendrás la libertad de finalmente vivir tu vida sin el obstáculo del yugo de pecado o siendo desgastado por su atracción.

Sobriedad Sexual

Como una alternativa a la victoria sobre la lujuria, muchos consejeros Cristianos han comenzado a promover la "sobriedad sexual". Este es un término que ha emigrado desde el movimiento secular de la psicología del comportamiento. Por ejemplo, Joe Dallas, quien es un consejero Cristiano, escribe en su libro, *The Game Plan (La Estrategia del Juego)* —"La sobriedad sexual es el estándar que requerimos para nosotros mismos."[12] Para él su principal objetivo de sobriedad sexual es "abstenerse del uso de pornografía o sexo fuera del matrimonio."[13] Habiendo establecido este estándar de sobriedad sexual, su recomendación es adoptarla como un objetivo de vida— haciendo un nuevo compromiso diariamente—"Por las próximas veinticuatro horas, me comprometo a la sobriedad sexual."[14] En vez de atacar la lujuria, los expertos como Dallas prefieren una estrategia de redirigir algunos comportamientos selectivos y observables que resultan por la lujuria.

No cuestiono la sinceridad de los consejeros que mantienen esta opinión. Dallas tiene muchas cosas buenas que ofrecer y muestra tener un corazón compasivo. Sin embargo, yo opino que conformarnos con la sobriedad sexual como objetivo no es ni práctico, ni compatible con las enseñanzas Bíblicas.

¿Adicción? ¿O Algo Más?

Debe ser evidente a estas alturas que yo estoy en deuda con Fred Stoeker y su libro, *La Batalla de Cada Hombre*. Me presentó una clara y auténtica descripción de la pureza sexual que es consistente con las enseñanzas Bíblicas, junto a ideas útiles para la implementación. El libro ha sido publicado en treinta idiomas alrededor de todo el mundo y le ha permitido a una cantidad innumerable de personas—incluyéndome—alcanzar la libertad de las ataduras de la lujuria. Aunque hay inconsistencias en el libro causadas por ser un esfuerzo colaborativo.

Hay un capítulo completo injertado en el libro cuyo título es "¿Adicción? ¿O algo más?" que fue escrito por Stephen Arterburn. El libro explica que el publicista trajo a Arterburn como co-autor luego de que esta primera edición fuera sometida por Stoeker. Este capítulo trata con la adicción sexual, incluyendo un auto-examen y la recomendación de que uno contacte a un profesional en caso de fracasar en el examen.

Las preguntas incluidas en este examen no son técnicas y es probable que cualquiera que esté lidiando con asuntos de lujuria concluya que puede fácilmente ser un adicto al sexo basado en la lectura de este capítulo. Por ejemplo, aquí está la primera pregunta—"¿Te enfocas cuando una mujer atractiva se acerca?"[15] "Enfocas" no está definido. Esto está supuesto a ser un método de pre-análisis. Hasta incluye un número de ayuda 1-800 dentro del texto. Si una persona piensa que pudo haber cruzado la línea hacia la adicción, se le instruye que llame. Operadoras están a la espera, listas para recomendar un retiro costoso por un fin de semana llamado *Taller La Batalla de Cada Hombre* organizado por New Life Ministries, una organización dirigida por Afterburn.

Como parte de mi lucha contra la lujuria, yo participé del *Taller La Batalla de Cada Hombre*. Mi participación me dejó angustiado por la forma en que New Life Ministries y gran parte de la profesión de consejeros Cristianos abordan el tema del pecado sexual. El taller toma una dirección completamente diferente a aquella tomada por el libro, aunque comparten el mismo nombre. En vez de pureza sexual, el taller desarrolla sus enseñanzas alrededor de su propia versión con respecto a la sobriedad sexual, cayendo en el renglón del floreciente movimiento de la recuperación. En retrospectiva, es evidente que Arterburn—junto a muchos otros consejeros Cristianos—creen que cuando la línea se cruza en dirección a la adicción, la respuesta radica en intensas sesiones de terapia y consejería semanal. Son prontos en catalogar a alguien como un adicto sexual, fallan en proveer consejería efectiva y mantienen posiciones que divergen radicalmente de los principios Bíblicos como aquellos resaltados en el libro *La Batalla de Cada Hombre*.[16]

Debe ser resaltado que Fred Stoeker nunca ha tenido asociación con New Life Ministries o el *Taller La Batalla de Cada Hombre*. Su página de Internet fuertemente promueve y apoya la auténtica pureza sexual (fredstoeker.com) y altamente recomiendo su página y los libros que él escribe.

La Taza Sucia

Ya que hayamos obtenido la victoria sobre la lujuria, no comenzamos cada día con el temor de que seremos presa de sus seducciones o que convertiremos sus horrendas demandas en el foco de nuestra atención. El destructivo pecado de la lujuria pierde su poder sobre nosotros. En contraste, el intento de implementar sobriedad sexual equivale a hacer precisamente lo que Jesús acusó a los Fariseos de hacer—lavando el exterior de la taza en vez del interior. Desafortunadamente, para aquellos promoviendo esta estrategia, Jesús vigorosamente atacó este enfoque. El enseñó que los pecados internos y externos eran igualmente repugnantes a Dios y demandó pureza en el corazón para que haya pureza en acción.

Una razón de preocupación más con respecto a procurar la sobriedad sexual es la manera en que eleva el pecado a una posición innecesaria de enfoque diario y perpetuo. El pecado debe ser purgado y dejado atrás. Nuestro enfoque debe ser Dios y Su voluntad para nosotros. *"Al Señor he puesto continuamente delante de mí; porque está a mi diestra, permaneceré firme."* (Salmos 16:8). Debemos ver hacia El—no detrás de nuestro hombro.

El movimiento de la sobriedad sexual me angustia. Tratando de controlar el comportamiento externo y visible mientras el pecado ruge por dentro es un yugo que hiere y es pesado. Dudo que sea posible mantener la sobriedad sexual si continuamos codiciando en nuestros corazones. Aún si pudiéramos cambiar nuestro comportamiento siendo nuestros corazones malvados, no levantaría nuestro cargo de culpabilidad. Por otro lado, el yugo que Cristo ha fijado para nosotros es fácil y su carga es ligera porque se alinea con la manera en que Dios nos diseñó y la ley que El ha escrito en nuestros corazones.

¿Dónde están los brillantes testimonios de aquellos que se aferran tímidamente a la sobriedad sexual? Me avergüenzo de mi pecado pasado y el tiempo que me tomó darme cuenta de cómo operaba, pero también estoy lleno de gozo por finalmente poder caminar en victoria y comunión con mi misericordioso Señor.

¿Dónde Podemos Recurrir?

Pastores, iglesias y Cristianos laicos hayan dificultad con respecto a dónde enviar a alguien que está abrumado por el pecado de la lujuria o por el daño en las relaciones que esto causa. Al aprender más con respecto a la lujuria, me he vuelto cada vez más cauteloso en confiar en la manera en que consejeros, grupos de recuperación o hasta pastores ofrecen ayuda. Independientemente de su compasión bien-intencionada y profesionalismo, frecuentemente guían a sus seguidores por el camino incorrecto. Yo me reuní con tres altamente calificados consejeros Cristianos a través de los años sin ningún efecto. Yo sabía que había problemas en mi matrimonio, pero fallé al no reconocer que mi pecado era el origen de estos problemas.

En un punto de nuestro matrimonio, Marsha se reunió con una respetada conferencista y líder en el ministerio de mujeres con respecto a cómo esto estaba afectando nuestro matrimonio. Luego de escuchar a Marsha explicar sus preocupaciones, esta esposa de un pastor de renombre, le restó importancia al tema, explicando que todos los hombres luchan con y sucumben ante la lujuria—que ella debía aprender a soportarlo. Realmente no había mucho que pudiera hacerse.

Esto es similar a lo que Marsha estaba escuchando de mí. Sin embargo, tal consejo es trágicamente incorrecto. No encontrar la respuesta en su iglesia causa que muchos Cristianos se tornen hacia consejeros Cristianos o grupos de recuperación para obtener ayuda con la lujuria. Esto es generalmente precipitado por algún tipo de "explosión". Aparte del alto costo y las limitantes de tiempo de tales compromisos para tratamiento, no existen garantías de que tales consejos serán efectivos o tan siquiera provechosos. De hecho, es posible que la filosofía y contenido de tal consejería sea un reflejo de los terribles errores presentados en el taller del cual participé.

Los grupos Cristianos de recuperación sostienen puntos de vista tan variados como las opiniones de aquellos que los dirigen. A menudo sus líderes no tienen idea de cómo obtener la victoria sobre el pecado.

Por esto refuerzan un sentimiento de desesperanza en vez de revelar una perspectiva Bíblica de esperanza, victoria y gozo. Estamos llamados a tener un corazón puro y esto es posible cuando vivimos en Cristo.

Reto: La única salida del abrumador pecado de la lujuria es procurar y seguir las enseñanzas de Jesús—nuestro Maravilloso Consejero—y completamente confiar en el poder del Espíritu Santo, enviado por el Padre para ayudarnos. Si te topas con cualquier otra cosa aparte de una auténtica respuesta Bíblica con respecto al pecado abrumador, te insto a que te alejes de ahí.

Pensando Que Hay Una Mejor Manera

Enfocándose plenamente en la mirada codiciosa, Jesús puso la atención sobre la raíz del pecado en vez de todas las demás acciones lujuriosas en las cuales los hombres normalmente se involucran. Al aplicar Su enseñanza específica con respecto al adulterio en el corazón, dirigimos nuestra atención precisamente a donde la batalla debe ser llevada a cabo y recibimos una respuesta inmediata correspondiente a nuestro nivel de obediencia. Contrasta esto con la perspectiva de aquellos en el mundo (y muchos dentro de la iglesia) que sugieren que por mera determinación, podemos desactivar hábitos dañinos tales como ver pornografía, visitar páginas de Internet y la masturbación. Para llegar ahí, ellos promueven la ayuda de consejeros, grupos de apoyo y varios regímenes y técnicas, como instalar filtros de Internet o evitando películas categorizadas R. Desafortunadamente, estos enfoques no tratan con el problema real.

No debemos tomar prestado del libro de estrategias del mundo, el cual nos instruye a reducir los comportamientos impropios y visibles, sin confrontar el pecado invisible de la lujuria. No debe ser sorpresa que aquellos que utilizan ese enfoque erróneo están propensos a derrumbarse por el acantilado en algunos momentos. También explica porqué muchos sienten la necesidad de perpetuamente llenar sus vidas con actividades de recuperación y contabilidad. Los peligros inherentes de un enfoque a medias se vuelven especialmente pronunciados cuando los valores morales de nuestra cultura continúan en un continuo espiral hacia abajo. Nuestra cultura está adoptando la idea de que pocas actividades sexuales son taboo y casi todo es valido si se siente bien, especialmente si es algo inventado. En este ambiente, establecer una zona de confort con algo de lujuria—pero no "mucha"—no es factible.

Adulterio en el corazón—permitiendo la emoción sexual ilícita—es el pecado que abre el camino. Deleitarse en él inevitablemente inicia deseos irresistibles y continuos. Esforzarse por meramente cambiar el comportamiento feo visible es tan inefectivo como mover el césped para deshacernos de la hierba mala. Cuando le damos riendas sueltas a la lujuria a cualquier nivel, nos encontraremos luchando contra sus expresiones más desagradables tarde o temprano. Sin embargo, si eliminamos el combustible, el fuego morirá.

Todavía estoy sujeto a la tentación. Todavía continúo teniendo deseos sexuales y pensamientos mal-dirigidos y frecuentemente soy confrontado con imágenes y situaciones sexualmente cargadas, como lo son todos los hombres. Sin embargo, me rehúso a permanecer en estas cosas para obtener una gratificación sexual ilícita. En cambio, me he entrenado para retroceder de ellas. Ser tentado no es pecado. Aún, cuando peco, me torno rápidamente de él. No le permito que me atrape.

Un Ejemplo

En algunas ocasiones, me he quedado con familiares en Holanda durante mis viajes. Si quieres ver a dónde vamos en América, toma un viaje a Europa. Parece que siempre están a algunos pasos delante de nosotros.

Mientras me preparaba para uno de estos viajes, me preparé para lidiar con la pornografía que es tan prevalente allí. Desafortunadamente, la habitación que me fue asignada durante este viaje había sido convertida en un tipo de apartamento de soltero por uno que se había divorciado y había reclamado el uso a medio-tiempo de este lugar. La habitación estaba surtida de material pornográfico.

Yo estaba preparado para enfrentar tal tentación y hasta había empezado a desarrollar una fuerte repugnancia por este tipo de cosa. Recordando las enseñanzas de Pablo, *"y no proveáis para los deseos de la carne."* (Romanos 13:14), lo corolario también es cierto. Debemos proveer para nuestras almas para que podamos resistir y vivir puramente cuando sabemos que seremos tentados. Al pasar de la semana y pude resistir la tentación exitosamente, la paz y el gozo de no haber caído en pecado o haber sido atrapado por sus decepciones fue real y edificante.

Revisitando la ilustración utilizada por John Owen de deforestar un bosque, este árbol en particular había sido derribado. Inicialmente, no caía y testarudamente había desarrollado ramas que requerían atención constante. Sin embargo, ahora no era el reto que una vez fue. Soy libre de su abrazo sofocante. Cuando permito una emoción sexual ilícita, inmediatamente me percibo de que ocurrió, la confieso, me arrepiento y recibo el perdón que Dios es tan justo y fiel para dar. Sin embargo, tal pecado ya no tiene lugar en mí. No tiene permiso para desempacar sus maletas y vivir en mí.

El Punto de la Batalla es la Victoria

> **Reto:** Esta guerra no me consumió y tampoco te consumirá a ti si te comprometes. Aunque el mundo solo ve lucha sin fin, nuestro Salvador promete paz, victoria y el prospecto de convertirnos en *"más que vencedores"* por medio de Aquel que nos amó (Romanos 8:37). Levantar tu mirada de la batalla y darle un vistazo a la victoria reservada para ti debe motivarte para que no estés satisfecho hasta que tu lucha contra la lujuria sea victoriosa.

Siendo crucificado junto con Cristo, somos capaces de permitirle vivir y morar en nosotros. Este es un resultado natural de derribar las fortalezas del pecado interno. La libertad que es adquirida no nos deja sin dirección y vulnerables a otro tipo de pecado que quiera levantarse, ya que es una victoria que proviene de estar propiamente alineados en servicio a Cristo. Nuestra esclavitud a la justicia y a nuestro Salvador que mora en nosotros es la posición natural y placentera para el creyente. Esta esclavitud enriquecedora y maravillosa es mucho más poderosa que las ataduras del pecado, que solo traen condenación y destrucción. Como David lo describió—Dios *"Puso mis pies sobre peña, y enderezó mis pasos"* (Salmos 40:2).

Al ser obedientes a Cristo, nuestras mentes son transformadas constantemente por Su poder renovador. Esta es exactamente la mejor y más gozosa manera de vivir y nos permite comprobar cual es la *"buena voluntad de Dios, agradable y perfecta."* (Romanos 12:2). Esto describe una vida vivída en el Espíritu.

Temas a Discutir:

1. Describe la parte que te corresponde hacer a ti para vencer la lujuria y lo que le corresponde a Dios.

2. ¿Puedes ofrecer ejemplos de cómo la forma del mundo tratar con la lujuria difiere de la manera en que los Cristianos están supuestos a tratar con ella?

3. ¿Qué opinas del estándar de la *"sobriedad sexual"* que algunos utilizan para combatir la lujuria?

4. ¿Crees que tu o alguien que conoces es un adicto sexual? ¿Cómo habla la Palabra de Dios con respecto a esto?

5. ¿Cómo categorizarías tu nivel de auto-control con respecto a rendirte ante la lujuria?

6. ¿Qué aspecto tendría la victoria sobre la lujuria en tu vida?

7. ¿Cómo tu vida sería diferente si estuvieras caminando en victoria sobre la lujuria?

10—¿Es La Victoria Sobre La Lujuria Inusual?

Vuélveme el gozo de tu salvación, y espíritu noble me sustente.
Entonces enseñaré a los transgresores tus caminos, y los pecadores se convertirán a ti. .

Salmos 51:12-13

A estas alturas tu respuesta puede ser, "¿Qué es tan especial de todo esto?" Yo honro y valoro tal respuesta cuando la escucho. Estas ideas eran todas frescas y transformadoras para mí, pero para otras personas no son más extraordinarias que el sol saliendo por la mañana. Mientras aprendía como vencer la lujuria de acuerdo a estos principios, me propuse abrir mi corazón a hombres que conocía y aprender que opinaban con respecto a mi nueva forma de ver este tema. Basado en muchas conversaciones de esa índole, determiné que los hombres Cristianos pueden ser divididos en dos grandes grupos con respecto a su conocimiento y experiencia con la lujuria.

He encontrado que muchos estaban como yo había estado, totalmente perdidos respecto a este tema. Por otro lado, para algunos—si no para muchos—las ideas que estoy planteando eran evidentes. Tales hombres viven en victoria, instantáneamente retrocediendo de la lujuria y firmemente rehusándose a sí mismos cualquier emoción sexual ilícita. Como resultado, han evitado la esclavitud a este pecado común.

A ese respecto, un libro llamado *La Batalla de Cada Hombre* puede ser erróneo. Ciertamente, cada Cristiano tiene el potencial a la lujuria y las tentaciones vienen para todos los hombres. Sin embargo, el libro *La Batalla de Cada Hombre* está dirigido a aquellos que han hecho de la lujuria un pecado interno, habitual y controlador. Para aquellos que son vigilantes y prontos para arrepentirse y buscar perdón cuando pecan, la batalla no es significativamente diferente a las luchas contra otros pecados como el orgullo, amargura, ansiedad, avaricia o la ira.

La Necesidad de Enseñanza Clara

Aunque tratar al pecado de la lujuria de esta manera no es ni radical, ni raramente practicado, el enfoque directo que describo aquí no es comúnmente enseñado. Aunque le puse más atención de lo normal a este tema durante mis cincuenta años como Cristiano activo, aún fallé en no aprender estas verdades. Mi pasada ignorancia me mueve a la simpatía hacia aquellos que están confundidos y frustrados por como su fe parece estar sin poder para ayudarles a vencer su pecado.

La cuestión desconcertante para mí—una vez que estaba en el camino correcto—fue centrada en por qué yo no sabía cómo tratar con este pecado antes. ¿Por qué yo había sido tan bobo? Este asunto todavía arde dentro de mí y me motiva a escribir. Todo ese tiempo perdido pudo haber sido invertido en obediencia y victoria. Si otros sabían cómo hacer esto, ¿por qué yo no?

Aunque seguramente yo merezco la culpa más que cualquier otra persona, yo creo que el elemento clave faltante fue un entendimiento claro de la naturaleza de la lujuria y como debe ser negada, como indicado anteriormente. Mala comprensión en esa parte del problema desvió cualquier sana doctrina que yo había recibido y las Escrituras aplicables que había leído. Como resultado, no tomé la acción decisiva que era necesaria.

Por esta razón yo creo que nuestro enfoque debe estar en las enseñanzas de Jesús—aplicando lo que El enseñó. Debemos comprender que estamos pecando cuando nuestros deseos sexuales y pensamientos relacionados son unificados para crear una emoción sexual ilícita. Diferenciar tal comportamiento de los deseos y pensamientos sexuales normales es un área delicada para explorar y enseñar acerca de ella. Sin embargo, es donde la línea de batalla ha sido demarcada.

La Necesidad de un Modelo Claro y Transparencia

Hay una segunda razón por la cual yo no implementé la pureza sexual en mi vida. Simplemente, nadie estaba dispuesto a abrir su corazón y tratar este tema de una manera que me permitiera entender y aprender de él. Al no ver transparencia, yo tampoco la mostré. Nunca hablé de estos asuntos. No compartí con otras personas lo que estaba atravesando y como estaba perdiendo la batalla contra la lujuria. Tener completa transparencia y no comprometer los valores es algo esencial para aquellos que discipulan a otros. Pararnos junto al apóstol Pablo, como aquellos que hemos sido liberados de hacer lo que odiamos, puede abrir la puerta para otras personas.

> **Reto:** Al escribir este libro, estoy compartiendo de mis propias fallas y éxito. David era un rey poderoso que se deslizó hacia serios pecados por la lujuria. Fácilmente, él pudo haber eliminado el cargo de pecado sexual de su archivo. En cambio, el decidió confesarlo y documentarlo. Como David, yo he compartido mi experiencia con la motivación de que tú como *"transgresor"* y *"pecador"* puedas aprender los caminos de Dios y también seas *"convertido"* (Salmos 51:13).

Una vez trabajé con un hombre Cristiano que admitió tener un problema severo con la lujuria. Sus deseos malvados lo guiaban a bares de bailarinas desnudas y probablemente esto fue un factor en su divorcio de su primera esposa. En un momento, durante un almuerzo en un evento al que asistimos, el me preguntó francamente cómo era posible para mi ignorar a todas las chicas lindas a nuestro alrededor.

Esto me sorprendió. El me estaba observando y creía que yo era capaz de controlar la lujuria. La percepción para él era que yo tenía esta parte de mi vida bajo control, cuando en realidad no era así. Yo no recuerdo mi respuesta, excepto que no fue útil.

Yo no puedo comprender como es que aquellos que están viviendo en victoria no comparten su experiencia. Quizás es porque adoptaron la manera apropiada de tratar con el pecado sexual temprano en su caminar Cristiano y desconocen como esto se diferencia de aquellos a su alrededor que todavía tropiezan con este pecado. Como resultado, estos mismos hombres no están pasando enseñanzas prácticas y las formas de vencer la lujuria como Jesús enseñó, por ende perdiendo la oportunidad de arrancar el problema de raíz.

Mi padre solo me habló una vez de este tema. Era un experto mecánico automotriz, entrenado en Europa, y en algún momento dirigía todo el mantenimiento para una flotilla de vehículos de la compañía de teléfonos en nuestra ciudad. Siendo nuevos en California y arribando en medio de una recesión, él hizo esto en lo que desarrollaba su propio negocio. El trabajo le requería trabajar de noche por sí solo. En aquel tiempo yo estaba en la escuela secundaria y algunas veces iba con él para ayudar. Desafortunadamente, esto me dejó expuesto a varias formas de pornografía que otros empleados dejaban en los autos que él reparaba.

Una vez mi padre me encontró viendo este material, y me dio el consejo sincero de una frase: *"Deja de mirar esa basura—no hay necesidad de eso."* Recordando ese momento, puedo ver que su consejo era simple y certero, pero también no fue suficiente para ayudarme a tratar con la lujuria o la creciente cantidad de tentaciones a las cuales yo estaba siendo sometido. Fue un caso cerrado. El murió en 1985 y nunca llegamos a discutir este tema. Sin embargo, reflexionando acerca de su exuberante vida Cristiana estoy seguro de que él tenía el tema de la lujuria resuelto. Lo que él no tenía resuelto era como pasarme el conocimiento que él había adquirido.

Hasta hace poco, yo había fallado en pasar verdades esenciales con respecto a este tema y por esta razón he dedicado este libro a mis hijos y a sus hijos. Si hemos de discipular a aquellos que nos ven para recibir dirección y un ejemplo, debemos efectivamente y humildemente compartir nuestras experiencias—incluyendo victorias y fracasos. Para vencer el pecado de la lujuria es necesario que haya instrucción práctica. Si guiamos a nuestros hijos hacia la salvación, tenemos una responsabilidad sagrada de modelar el comportamiento e impartir estándares que contrasten agudamente con la perversidad que ha arropado nuestra cultura. No podemos permanecer de brazos cruzados y dejar que aquellos a nuestro cuidado consuman el veneno que el mundo ofrece tan libremente y permitirle a otros que definan la conducta aceptable.

Modelar un comportamiento recto puede incluir acciones tales como instituir reglas estrictas para ver películas y televisión para que nosotros mismos no proveamos un mal ejemplo. Sin embargo, el pecado de la lujuria es fácilmente oculto y el tema es frecuentemente evitado. Esto hace que ser un buen ejemplo sin transparencia sea insuficiente. Ser quisquilloso y desear evadir el tema también es inaceptable. Si Jesús habló de estos temas sin titubeos, ¿quiénes somos nosotros para quedarnos callados? Aquellos a nuestro alrededor parecen estar O.K. por fuera, pero la batalla se lucha por dentro.

En vez de ver la pureza sexual como algo excepcional, esta debe ser el resultado esperado para aquellos que siguen a Jesús, y ciertamente para aquellos que discipulan a otros. La lujuria no es una fortaleza inconquistable—es simplemente uno de los tantos pecados de los cuales podemos ser liberados.

Fuentes de Agua Viva

Tan difícil y humillante como lo ha sido la batalla contra la lujuria, ahora conozco muy bien que esta es una lucha que pudo haber sido evitada. Una vez respaldado por Cristo, no había necesidad de ser esclavizado por el pecado. La Palabra de Dios nos enseña cómo evitar y vencer el pecado y revela la rica provisión disponible en El.

Sin embargo muchos que vienen a Cristo no reciben el tipo de enseñanza y discipulado que les permitirá tratar con el pecado de manera adecuada en sus vidas—ciertamente no el pecado dominante de la lujuria. Esta es una triste acusación de lo que la Iglesia moderna se ha convertido.

Cuando Jesús interactuó con la mujer samaritana, cuya vida había sido devastada por la lujuria, El le ofreció una verdad a la cual ella se podía aferrar.

> *"Respondió Jesús y le dijo: Todo el que beba de esta agua volverá a tener sed, pero el que beba del agua que yo le*

daré, no tendrá sed jamás, sino que el agua que yo le daré se convertirá en él en una fuente de agua que brota para vida eterna." (Juan 4:13-14)

Deberíamos ser famosos por las fuentes brotando de nuestro interior *"agua viva"*. Todos los que vengan a Jesús jamás deben tener sed.

Si alguno tiene sed, que venga a mí y beba. El que cree en mí, como ha dicho la Escritura: "De lo más profundo de su ser brotarán ríos de agua viva." (Juan 7:37-38)

Nosotros tenemos el agua. Se nos ha mostrado el camino por el cual debemos andar y hemos sido provistos de las herramientas necesarias para lograr la tarea asignada a nosotros. Sin embargo, en vez de protegernos con la poderosa armadura de Dios (Efesios 6:10-20), y tomar las armas sobrenaturales con las cuales El nos equipa para nuestra guerra, a menudo nosotros dentro de la Iglesia fallamos en no utilizarlas. Peor aún, muchos dentro de la Iglesia bajan las armas que Dios ha provisto, para tomar las armas inefectivas, débiles y plásticas que ofrece el mundo—eligiéndolas para completar una tarea que jamás podrán completar. Hemos abandonado el agua viva a cambio de las cisternas rotas hechas por el hombre, las cuales son incapaces de almacenar agua (Jeremías 2:13).

Imaginándonos Que Todos Son Como Nosotros

Ya que había poca transparencia entre aquellos con quienes crecí y tenía comunión, me quedé con la suposición de que los demás tenían los mismos estándares, creencias y prácticas que yo. Esto causó que fuera más fácil seguir en la lujuria ya que yo podía mantener una racionalización falsa, creyendo que yo era igual a todo Cristiano en este aspecto. Esta falsa suposición guió mi comportamiento y menospreció el poder de la clara instrucción Bíblica. Haber filtrado todo lo que escuché a través del filtro de mi propio comportamiento pecador y pensamientos distorsionados me hizo insensible a un cambio real.

Aquellos que constantemente obtienen la victoria también están desinformados. Ya que ellos están venciendo la lujuria, suponen que los demás también. Como resultado, permanecen ignorantes con respecto a lo que realmente está ocurriendo a su alrededor. No ayudan porque están ciegos al problema.

El problema de la lujuria gira en torno a la manera que los deseos y pensamientos sexuales son tratados en nuestro interior. Hasta el creyente más espiritual y maduro es tentado a tomar estas tentaciones de forma inapropiada y cometer adulterio en su corazón. Por ejemplo, mientras conversaba con un pastor acerca de este tema recientemente, le pregunté cómo él manejaba las situaciones en las cuales era confrontado por la pornografía—todos lo somos. Su respuesta fue típica: "Mi consciencia se activa." El retrocede de la oportunidad de pecar y permite que le haga tropezar.

No obstante, el pensamiento está ahí. El deseo está ahí. La diferencia es que él había aprendido a negarse—al mismo punto de la tentación—aquello que estaba incorrecto. El también, como la mayoría de aquellos que viven en victoria sobre tal pecado, asumió que los demás creyentes en esa posición harían la misma elección que él hizo como algo predeterminado. Simplemente parece ser algo obvio para aquellos que son maduros en Cristo. Sin embargo, tal susceptibilidad a la lujuria y la respuesta apropiada a esta tentación extremadamente común es pocas veces claramente descrita o enseñada. La necesidad urgente es que los Cristianos plenamente entiendan con lo que están tratando y que aprendan como hacer de la respuesta correcta una práctica automática.

Alineando Nuestras Vidas y Enseñanzas con Las Escrituras

Intentar vencer nuestro pecado sin alinear nuestras acciones con la enseñanza Bíblica es un ejercicio destinado al fracaso. El mejor antídoto contra vivir en pecado es ser completamente confrontado por la verdad. La Palabra de Dios no se equivoca en Sus enseñanzas. Al comprender correctamente y luego aplicar lo que Dios desea mostrarnos, podemos ser libres del pecado y hechos fructíferos para Su Reino.

"El vencedor heredará estas cosas, y yo seré su Dios y él será mi hijo." (Apocalipsis 21:7).

Más allá de cualquier duda, demostrar poder sobre el pecado logra mucho más que regañar airadamente a nuestro mundo caído o culpar a la decadencia de nuestra sociedad por nuestras debilidades. Después de todo, si los Cristianos no pueden resistir la tentación, ¿Por qué el mundo no debe continuar proporcionando sus demandas? Hasta podríamos formar parte de tornar la marea putrefacta que se levanta a nuestro alrededor mientras nos rehusamos a ingerir las atracciones visuales, reflexivamente resistiendo toda tentación sexual y negándonos a nosotros mismos la gratificación ilícita.

Siendo obedientes con respecto a esto no nos sentencia a una vida privada de deseos personales. Más bien, nos libera para caminar en y disfrutar de los placeres más profundos que Dios tiene para nosotros. La obediencia a las palabras de Cristo con relación a la lujuria nos permite recibir más del Sermón del Monte y su reclamo sobre nuestras vidas. Nuestro mundo, incluyendo aquellos que se aferran a otras creencias religiosas, solamente reconocerán el glorioso Reino de Dios cuando le vean produciendo vidas cambiadas y rectas.

Un Ejemplo de No Caer en La Lujuria

Un ejemplo de alguien que inmediatamente comenzó a caminar en el camino correcto es mi buen amigo, el pastor Jeff Jackson. Luego de haber sido dado de alta del servicio militar, Jeff recibió a Cristo como su Salvador alrededor del año 1980 y estaba administrando una tienda comercial. Sin embargo, dejó su función para convertirse en el primer pastor asociado de nuestra iglesia, Calvary Chapel de Escondido en California.

No parando allí, Jeff decidió que el Señor le había llamado al campo de misiones. Buscando alrededor un lugar donde plantar una iglesia, se decidió por Ciudad Cebú en las Filipinas. Mudó a su familia allá y plantó una iglesia llamada Calvary Chapel de Ciudad Cebú. Luego de siete años logró pasarla a un pastor local a quien él había discipulado. Todavía es una obra vibrante y activa. A su regreso a Estados Unidos, fundó la agencia misionera, Shepherd's Staff Missions Facilitators,

Inc. para entrenar, enviar y apoyar a misioneros extranjeros y asistir a las iglesias que los envían.

Alrededor de esta época, su salud empeoró considerablemente cuando fue diagnosticado con ALS (La enfermedad de Lou Gehrig). Luego fue determinado que en vez de esa enfermedad, él tenía la enfermedad de Kennedy, junto a dos o tres serias condiciones médicas. Jeff ha mantenido su perspectiva multi-cultural, a pesar de que ya no puede viajar como antes lo hizo, actualmente pastoreando una iglesia multi-étnica en Phoenix, así como dirigiendo Interface Phoenix 10/40 y sirviendo como Director de Relaciones Eclesiales y Cuidado Misionero en Shepherd's Staff.

Mientras yo compartía mis experiencias y observaciones con Jeff, él mostró no estar impresionado. El conocía acerca de la lujuria y como vencerle mejor que yo—desde el inicio. Aquí está un relato de la historia que él compartió: Cuando él era un nuevo Cristiano, todavía administrando una tienda comercial, él tenía el trabajo sucio de inspeccionar semanalmente varios materiales de lectura y determinar cuáles eran apropiados para su tienda. Esto significaba evaluar y rechazar todo el material pornográfico que era incluido en el envío. Sabiendo que como Cristiano él no debía rendirse ante la lujuria, su solución fue rendirle esta tarea a una mujer empleada en su tienda. Como resultado, él ya no tenía que lidiar con este asunto. Esta fue una solución simple y efectiva.

El me contó otra historia acerca de un miembro de su iglesia en Cebú que tomaba un autobús a cada reunión de la iglesia. Caminar por las calles de Ciudad Cebú hacia la iglesia desde la parada del autobús, lo llevaba por una tienda repleta de todo tipo de revistas provocativas. El no podía forzarse a sí mismo a pasar por este establecimiento sin rendirse ante la tentación y caer en la lujuria. La solución en este caso fue simple también. En vez de bajarse del autobús en la parada usual, él se quedaría en el autobús hasta que pasara la iglesia y luego retornaría caminando.

Soluciones como esta están disponibles cuando sea que nos topamos con tentaciones recurrentes. Cuando exitosamente resistimos el pecado, nos fortalece para enfrentarnos a otras tentaciones.

Otro Ejemplo

Aquí hay otro ejemplo para motivarte. Este es de alguien la mitad de mi edad. Hace algunos años Miles DeBenedictis se convirtió en el pastor principal de nuestra iglesia. El había sido reconocido como un joven dotado y piadoso, y recibió su llamado luego de haber sido criado en nuestra iglesia y con la plena bendición del pastor fundador, el liderazgo y el equipo.

Generosamente, Miles ha considerado lo que he escrito con respecto a este tema y ayudó a darle forma a algunas áreas de este material. El compartió conmigo que en algún momento al inicio de su caminar Cristiano, Dios le puso asco por la pornografía y lujuria que tienta y atrapa a tantos jóvenes. No cabe duda de que su compromiso con la pureza le permitió crecer y madurar en su fe a grado que de otra manera no hubiese sido posible.

Como él ha considerado la definición de la lujuria—"La lujuria sexual es permitirte una emoción sexual por cualquiera o cualquier cosa aparte de tu esposa"— él le ha encontrado ser una definición factible y efectiva. Como un padre joven y esposo él experimenta la victoria sobre la lujuria. Una de las observaciones que él ha compartido fue en notar que esta definición es igualmente aplicable y útil para las mujeres Cristianas, aunque generalmente son desviadas en formas diferentes a los hombres, tales como atención y novelas románticas.

Ejemplo de Paquius Proculus

La erupción del Monte Vesubio que hundió a Pompeya, descrita como una versión Romana de Sodoma y Gomorra, preservó un ejemplo interesante demostrando que los Cristianos siempre han tenido que lidiar con la lujuria. Parte de una serie documental reciente por televisión, Secretos de la Cristiandad, relata la historia de un hombre de negocios Cristiano llamado Paquius Proculus. Su repostería estaba ubicada en el centro comercial de Pompeya.

Sabemos mucho de Paquius, incluso que él eventualmente se convirtió en alcalde del pueblo. Hasta sabemos cómo lucía porque dejó atrás un vívido retrato al fresco de él y su esposa (Indaga su nombre para ver que puedas ver qué bonita pareja eran). Paquius era un soldado Romano retirado que había ahorrado para comprarse su tienda en Pompeya. Sabemos que era Cristiano por los escritos grabados en las paredes de su negocio y su hogar. También sabemos que él no estaba de acuerdo con como Pompeya estaba sumergida en perversión sexual. Excavaciones muestran que al tomar posesión de la tienda él cubrió con yeso el arte pornográfico que previamente había decorado las paredes. ¿No es fascinante aprender acerca de esta respuesta práctica de un creyente específico que vivió en el año 79 DC hacia una cultura obsesionada con el sexo? ¡Así se hace, Paquius!

Contrarrestando Malos Ejemplos

Desafortunadamente, hay muchos ejemplos de Cristianos que van en la otra dirección y no piensan dos veces acerca de adoptar las normas del mundo. Los vemos disfrutando todo tipo de películas, programas de televisión y otras tentaciones presentadas delante de ellos. ¿Son acaso tan espirituales o seguros de sí mismos que pueden insinuar que consumir material cargado sexualmente no les afecta? No creo. En cambio, ellos representan una rendición en gran escala ante las normas que el mundo ha adoptado y una relación disfuncional con Dios.

Lo más perturbador es cuando vemos Cristianos de renombre caer por causa de su pecado. Si has puesto atención a este tipo de cosa, ya estás enterado de numerosas historias desastrosas de hombres que han dejado a esposas, familias y ministerios. Tal fracaso no sucede a causa de un mal paso desapercibido y de repente. Solo puede suceder en vidas abrumadas por un profundo y latente pecado que no ha sido resuelto. Lo que podemos observar es meramente el brote de lo que ya era un mal oculto e infeccioso. Aunque nos sacude cuando es expuesto, no puede ser una sorpresa para aquel a quien le ocurre.

> **Reto:** Si eres libre de las garras de la lujuria, oro para que lo que estoy escribiendo te ayude y motive a enseñarle a otros, especialmente a tus hijos, para que este pecado no les abrume a ellos también. No asumas que otros saben lo que tú sabes o actúen como tú actúas en este aspecto. El mundo está constantemente confrontándonos con sus perversas

normas. Si no procuramos diligentemente complacer a Dios y enseñarle a otros a hacer lo mismo de una manera práctica, sin ambigüedades, las normas del mundo prevalecerán.

¿Una Historia Inconsecuente?

Algunos argumentarán que mi lucha fue inconsecuente; que como yo nunca me convertí en lo que algunos llaman un adicto al sexo, mi experiencia no habla del problema real que enfrentan los Cristianos. Tú puedes estar como yo estaba—capaz de retirarte del abismo a pesar de estar nutriendo el pecado en tu corazón. Puede ser que hasta no te concierna tu estado actual ya que estás seguro que tu pecado no se convertirá en una explosión tan dramática como la de Tiger Woods o que pueda crear un conflicto mayor en tu vida. Esto puede causarte que pienses que tu pecado está "bajo control".

Tal acomodación del pecado en la vida de un creyente es absolutamente inaceptable. Cualquiera que haga este argumento no está obteniendo su sabiduría de la Palabra de Dios. De hecho, tal consejo proviene del enemigo. Considera como Pablo vio el tema:

Si alguno destruye el templo de Dios, Dios lo destruirá a él, porque el templo de Dios es santo, y eso es lo que vosotros sois. (1 Corintios 3:17)

La Victoria es el Resultado Esperado

Permanece seguro de que aunque elijas creer que es inevitable que la lujuria florezca en algún nivel dentro de tu corazón, tal actitud solo refleja la manera del mundo. Es de tontos ante los ojos de Dios. Si te enfocas en la enseñanza de la Palabra de Dios con un espíritu receptor y humilde, verás el error de tus argumentos de defensa. La convicción misericordiosa del Espíritu Santo perturbará tu paz como bien debe ser.

La victoria sobre la lujuria es esperada, normal y es el resultado final para todos los creyentes. Acomodar a la lujuria—permitiéndole vivir en nosotros—es un resultado aberrante. Dios nos diseñó y creó nuestra sexualidad. Él es quien hizo nuestro *"ser interior"* (Salmos

139:13). Cuando El estipuló las reglas de cómo debemos vivir y lo que debemos evitar, El las alineó perfectamente con la manera en que fuimos diseñados. La emoción sexual puede ser imposible para nosotros comprender a plenitud, pero funciona exactamente como El lo propuso. Esa capacidad—así como todas las demás—está diseñada para explorar nuevas y emocionantes posibilidades y plenamente realizar todo nuestro potencial mientras caminamos "en El". Yo no podría florecer en esta nueva vida si continua y desobedientemente persistiera en el pecado. Notoriamente comportarse fuera del plan de Dios es análogo a volar un avión completamente contrario a la manera en que el fabricante lo diseñó.

Al pasar a la segunda parte de este libro, debe ser evidente que la Palabra de Dios no es silenciosa o ambigua con respecto a cómo trata con la lujuria.

> **Reto:** Si eres un esclavo a la lujuria—y no estás convencido de lo que estás leyendo aquí—es probable que estés aferrándote a la creencia de que es solamente normal permitirte una emoción sexual ilícita cuando ves a una mujer atractiva o una imagen provocativa. Puedes estar rindiéndote ante las tentaciones cotidianas y crees que esto es cierto para todos los hombres de sangre roja. Mi esperanza es que sueltes esta y cualquier otra falsa manera de pensar que apoye tu pecado y que obtengas la victoria. Caminar de acuerdo al Espíritu en libertad del pecado no es ni idealista, ni insólito. En cambio, es lo que Dios espera de ti como Su hijo.

Temas a Discutir:

1. Los dos primeros párrafos de este capítulo describen la reacción de algunos Cristianos al material presentado hasta ahora. ¿Cuál reacción se parece más a la tuya?
2. ¿Cómo describirías la enseñanza con respecto a la lujuria que recibiste en el pasado? ¿Fue clara o no?

3. Describe situaciones en las cuales has visto un modelo de pureza sexual.

4. Varios ejemplos de aquellos que obtuvieron victoria sobre la lujuria a poco tiempo en su caminar Cristiano fueron presentados. ¿Qué aprendiste de ellos? ¿Puedes identificarte con ellos?

5. ¿Ha habido algún mal ejemplo entre Cristianos que haya sido obstáculo en tu habilidad de vencer la lujuria en el pasado? Describe ejemplos específicos de esto.

6. ¿Qué tan realista es esperar la victoria sobre la lujuria en tu vida?

7. Pedro dice que Dios *"nos ha concedido todo cuanto concierne a la vida y a la piedad."* ¿Hay algo que te impida vivir una vida piadosa?

8. Estamos a la mitad de este libro. Hasta ahora, ¿estás de acuerdo con la enseñanza expuesta? Explica. ¿Cómo estás progresando en vencer la lujuria en tu vida?

Parte 2—Aprendiendo de Las Escrituras

*Lámpara es a mis pies tu palabra,
y luz para mi camino.*

Salmos 119:105

El proceso de vencer la lujuria ha sido una experiencia que ha cambiado mi vida y por la gracia de Dios ha resultado en victoria. Aquí encontrarás un resumen de cómo esto sucedió según descrito en los capítulos anteriores:

1. Obteniendo un entendimiento preciso de mi pecado, eliminando toda confusión con respecto a la emoción sexual ilícita—adulterio en mi corazón.
2. Comprendiendo que la lujuria era algo que yo podía rechazar, descartando cada racional que yo había construido para permitirme continuar en pecado.
3. Comprendiendo los medios para vencer la lujuria— aprendiendo a utilizar cada arma disponible como muestra la Palabra de Dios y provista por El para lograr esta victoria.
4. Identificando o procurando obtener una meta clara—victoria sobre la lujuria—el punto cuando la lujuria ya no era un pecado habitual y dominante en mi vida.
5. Actuando sobre o persistiendo en todo lo anterior para rechazar la lujuria, obtener la victoria sobre ella, madurando como creyente y conformando mi vida a lo que es placentero a Dios.

En los siguientes capítulos, exploraremos pasajes Bíblicos que nos enseñan acerca de la lujuria y como lidiar con este pecado en nuestras vidas. Sin la Palabra de Dios, no tendríamos esta información vital. Otros puntos de vista, incluyendo nuestras propias opiniones, deben ser considerados en base a lo que las Escrituras enseñan. Haberme basado en la Palabra de Dios con respecto a este tema transformó mi vida, me permitió vencer la lujuria y madurar como un Cristiano. Su Palabra ha sido *"lámpara a mis pies y luz a mi camino"* mientras viajaba por este trayecto fuera de la oscuridad del pecado.

Lo que sigue no es un estudio comprensivo. En cambio, la meta es obtener perspectiva desde las enseñanzas relevantes de hombres específicos en la Bíblia quienes eran justo como nosotros y confrontaron el pecado como nosotros. Incluímos a Jesús mismo en esto, ya que la Bíblia enseña que El fue tentado en *"todo"* así como nosotros, pero sin pecado (Hebreos 4:15). Ya que es posible tener pensamientos y deseos sexuales sin pecar yo creo que El también experimentó estos. Aunque esto no fuera el caso, podemos estar seguros que Satanás puso delante de El muchas oportunidades para pecar sexualmente.

Estas enseñanzas no cayeron del cielo, más bien fueron reveladas a través de las vidas y experiencias de los preciosos y humildes santos de Dios, cada cual tuvo que lidiar con el pecado sexual.

Indagar en estas enseñanzas y ejemplos nos causará, en algunos momentos, cubrir algunos de los mismos pasajes que ya hemos visto, con la intención de aprender más acerca de lo que tienen para nosotros. Afortunadamente, la brillante luz de la Palabra de Dios está incrustada con una amplia variedad de verdades multifacéticas. Cada vez que nos acercamos a ella, podemos esperar una fresca perspectiva, conocimiento o reto mientras crecemos en comprensión y madurez.

11—Adulterio en el Corazón

Habéis oído que se dijo: "No COMETERAS ADULTERIO." Pero yo os digo que todo el que mire a una mujer para codiciarla ya cometió adulterio con ella en su corazón. Y si tu ojo derecho te es ocasión de pecar, arráncalo y échalo de ti; porque te es mejor que se pierda uno de tus miembros, y no que todo tu cuerpo sea arrojado al infierno. Y si tu mano derecha te es ocasión de pecar, córtala y échala de ti; porque te es mejor que se pierda uno de tus miembros, y no que todo tu cuerpo vaya al infierno

Mateo 5:27-30

Comenzamos con las enseñanzas de Jesús. Las palabras mencionadas en el versículo anterior son parte del Sermón del Monte y podría decirse que están entre las más reconocidas de Sus frases. Algunos de ustedes quizás puedan recordar la campaña presidencial de Jimmy Carter y en particular una entrevista llevada a cabo por la revista *Playboy,* en la cual el hizo referencia a este pasaje al admitir que había cometido "adulterio en su corazón". Los medios de comunicación aprovecharon esa oportunidad, indudablemente porque el Presidente Carter se sintió movido a destacar lo obvio. ¿Acaso no todos cometen adulterio en su corazón siempre? Su admisión aparentó sonar un poco tonta.

En el mundo actual, las miradas lujuriosas se han hecho tan común que algunos describen nuestra cultura como una *"cultura porno"*. Imágenes, formas de hablar y comportamiento sexual nos confrontan por cada esquina. Hartarse en un buffet visual se ha vuelto común entre hombres, mujeres, jóvenes y hasta niños que constantemente rastrean su entorno para alimentar sus ojos lujuriosos.

Claro, muy pocos eligen llamar a su comportamiento lujuria, alegando que ellos solo están disfrutando de inofensivas golosinas visuales—placer inofensivo. Hecho discretamente, la emoción sexual común es defendida como "haciendo nada". Hasta para los Cristianos, existe una tendencia de enfocarse en faltas más obvias y descaradas como el adulterio, el uso de pornografía y otras actividades aparentemente mucho más allá de la "inevitable" emoción sexual ilícita.

Haciendo Sentido de la Lujuria en el Corazón

Que Jesús tan fuertemente condenara la emoción sexual común ilícita es tanto fascinante como perturbador. La palabra que El utiliza para lujuria, "epithemia," es la misma palabra utilizada en el Antiguo Testamento Griego de Su época para codicia. El Decimo Mandamiento prohíbe la codicia y de los Diez, es resaltado entre los "no cometerás" porque es tan intensamente dirigida al corazón. Es fácil de camuflar. Nos decimos a nosotros mismos que no es algo serio—"Nadie está siendo herido."

> *No codiciarás la casa de tu prójimo; no codiciarás la mujer de tu prójimo, ni su siervo, ni su sierva, ni su buey, ni su asno, ni nada que sea de tu prójimo.* (Éxodo 20:17)

Aquellos que escuchaban a Jesús sabían que codiciar estaba mal, pero mayormente ignoraron esta ley, así como hacemos nosotros. Sin embargo, permanece lado a lado con los demás nueve mandamientos. Jesús se enfocó en esa parte de los diez mandamientos que nosotros preferimos ignorar—no codiciarás *"la mujer de tu prójimo"*. Todos podemos estar de acuerdo que codiciar las cosas de tu prójimo es un comportamiento sin sentido y no productivo. ¿Por qué hacerte miserable por algunas miserables cosas? Pero codiciar la mujer de tu prójimo no te hace sentir miserable. Se siente bien. Diferente a cualquier otro tipo de codicia, ofrece una emoción placentera. Jesús enfatizó el peligro en romper esta parte de la ley agregándole dientes—igualando la lujuria en nuestros corazones con el escandaloso y dañino pecado del adulterio. En esto—como en la mayoría de Sus enseñanzas—El se enfocó en el pecado ocurriendo en nuestros corazones.

Sacando El Ojo y Cortando La Mano

Especialmente alarmante es la sugerencia de que alguien se saque el "ojo derecho" o se corte la "mano derecha" si le causan que peque en esta manera. Yo creo que Jesús escogió estos miembros del cuerpo en parte para hacer referencia a la masturbación, la cual es una manifestación común de la lujuria sexual. A través de los años, esta frase dicha por Jesús ha causado que algunos actúen de manera precipitada. Sin embargo, optar por la amputación física para eliminar la lujuria es el resultado de una grotesca mala interpretación de un punto vital que Jesús estaba haciendo.

En vez de promover la auto-mutilación física, esta enseñanza nos obliga a reconocer que no son meramente las acciones observables de la carne, tales como la masturbación, que Jesús nos llama a eliminar. El confronta la lujuria que ocurre dentro de nosotros. Nuestro ojo está siendo utilizado para el pecado. Sin embargo, la lujuria en sí ocurre en el corazón y es precisamente del corazón que debe ser eliminada. Ya que los hombres ciegos y mancos son igualmente capaces de generar lujuria, la amputación física simplemente no funcionará. Como escribió Dallas Willard, "Ser aceptados por Dios es tan importante que, si cortar partes del cuerpo lo lograra, sería prudente cortarlas."

Aún, la manera brutal en que Jesús presentó esta verdad debe cautivar nuestra atención. Lo que El enseña con respecto a la lujuria no es solo para aquellos que están tratando de alcanzar un nivel mayor de discipulado. No es solo para los super santos. Jesús dio esta enseñanza para todos nosotros. Es tan discordante de manera intencional, que no puede ser ignorado.

Elegir obedecer a Jesús requiere que nosotros dejemos de minimizar la emoción sexual ilícita. Es posible que pensemos que este pecado sea inconsecuente, así como Adán no prestó la debida atención a la advertencia de no comer la fruta prohibida. Sin embargo, no depende de nosotros decidir lo que nuestro Padre debe esperar de nosotros. Tampoco debemos descartar Su enseñanza como muy difícil. Aquellos que creen que la lujuria—llevada a cabo de esta manera—es un pecado incontrolable o inevitable deberían considerar el siguiente paso lógico de la auto-mutilación. Después de todo, la severidad de este pecado, de acuerdo a Jesús, lo amerita. Sin embargo la mutilación de nuestros cuerpos o constreñirlos de alguna otra manera no eliminaría la lujuria en nuestros corazones. Simple obediencia es la única solución.

Adoptar una definición de la lujuria que sea menos demandante que lo que Jesús claramente enseñó puede proveer un poco de espacio y es una respuesta popular a su dura enseñanza. Nos permite seguir disfrutando la emoción sexual ilícita en cada esquina y descartar esto como inevitable o insignificante. Sin embargo, las palabras de Jesús continúan causando convicción a pesar de nuestros racionales.

Es mejor simplemente confiar en y obedecer a Jesús. Todo lo que El dijo es cierto y fiel. Sus discípulos pasaron sus vidas absorbiendo Su enseñanza, observándole vivir Su vida perfecta y luego esparciendo la preciosa verdad que El impartió para que—*"quien se dio a sí mismo por nosotros, para redimirnos de toda iniquidad y purificar para si un pueblo para posesión suya, celoso de buenas obras."* (Tito 2:14).

> **Reto:** ¿Estarás de acuerdo? Este es el momento donde debes tomar una decisión. Las enseñanzas de Jesús con respecto a la lujuria permanecen en el centro absoluto de este asunto. Es mi profunda convicción y motivación para escribir este libro que la maravillosa, vivificante y libertadora enseñanza de Jesús nos llama a retirar el poder del deseo lujurioso de nuestros corazones y que tú y yo podemos y debemos obedecerle. Que el Espíritu Santo te revele que continuar con adulterio en tu corazón es absolutamente prevenible e inaceptable. Es un pecado del cual nuestro Señor desea liberarte.

El Ejemplo de Job—Nuestros Corazones No Siguiendo a Nuestros Ojos

En Job, se puede decir que es el libro más antiguo de la Biblia, vemos un excelente ejemplo del tipo de obediencia que Jesús busca en nosotros. Hablando con sus amigos, Job defiende su comportamiento explicando, *"Hice un pacto con mis ojos, ¿cómo podía entonces mirar a una virgen?"* (Job 31:1) El entendía el paso extra tomado por aquellos que pecan al apoderarse de una emoción sexual ilícita y estaba firme en su inocencia. Job declaró que *"su paso"* no se *"ha apartado del camino"* y su *"corazón"* no *"se ha ido tras"* sus *"ojos"* (Job 31:7). ¿No es esa una poderosa y concisa descripción de no permitir la lujuria en el corazón? La lujuria es un pecado evitable. Nuestros corazones tampoco tienen que seguir a nuestros ojos; sufriremos si tomamos ese camino. Job estaba obedeciendo la ley escrita en su corazón y haciendo lo que Jesús requiere. Debemos decidirnos a hacer esto también, haciendo un *"pacto"* con nuestros ojos hasta el punto como Job lo hizo.

La sabiduría convencional—hasta dentro de la iglesia—prefiere trazar una línea en otro lugar. Exactamente donde esta línea debe estar es raramente especificado. Sin embargo, es comúnmente trazada para que evitemos la pornografía y nos abstengamos de la masturbación. Algunos—como yo en el pasado—han elegido ser un poco más duros consigo mismos, determinándose a no ver películas R, usando sus DVR para adelantar los comerciales de cerveza o limitando el consumo de lo que es provicativo de cualquier otra forma.

Todo esto suena bien. Sin embargo, no llega lo suficientemente lejos. Regresa y revisa las normas establecidas por Jesús y las reclamaciones hechas por Job. La copa de la cual tomamos nuestra lujuria no es el asunto. Es la lujuria en sí que debemos eliminar. Solamente porque tus estándares sean mejores que las del próximo sujeto y has creado un ambiente reluciente de limpio sin televisores, computadoras o revistas no significa que seas libre de la lujuria. Ninguna de estas cosas estaban disponibles en los días de Jesús, pero su mandato fue tan difícil de tragar en ese entonces como ahora.

Un pastor de jóvenes ilustró la necesidad de cero tolerancia presentando una bandeja de brownies recién horneados ante un grupo de adolescentes. Antes de permitirles comer, él les explicó que mezclado entre los brownies había un poco de excremento de perros—"No mucho, solo un poco. De hecho, es probable que ni lo detecten." Así mismo es permitir un poco de lujuria en nuestras vidas.

La Cosecha con Espinas

A través de los años, yo tenía la impresión—compartida implícita o explícitamente por muchos otros—que Jesús trazaba esta línea de forma muy severa. Yo desviaba Su enseñanza con respecto a la lujuria descartándola como una misteriosa "frase dura" de la cual nos podemos hacer preguntas pero no aplicarla. Después de todo, ¿por qué El se fijaría en el tema de la mirada lujuriosa cuando existen tantos pecados sexuales mucho peores? Ahora está claro para mi que Jesús—quien diseñó la mente humana y plenamente comprende a todos los hombres—sabía que hacer una lista y prohibir las formas más obvias en que los hombres pueden pecar sexualmente nos causaría perder el punto.

Todos los demás pecados sexuales se derivan de la mirada lujuriosa y el corazón adúltero. Cuando usamos nuestros ojos para cargar la lujuria estamos plantando una pala completa de semillas de espinas silvestres dentro de la maravillosa tierra fértil de nuestros pensamientos. Estas crecen rápidamente y asfixian la vida de un Cristiano. Jesús describió esto de la siguiente manera:

Y la semilla que cayó entre los espinos, éstos son los que han oído, y al continuar su camino son ahogados por las preocupaciones, las riquezas y los placeres de la vida, y su fruto no madura. (Lucas 8:14)

No es un problema de la tierra o de la semilla. En vez, somos amenazados por los espinos—pecados destructivos—que asfixiarían nuestras vidas si les permitimos que florezcan. Una respuesta a la infestación de espinas es rasgarnos las manos sacando las plantas maduras una por una. Esta no es una solución efectiva—el daño ya está hecho. En vez, debemos reconocer el peligro de permitir que las plantas con espinas echen raíces y negarle a las semillas de pecado que crezcan. He aquí como esto ha trabajado en mi vida: Cuando irresponsablemente me tragué las golosinas visuales, el pecado echó raíces e inevitablemente prosperó. Por otro lado, al rehusar la tentación de "comer tan solo una", soy capaz de erradicar la lujuria antes de que me venza.

Mientras nosotros presuntuosamente nos rendimos ante el pecado, permitimos que la maleza de la lujuria asfixie nuestra habilidad de madurar y dar fruto. La parábola del sembrador y la semilla es repetida en tres de los evangelios y se le otorga más prominencia y atención que a cualquier otra de las que Jesús dio. Esta describe a cada uno de nosotros y la forma en que elegimos vivir.

> **Reto:** Debes de asegurarte de ser como esas pequeñas semillas que están madurando para dar fruto al *"ciento por uno"* (Lucas 8:8) como debe ser. Si estás fallando al no madurar y dar fruto, es una tragedia de una inmensa magnitud. Encuentra cualquiera que sea el arbusto de espinas que te está estorbando y elimínalo. Si la lujuria—los *placeres (hedoné) de la vida"*—son tu debilidad, comienza ahí en vez de culpar a algo o alguien más por tu débil desempeño.

Argumentos Basados en La Bíblia Contra Obedecer a Jesús

Varios maestros claman tener fidelidad a la autoridad de la Palabra de Dios, sin embargo no están dispuestos a enseñar tan directamente como lo hizo Jesús con respecto a la lujuria. Aquellos que se desvían de Su clara enseñanza invariablemente hacen eco de la forma astuta en que Satanás manipuló a Eva—*"Conque Dios os ha dicho así...."* (Génesis 3:1)—cuestionando y distorsionando el mandato de Dios.

Esto es desastroso. Cualquier tendencia a diluir o menospreciar lo que Jesús enseñó es inexcusablemente destructiva. Es Su enseñanza que demanda toda nuestra atención—no debemos desobedecerle. Mantener el pecado en nuestros corazones es lo que nos hace *"cansados"*. Al permanecer en El y Su Palabra permanece en nosotros, obtenemos un descanso real para nuestras almas. Su *"yugo es fácil"*; Su *"carga es ligera"* (Mateo 11:28-30).

Enseñanzas muy populares con respecto a cómo tratamos con el pecado ha dado cabida a la falsa idea de que no hay victoria real sobre el pecado o por lo menos ciertos pecados. Mientras yo luchaba contra la lujuria a través de los años, yo lamentaba el daño causado a mi vida pero simplemente me resigné a eso. Sin embargo, la naturaleza del pecado es tal que no descansa cómodamente en la vida del creyente. No es algo que podemos domar o regresar a él sin que nos abrume.

Mi continuo pecado y deseo de perdón luego del acto sonaba ficticio a mí mismo porque yo sabía que no estaba tornándome de mi pecado decididamente. Ya que estaba utilizando una definición mutilada de la lujuria y no reconocí plenamente mi pecado, mi vida espiritual estaba bajo constante ataque. Yo ahora reconozco que mi problema surgió directamente del adulterio en mi corazón que yo mismo me permitía. No reconocer el problema precisamente solo hacia las cosas más frustrantes.

Tristemente, lo que estaba leyendo y escuchando de parte de los maestros Cristianos no ayudó. Recuerdo haber escuchado varios mensajes de líderes que confesaron haber tratado con la lujuria de una forma que me sonaba fuertemente familiar. Ellos describieron los momentos cuando experimentaron el fracaso y su inhabilidad de resistirse a los pensamientos e impulsos lujuriosos a un nivel u otro. Usualmente, confesiones de este tipo se darían de paso, pero tuvieron gran impacto sobre mí porque no incluían ejemplos de victoria sobre el pecado o una clara instrucción en el área.

Las enseñanzas con respecto a la lujuria que no proveen una clara dirección Bíblica extienden un manto asfixiante sobre aquellos que están luchando. Está claro que aquellos que enseñan de esta forma están hablando tan cándidamente como se atreven, pero ni conocen ni proclaman una vida victoriosa sobre el pecado. Lastimosamente, esto solo causa que quienes les escuchan se rindan también.

Esta falsa enseñanza está reforzada por la constante exhibición de fracasos que aparecen con frecuencia desde el interior de la Iglesia. Escuchamos de este pastor o aquel líder siendo atrapado figurativamente o literalmente con sus pantalones abajo. Por ejemplo, fue menos de un año después de que Ted Haggard haya sido anunciado en la portada de *Christianity Today* como el nuevo campeón evangélico, que él tomó su lugar al centro del circo mediático, siendo expuesto y denunciado como hipócrita por un hombre dedicado a la prostitución.

Tales espeluznantes historias crean una impresión de que los pecados como la lujuria juegan una función predominante en las vidas de todos los Cristianos y que aquellos que aparentan comportarse piadosamente están meramente encubriendo el pecado que se oculta en sus corazones. ¿Acaso es alguna sorpresa que una generación completa de Cristianos jóvenes está abandonando la Iglesia? La delgada capa de obediencia superficial no es atractiva y es justamente rechazada como hipócrita.

¿Demasiado Simple?

Cuando comencé a comprender que mi problema con deseos malvados derivaron de recibir gratificación sexual ilícita, de inicio me pareció un tanto simple. ¿Cómo es posible que obedecer la directiva de controlar el uso de mis ojos y negarme la emoción sexual ilícita en mi corazón sea central? Aquí te ofrezco una breve observación de esto.

Simplicidad de concepto no se traduce a simplicidad de implementación en una vida que ha sido atormentada por años de malos hábitos. Nuestros ojos y corazones rebeldes no se unen mansamente al programa. Sin embargo, Jesús fue claro. No había palabras malgastadas cuando El hablaba. Somos nosotros quienes hacemos de esto algo complicado y queremos evitar la simple obediencia que requieren Sus palabras. Al comenzar a ser obedientes, somos apoyados por el poder del Espíritu Santo, quien nos llama y nos guía hacia la piedad.

Muchos están tan abrumados por la lujuria que no ven esperanza. Es como una severa y debilitante enfermedad que les ha infectado fatalmente. ¿Aplican las palabras de Jesús para estos también? ¡Absolutamente! Considera al general Sirio Naaman, quien vino al profeta Eliseo para ser sanado de su descontrolada lepra (2 Reyes 5). De inicio Naaman menospreció y rehusó la receta poco impresionante de lavarse a sí mismo en el enlodado rio Jordán. Finalmente accedió y fue sanado a pesar de sus dudas de que un acto tan simple y humilde le sanara.

> **Reto:** No evites lo que Jesús está diciendo con respecto a la lujuria. Jesús desea hacerte libre y te ha dicho exactamente lo que eso requiere. Mientras más desesperanzado y desanimado el cautivo, mayor es el gozo cuando las ataduras son sueltas. Toma Sus palabras y plántalas en tu corazón. Dales tu completa atención. Luego, observa y recuerda cuando cometas adulterio en el corazón. Haz una cuidadosa, brutal y honesta evaluación de cada instante cuando has ido muy lejos. Observa también que tu desobediencia siempre resulta en una cosecha llena de espinas. Puede que no sea inmediata—a veces cuando menos lo esperas—pero la cosecha es segura. *"Un hombre cosecha lo que siembra"* (Gálatas 6:7).

Temas a Discutir:

1. ¿Qué quiso decir Jesús que hiciéramos en Mateo 5 donde El describe la lujuria en el corazón?
2. ¿Qué nos estaba tratando de enseñar Jesús cuando El describe sacarnos los ojos y cortando nuestras manos?
3. ¿Estás de acuerdo con la forma en que Mateo 5:27-30 fue explicado en este capítulo? Si estás de acuerdo, ¿Cómo afectará la forma en que vives? Si no estás de acuerdo, explica como interpretas estos versículos.
4. Comparte una experiencia cuando una cosecha de espinas creció en tu vida porque te rendiste ante la lujuria.
5. Jesús espera que obedezcamos Sus mandamientos. ¿Qué te impide obedecerle? ¿A quién conoces que hace esto? Recuerda el pacto de Job con sus ojos y su descripción de que su corazón no sigue tras sus ojos. ¿Cómo se vería tal pacto en tu vida?

12—Liberando a Los Cautivos

"Llegó a Nazaret, donde se había criado, y según su costumbre, entró en la sinagoga el día de reposo, y se levantó a leer. Le dieron el libro del profeta Isaías, y abriendo el libro, halló el lugar donde estaba escrito:
EL ESPIRITU DEL SEÑOR ESTA SOBRE MI,
PORQUE ME HA UNGIDO PARA ANUNCIAR EL EVANGELIO
A LOS POBRES.
ME HA ENVIADO PARA PROCLAMAR LIBERTAD A LOS CAUTIVOS,
Y LA RECUPERACION DE LA VISTA A LOS CIEGOS;
PARA PONER EN LIBERTAD A LOS OPRIMIDOS;
PARA PROCLAMAR EL AÑO FAVORABLE DEL SEÑOR.
Cerrando el libro, lo devolvió al asistente y se sentó; y los ojos de todos en la sinagoga estaban fijos en El. Y comenzó a decirles: Hoy se ha cumplido esta Escritura que habéis oído."

Lucas 4:16-21

Aquí Lucas describe a Jesús en el preciso inicio de Su ministerio. Citando a Isaías, Jesús reveló y explicó Su misión. El iba a ser mucho más que un maestro, viniendo no solamente a *"proclamar libertad a los cautivos,"* pero también a *"poner en libertad a los oprimidos"* (Lucas 4:18). No fue sino hasta después de que Jesús regresó al Cielo que los discípulos se dieron cuenta que cuando Jesús citó a Isaías, El no estaba hablando acerca de libertad política. El había estado enfocado desde el primer día en la atadura espiritual que el pecado impone sobre todos los hombres.

Viendo como Su ministerio se desarrolló podemos ver que El aseguró nuestra libertad del pecado por medio de Su enseñanza, Su ejemplo y Su sacrificio expiatorio. Cada uno de estos poderosos elementos juega una función distinta en liberarnos de las ataduras de nuestros pecados.

Muchos se unen sin contar el costo. Extienden sus manos hacia el Salvador para el perdón de sus pecados sin comprometerse a obedecer Sus enseñanzas o a seguir Su ejemplo. Esto no era Su intención. En lo que respecta a comprender y vencer al pecado, las enseñanzas de Jesús son fundamentales. Todo lo demás que enseñan las Escrituras con respecto al pecado tiene sentido debido a lo que El enseñó. El perdón es esencial y maravilloso, y las enseñanzas de Jesús son extraordinarias. Sin embargo, Jesús trajo mucho más que perdón y enseñanzas. El nos enseñó cómo vivir e hizo posible que obedezcamos Su enseñanza. *"Entonces Jesús dijo a sus discípulos: Si alguno quiere venir en pos de mí, niéguese a sí mismo, tome su cruz y sígame."* (Mateo 16:24). El fue tentado a pecar como nosotros lo somos, pero no pecó.

Libres en Verdad

> *Entonces Jesús decía a los judíos que habían creído en El: Si vosotros permanecéis en mi palabra, verdaderamente sois mis discípulos; y conoceréis la verdad, y la verdad os hará libres. Ellos le contestaron: Somos descendientes de Abraham y nunca hemos sido esclavos de nadie. ¿Cómo dices tú: "Seréis libres"? Jesús les respondió: En verdad, en verdad os digo que todo el que comete pecado es esclavo del pecado; y el esclavo no queda en la casa para siempre; el hijo sí permanece para siempre. Así que, si el Hijo os hace libres, seréis realmente libres.* (Juan 8:31-36)

Estas palabras de Jesús eliminaron cualquier duda con respecto al tipo de cautividad de la cual El vino a liberarnos. Hasta que nos unamos a Cristo y permanezcamos en El, seguiremos cautivos a nuestro pecado. No importa cuánto nos acomodemos, estudiemos y oremos, o trabajemos y luchemos, no encontraremos una salida de nuestra cautividad excepto a través de nuestra relación con Jesucristo. La libertad que El ofrece no es un subproducto de otra meta que El tuviera en mente. Fue Su misión. La lujuria es un buen ejemplo del tipo de pecado que mantiene a los hombres cautivos y del cual El vino a liberarnos.

> **Reto:** Si te consideras un Cristiano y estás atado a la lujuria, debes reconocer que no estás *"libre en verdad"* como Jesús desea que estés. Tu libertad solo puede surgir por medio de la obediencia a Jesús y permaneciendo en El y en Su Palabra. Cualquier solución que pretenda ignorar a Jesús y Su enseñanza jamás te hará libre.

Si Me Amas
"Si me amas guardarás mis mandamientos." (Juan 14:15). Jesús nos presenta un reto. Sus mandamientos son bien conocidos, pero frecuentemente ignorados. Yo pasé una gran parte de mi vida en desobediencia a las instrucciones que Jesús dio con referencia a la lujuria. Esto me dejó hastiado y frustrado como Cristiano. En vez de obediencia, descarté Su dirección sobre este tema como si fuera utópica o inalcanzable.

A una mayor medida y en contraste directo, el proceso de obtener la victoria sobre la lujuria y haber encontrado que lo que Jesús enseñó acerca de este tema es algo que yo podía totalmente asimilar ha sido realmente transformador. Muchas veces me pregunto—¿por qué permití que este pecado continuara? David expresó bien esta incógnita cuando preguntó, *"¿Quién puede discernir sus propios errores? Absuélveme de los que me son ocultos."* (Salmos 19:12).

La verdadera paz para un Cristiano es hallada cuando él obedece a Cristo en lo más profundo de su corazón y mente. Pecados ocultos como la preocupación, codicia, resentimiento y—en mi caso—la lujuria no se prestan al auto-análisis fácilmente. De hecho, nuestra habilidad para comprender nuestras propias motivaciones e impulsos es severamente limitada. Afortunadamente, no estamos llamados a obtener tal auto-conocimiento. En vez de esto, estamos llamados a obedecer y ser limpiados. Mientras hacemos esto—estando conectados a Él—nuestros pecados pierden su atractivo y poder. No los extrañamos porque sabemos que ellos interfieren en la comunión y amor que nosotros urgentemente deseamos tener con nuestro Maestro. ¿Por qué escoger otra ruta torcida y destructiva para viajar?

> *Como el Padre me ha amado, así también yo os he amado; permaneced en mi amor. Si guardáis mis mandamientos, permaneceréis en mi amor, así como yo he guardado los mandamientos de mi Padre y permanezco en su amor. Estas cosas os he hablado, para que mi gozo esté en vosotros, y vuestro gozo sea perfecto.* (Juan 15:9-11)

Nota que Jesús hizo referencia a Su propia obediencia como ejemplo para nosotros. Jesús era obediente. (Ve también Hebreos 4:15, 5:8 y Filipenses 2:8) y El esperaba que Sus discípulos—incluyendo nosotros—sean obedientes también. El resultado es una sorpresa. En vez de las palabras de un "aguafiestas", Su enseñanza abre la puerta para que experimentemos vidas abundantemente gozosas—para que nuestro *"gozo sea completo."* Como muchos más, puedo atestiguar que obedecer la enseñanza de Jesús con respecto a la lujuria ha traído gozo a mi vida.

> **Reto:** Obedece a Jesús. No hay algo más triste, amargo e infructuoso que la vida de un Cristiano que desobedezca los mandamientos de Jesús.

Justicia Superior

> *Porque os digo que si vuestra justicia no supera la de los escribas y fariseos, no entraréis en el reino de los cielos.* (Mateo 5:20)

Jesús habló estas palabras al inicio de Su enseñanza acerca de la lujuria y en el medio de esta parte del Sermón del Monte cuando El hizo énfasis en nuestros pensamientos y pecados ocultos. El vio y expuso al religioso—solo externo—tipo de "justicia" demostrado por los Fariseos.

Jesús sabía que pecados como la lujuria, la codicia, la ira, el egoísmo y la preocupación son todos capaces de atraparnos. Sin embargo. Es fácil decirnos a nosotros mismos y pretender que no estamos pecando en ninguna de estas maneras. La función fatal que la lujuria desempeñó en mi vida pudo de igual manera haber ocurrido por medio de la trampa de cualquier otro pecado. Pablo escribió a Timoteo que *"los que quieren enriquecerse caen en tentación y lazo"* (I Timoteo 6:9) y que aquellos que se desvían siguiendo las riquezas son traspasados *"de muchos dolores"* (v. 10). La codicia de dinero es otra forma de codiciar que no está muy lejos de la lujuria sexual. Tal codicia también fue incluida por Jesús en la lista que hace referencia a las rutas desviadas que nuestros corazones toman cuando estamos separados de Él. Separados de Él nuestro destino es deslizarnos hacia una *"trampa"* y *"dolores."* Al enfocarse intensamente en pecados privados, Jesús demostró que la ley de Dios está dirigida a nuestros corazones.

Atravesar el proceso— tan arduo como sea—de limpiar el comportamiento externo no sería suficiente para complacer a Dios. Esta era precisamente el tipo de piedad practicada por los Fariseos que Jesús consistentemente denunció. También fue el enfoque que yo una vez utilicé para combatir la lujuria y está a la base del movimiento de la "sobriedad sexual". En lo que respecta a la lujuria sexual, El lo hizo abundantemente claro que no es suficiente crear una versión de la pureza sexual que exonere o menosprecie nuestra obediencia interna. La manera en la que El enfáticamente se enfocó en la secreta e innegable emoción sexual ilícita—cometiendo adulterio en nuestros corazones—hace esto abundantemente claro.

La Ley No Ha Sido Eliminada

Jesús no nos permite ignorar la ley de Dios en ninguna manera. *"No penséis que he venido para abolir la ley o los profetas; no he venido para abolir, sino para cumplir."* (Mateo 5:17). Somos llamados a recibir no solo la letra de la ley, sino también a procurar la piedad dentro de lo más íntimo de nuestro ser para que la obediencia a la ley de Dios se convierta en un fruto natural de quien ahora somos. Es la justicia que sólo El ofrece la cual puede hacernos *"puros de corazón"* para no codiciar en lo interior.

Aquello que Sale del Hombre

> *"Y decía: Lo que sale del hombre, eso es lo que contamina al hombre. Porque de adentro, del corazón de los hombres, salen los malos pensamientos, fornicaciones, robos, homicidios, adulterios, avaricias, maldades, engaños, sensualidad, envidia, calumnia, orgullo e insensatez. Todas estas maldades de adentro salen, y contaminan al hombre."*
> (Marcos 7:20-23)

Somos propensos a culpar a otros o a nuestro entorno por los pecados que cometemos, incluyendo la lujuria. Jesús no aceptará nuestras excusas. El nos considera responsables por nuestro pecado.

Hemos sido puestos en un ambiente donde el tentador—Satanás—puede llegar a nosotros. Sin embargo al final, todo lo que él o el mundo nos lancen no es el problema. Es de nuestra propia maldad y corazones desobedientes que los deseos malvados brotan. Gracias a Dios, nuestra esclavitud al pecado ya no es mandatoria por medio de Jesús quien murió por nuestros pecados y nos ha empoderado para poder vivir como El manda.

Las Puertas de La Justicia

El Señor ha abierto las *"puertas de la justicia"* para nosotros. De hecho, Jesús es la *"puerta"* (Juan 10:9). El Salmista aprendió que Dios Mismo era su *"salvación"* y predijo la venida de Jesús en un pasaje que es mencionado con frecuencia en el Nuevo Testamento:

> *Abridme las puertas de la justicia;*
> *entraré por ellas y daré gracias al Señor.*
> *Esta es la puerta del Señor;*

los justos entrarán por ella.
Te daré gracias porque me has respondido,
y has sido mi salvación.

La piedra que desecharon los edificadores
ha venido a ser la piedra principal del ángulo.
Obra del SEÑOR ES ESTO;
admirable a nuestros ojos.

(Salmos 118:19-23)

No eran solo Sus enseñanzas, pero también Su ejemplo y Su morir por nuestros pecados que abrieron *"las puertas de la justicia"* para nosotros. El es digno de toda nuestra alabanza, honor y gratitud.

Jesús Nos Limpia

Jesús provee a Sus hijos con vestiduras de justicia y somos llamados a procurar Su Reino y Su justicia. Considera la historia que El contó acerca de un gran festín (Mateo 22), donde el Rey le otorgó a cada uno en asistencia nuevas vestiduras. Mientras él estaba en medio de esta gloriosa asamblea, observó a un hombre que se rehusó a vestirse apropiadamente e insistió en ponerse su ropa callejera. Este tonto fue sacado del festín. ¿Qué estaba pensando? Cuando persistimos en el pecado de la lujuria, estamos llevando nuestras ropas viejas en vez de las nuevas vestiduras de pureza que El nos ha provisto.

Ya Estás Limpio

"Yo soy la vid verdadera, y mi Padre es el viñador. Todo sarmiento que en mí no da fruto, lo quita; y todo el que da fruto, lo poda para que dé más fruto. Vosotros ya estáis limpios por la palabra que os he hablado." (Juan 15:1-3)

Jesús revela el secreto para obtener el éxito en la maravillosa vida Cristiana. Sucede cuando *permanecemos en El*. El nos advierte que *"separados de El nada podemos hacer"* (Juan 15:5). Como un viñador cuidadosamente poda toda la maleza que crece en sus viñas, nuestro Padre nos poda y limpia de todos viejos y torcidos hábitos que nos impiden ser fructíferos como El desea que seamos. Jesús dijo a Sus discípulos, *"Vosotros ya estáis limpios por la palabra que os he hablado."* (Juan 15:3). Como Sus discípulos, ellos fueron constantemente desafiados por Su enseñanza y se tornaban de sus pecados. El mismo poder limpiador es dado a todo aquél que decida comprender lo que El dice y *"permanecer en Él"*.

Imaginar que todo esto está disponible para nosotros mientras persistimos en la persecución de la gratificación sexual ilícita es algo tonto y destructivo. Nosotros debemos escuchar y obedecer Sus palabras si hemos de ser limpios y libres para vivir como El nos ha llamado a vivir.

Muriendo a Nosotros Mismos

Porque el que quiera salvar su vida, la perderá; pero el que pierda su vida por causa de mí, la hallará. (Mateo 16:25)
En verdad, en verdad os digo que si el grano de trigo no cae en tierra y muere, queda él solo; pero si muere, produce mucho fruto. (Juan 12:24)

Cuando abandonamos pecados arraigados como la lujuria, el proceso es muy parecido a dejar que una parte de nosotros muera. Perdemos una parte muy familiar de nuestras vidas. En retrospectiva, la lujuria tomaba una gran parte de mi energía y atención. Jesús consideró este proceso de abandonar nuestros comportamientos pecaminosos como un requisito esencial para entrar en relación con El. Solamente dejando morir nuestra vieja forma de vivir somos capaces de recibir nuestra vida en El.

En algún nivel, antes de comprender como funciona la lujuria y entrar en guerra contra ella, parecía que este pecado era "solamente natural" y no debía ser rechazado. Sin embargo por haberlo permitido, se levantaba de forma inesperada con poca provocación, aún en momentos cuando me encontraba en un estudio Bíblico, en la iglesia o en cualquier otra actividad sana. Esta parte de mi debía morir.

Tomando Decisiones Importantes

Algún tiempo atrás, estaba hablando de este tema con un cliente que es un pastor. El compartió su preocupación por los hombres de su congregación que estaban fallando horriblemente en esta área. Venían a él en busca de ayuda para vencer su lujuria. La mayoría de ellos estaba fracasando por la pornografía en Internet. El compartió como él mismo estaba en línea cuando un hipervínculo de algún tipo surgió en su pantalla. Este es un hombre que intencionalmente había mantenido un estado de ignorancia técnica. El no tenía una computadora y todos los emails eran enviados por medio de su esposa. Aún así, ahí estaba. La poderosa atracción de su tentación le asombró. Estaba perplejo por el poder que ejercía sobre él para atraerle donde él sabía que no debía ir.

> **Reto:** ¿Has estado ahí? Decisiones como esta confrontan a todos los hombres. Todos enfrentamos una decisión de si presionaremos el hipervínculo en la Internet, si levantaremos la revista, si pasaremos los canales de televisión con el control remoto o si fijaremos nuestra atención de manera inapropiada. Si has decidido desobedecer a Jesús y has hecho un hábito de apropiarte de la emoción sexual ilícita, entonces estas tentaciones ejercerán un poder irresistible sobre ti. Tendrás dificultad rechazándolas en algún momento, si no en cada caso, te rendirás a ellas. Admítelo. Eres un esclavo.

Así sucede con cualquiera que escucha las palabras de Jesús y no las obedece. En contraste agudo se encuentran aquellos que admiten que Jesús impartió una dirección esencial e inequívoca referente a cómo debemos vivir con nuestros deseos y pensamientos sexuales—que debemos rechazar cada emoción sexual ilícita. Mientras le obedeces en esto, las tentaciones a la lujuria eventualmente perderán su poder y atracción. Serás libre de esto y no más propenso a presionar un hipervínculo inapropiado en Internet que a sacarle una pistola a alguien y exigir su billetera.

Un Fundamento Firme

Jesús culminó su poderoso Sermón del Monte con la siguiente promesa y advertencia inconfundible:

> *Por tanto, cualquiera que oye estas palabras mías y las pone en práctica, será semejante a un hombre sabio que edificó su casa sobre la roca; y cayó la lluvia, vinieron los torrentes, soplaron los vientos y azotaron aquella casa; pero no se cayó, porque había sido fundada sobre la roca. Y todo el que oye estas palabras mías y no las pone en práctica, será semejante a un hombre insensato que edificó su casa sobre la arena; y cayó la lluvia, vinieron los torrentes, soplaron los vientos y azotaron aquella casa; y cayó, y grande fue su destrucción.* (Mateo 7:24-27)

> **Reto:** Si eres tan necio como para ignorar lo que Jesús enseñó con referencia a la lujuria o has encontrado una sutil forma de esquivarle, entonces encontrarás que la otra ética menos demandante que has elegido como substituta no permanecerá. Sin el fundamento correcto de la simple obediencia a la clara enseñanza de Jesús, tu ética puede parecer sólida, pero no lo es. Prácticamente has construido tu vida sobre arena movediza.

La tormenta se aproxima. La lluvia está cayendo. El viento está soplando y traerá destrucción. Tal ruina puede no estar visible al momento pero sin duda se completará.

Por otro lado, si obedecemos su llamado a la piedad interna estaremos construyendo sobre un fundamento firme y estaremos seguros en tiempo de problemas. Los seguidores de Jesús edificaron sus vidas sobre Su clara enseñanza. Obedecerle no consistía de una mera teoría o maravillarse acerca de un ideal inalcanzable. No demores en tu obediencia, más bien elige seguir las palabras y ejemplo de nuestro Señor y Creador.

Temas a Discutir:

1. Jesús dijo que El vino a liberarnos del pecado. ¿Cómo piensas que es ese tipo de libertad?
2. Jesús espera que obedezcamos Sus mandamientos. ¿Qué bloqueos existen para poder hacerlo?
3. ¿Tú crees que sea posible obedecer Sus mandamientos? Describe la vida de alguien que obedece Sus mandamientos. ¿Qué te impide vivir de acuerdo a ellos?
4. ¿Has visto el tipo de justicia de los Fariseos en las vidas de algunos de los Cristianos que conoces? Describe esto—(sin nombres).
5. ¿Por qué tendemos a culpar a nuestro entorno, tal como vemos a las mujeres vestirse o comportarse, por nuestra lujuria?
6. ¿Cómo ayuda la imagen hablada de la vid y los pámpanos en Juan 15 a desarrollar una estrategia para vencer la lujuria?
7. Obedecer los mandamientos de Jesús resulta en un firme fundamento para mantenerte a salvo cuando vengan las tormentas de la vida. ¿Puedes describir un ejemplo de esto en tu vida?
8. ¿Puedes ofrecer un ejemplo de los resultados que ocurren por haber hecho un fundamento de arena?
9. ¿En qué forma tu vida sería diferente si "tomaras tu cruz" y siguieras a Cristo?

13—El Pecado Interno de Pablo

¿Entonces lo que es bueno vino a ser causa de muerte para mí? ¡De ningún modo! Al contrario, fue el pecado, a fin de mostrarse que es pecado al producir mi muerte por medio de lo que es bueno, para que por medio del mandamiento el pecado llegue a ser en extremo pecaminoso. Porque sabemos que la ley es espiritual, pero yo soy carnal, vendido a la esclavitud del pecado. Porque lo que hago, no lo entiendo; porque no practico lo que quiero hacer, sino que lo que aborrezco, eso hago. Y si lo que no quiero hacer, eso hago, estoy de acuerdo con la ley, reconociendo que es buena. Así que ya no soy yo el que lo hace, sino el pecado que habita en mí. Porque yo sé que en mí, es decir, en mi carne, no habita nada bueno; porque el querer está presente en mí, pero el hacer el bien, no. Pues no hago el bien que deseo, sino que el mal que no quiero, eso practico. Y si lo que no quiero hacer, eso hago, ya no soy yo el que lo hace, sino el pecado que habita en mí. Así que, queriendo yo hacer el bien, hallo la ley de que el mal está presente en mí. Porque en el hombre interior me deleito con la ley de Dios, pero veo otra ley en los miembros de mi cuerpo que hace guerra contra la ley de mi mente, y me hace prisionero de la ley del pecado que está en mis miembros. ¡Miserable de mí! ¿Quién me libertará de este cuerpo de muerte?

Romanos 7:13-24

"Lo que aborrezco, eso hago." Esta frase y la impresionante e intensa confesión que lo rodea, refleja precisamente la manera en que yo me

sentía mientras estaba abrumado por el pecado de la lujuria. Yo sé que no estoy solo en esto. Muchos otros también se identifican con este pasaje estando tanto confundidos como frustrados por el abrumador pecado, que Pablo describe solo aquí como *"pecado que mora en mí."* Es posible que tú también te hayas sentido de esta forma si has luchado contra la lujuria, queriendo dejar lo que haces, resistiendo lo más posible y sin embargo permaneciendo en él.

Aunque los sentimientos expresados por Pablo resuenan con muchos, este pasaje permanece solo—no hay otro como él. Es la confesión de la amarga confusión que envuelve al creyente cuando está profundamente atrapado en las garras del pecado sin una aparente salida. Su *"deseo de hacer el bien"* le falla. Desafortunadamente, muchos deducen una desdichada lección de este pasaje tan impactante. Si Pablo se sintió tan frustrado mientras luchaba contra el pecado, ¿Por qué ellos han de pensar que les iría mejor a ellos que a él? Sin embargo, este es el mensaje incorrecto a tomar de este pasaje.

> **Reto:** Romanos 7 habla precisamente acerca de tu situación si estás luchando contra el pecado y eres incapaz de obtener la victoria sobre él. Al mirar Romanos 6-8 durante los próximos capítulos, presta atención a lo que Pablo enseña con respecto a cómo vencer un pecado terco.

Utilizar el pasaje mencionado arriba como justificación de estar abrumado por un pecado poderoso, refleja una profunda confusión. Si fuera la forma correcta de comprender este pasaje, negaría la verdad acerca del poder del Evangelio en el cual Pablo creyó y enseñó.

En vez de esto, es útil ver este pasaje como uno que apunta hacia un tiempo en la vida de Pablo antes de que él obtuviera la victoria sobre el pecado. Desde esta perspectiva, podemos ver que su propósito al escribir acerca de este tiempo en su vida era advertirnos acerca del peligro que existe al permitir que el pecado habitual y dominante eche raíces en la vida de cualquier creyente.

Sin embargo, comprendo que otros quizás no vean este tema de igual manera. Las interpretaciones con respecto a Romanos 7:13-24 son muy variadas. Para promover la discusión sobre el tema, los teólogos han usado el término "Hombre R7" para referirse a la sorprendente manera en que Pablo se refiere a sí mismo en esta sección. Algunos creen que este pasaje describe a Pablo como un inconverso. Sin embargo—en su mayoría—algunos maestros concuerdan en que Pablo está describiéndose a sí mismo luego de haberse convertido en un creyente y han aceptado una de dos explicaciones dramáticamente conflictivas con respecto a su confesión.

Interpretación 1—Pablo Atrapado en Legalismo

Un punto de vista popular establece que el Hombre R7 estaba tratando de complacer a Dios utilizando sus propias habilidades. En vez de confiar en Dios para que obrara en él, él estaba tratando de hacerlo él mismo. En este punto de vista, Pablo estaba sufriendo de legalismo. La solución generalmente ofrecida para este tipo de legalismo es renunciar a nuestros propios esfuerzos y dejar que Dios lo haga. Una frase pegajosa es "¡Deja ir, Deja que Dios haga!"

Yo no creo que esta interpretación sea de mucha ayuda. En ninguna otra parte las Escrituras hablan negativamente de ninguna persona que esté sinceramente esforzándose por complacer a Dios. Juzgar de esa manera en este caso no parece justo tampoco. El esfuerzo de Pablo fue infructuoso, pero su lucha determinada de hacer lo correcto y directamente confrontar la raíz de su angustia es tanto genuina como desgarradora.

Durante ese tiempo cuando yo estaba abrumado por la lujuria, yo me identifiqué plenamente con la frustración que Pablo describe. Pero me pareció que la solución de "¡Deja ir, deja que Dios haga!" era simplemente imposible de aplicar. ¿Cómo exactamente uno deja ir? ¿No fueron mis oraciones a Dios diciendo: *"Crea en mí, oh Dios, un corazón limpio, y renueva un espíritu recto dentro de mí."* (Salmos 51:10) lo suficientemente sinceras? ¿Necesitaba confiar más en El? ¿Eran los sentimientos de condenación, los cuales se aumentaron en mi interior, algo que yo debía atravesar o dejar de lado? ¿Sería un mayor esfuerzo por hacer lo bueno suficiente para vencer mi pecado?

En cualquier caso, legalismo—un término no Bíblico—debería ser reservado para describir a aquellos que esperan poder complacer a Dios manteniendo la letra de la ley externamente en vez de servirle con todo su corazón. Es el dilema de los Fariseos—limpios por fuera y sumamente sucios por dentro. Yo no creo que Pablo estuviera confundido en esta área. El quería eliminar el pecado en su corazón.

Interpretación 2—Pablo Respondiendo al Pecado Cotidiano

Otra interpretación de este pasaje es aún más popular que la explicación del legalismo. De hecho, la consideraría como un tipo de consensus. Desafortunadamente, es una que puede ser utilizada para apoyar la racional de derrotismo y resignación común entre aquellos que están siendo abrumados por un pecado interno como la lujuria. Este punto de vista argumenta que el pecado era poderoso en la vida de Pablo aún después de que él se convirtiera en un Cristiano sumamente apasionado.

Como escribió Matthew Henry, "porque va de acuerdo con la experiencia de los Cristianos, y no con pecadores. Es tal lenguaje como simple Cristianos, que están familiarizados con sus propios corazones, usado para expresar sus sentimientos."[17]

Esta ha sido la forma más utilizada para interpretar este pasaje desde el tiempo de Agustín en el quinto centenario, quien aparentemente lo popularizó primero. Haciendo énfasis en el hecho de que Pablo se refiere a sí mismo en tiempo presente y que el conflicto descrito era muy similar a la lucha que él mismo estaba experimentando como Cristiano, Agustín llegó a la conclusión de que esto era simplemente lo mejor que los Cristianos podían esperar. Como resultado, él exaltó el conflicto y condenación que Pablo describe en este pasaje aislado y lo promovió como una condición normativa—y hasta espiritualmente digna de reconocimiento.

Al pasar de los años, esta interpretación ha sido cuidadosamente elaborada por otros escritores y se convirtió en una que yo adopté también. De hecho, si yo no hubiera estado tan muerto en mi pecado y hubiera pensado lo suficientemente profundo acerca de la lujuria que había en mí, me encontraría sintiéndome casi tan mal como Pablo describe aquí. Sin embargo, ahora creo que esta interpretación invierte la enseñanza de Pablo. De estar correcta, permitiría que yo dijera que Pablo estaba tan indefenso como yo lo había estado alguna vez en mi inhabilidad de obtener la victoria sobre el pecado. A pesar de toda la evidencia que indica lo contrario, yo podría imaginar que esta solitaria confesión de dominio por el pecado representaba a Pablo como él realmente estaba en la cúspide de su ministerio.

Este es un junco débil sobre el cual apoyarse. Pintar a Pablo con la mancha de este singular pasaje y concluir que él se sentía de esta manera todo el tiempo es un inmenso trecho. Después de todo, a solo unos cuantos versículos más adelante, él proclama completa libertad de las debilitantes garras de la condenación que tan horriblemente lo habían atrapado.

La Historia de Pablo

El Apóstol Pablo era como ningún otro de los apóstoles. El alcanzó la madurez sin haber estado bajo la directa instrucción de Jesús. La mayor parte de su enseñanza provino de segunda mano. No conocemos los detalles sobre el inicio y desarrollo de la vida espiritual de Pablo, aparte de que durante los primeros doce años después de su conversión, él mantuvo un bajo perfil.

Yo creo que nuestro Señor sabía que el pecado interno sería común entre Sus seguidores y pudo haber elegido a Pablo—quien se describió a sí mismo como un pecador profundamente defectuoso—para mostrar la salida. Esta interpretación del pasaje Hombre R7 colocaría este episodio durante el tiempo que Pablo era un joven creyente. El comentario, *Romanos Versículo-a-Versículo,* por el respetado maestro William R. Newell, brinda respaldo a esto.

A Newell le pareció significativo que Pablo se auto-denominara *"carnal"* (Romanos 7:14) y observó que la palabra "carnal no es usada para describir a una persona degenerada, sino a una persona Cristiana que no ha sido liberada del poder de la carne: *'Así que yo, hermanos, no pude hablaros como a espirituales, sino como a carnales, como a niños en Cristo.'* (1 Corintios 3:1)."[18] Yo concuerdo con el enfoque de Newell de ubicar la experiencia Hombre R7 de Pablo durante el período de doce años antes de que Pablo se embarcara en su ministerio de alto perfil. La lucha temprana de Pablo le permitió adquirir experiencia y una perspectiva vital. El fue capaz de utilizar esta experiencia para desarrollar recomendaciones prácticas para otros quienes también necesitaban madurar, vencer al pecado interno y gozosamente caminar en el Espíritu.

Al continuar en Romanos, Pablo utilizó la misma raíz para la palabra carnal, *sarkos* (carne), varias veces para describir a aquellos que no caminan conforme al Espíritu. Por ejemplo—*"y los que están en la carne no pueden agradar a Dios."* (Romanos 8:8).

Hombre R7 No Debe Ser La Manera de Nosotros Vivir

El tiempo de Pablo como Hombre R7 refleja la manera en que él organizó Romanos. Los capítulos 6 y 7 resaltan como un desvío del glorioso mensaje del Evangelio que él anuncia en esta poderosa carta, casi como un huésped no deseado. El momentum se desarrolla en Romanos a través del capítulo 5 pero luego cambia. Pablo sabía que antes de que él pudiera exponer sobre la gloriosa vida en el Espíritu como descrita en el capítulo 8, él debía advertir acerca de la horrible alternativa que permanece a la espera del Cristiano desprevenido.

En mi opinión, presentar al Hombre R7 como un Cristiano normal—y hasta ejemplar—es trágico, falso y destructivo. Falla al no ver que Romanos 6 y 7—especialmente la sección del Hombre R7—advierte contra una condición aberrante. Entre aquellos que han adoptado un enfoque más popular—describiendo al Hombre R7 como un Cristiano normal—está el escritor puritano John Owen, cuya perspectiva con respecto al pecado interno fue explicada anteriormente en el capítulo 5. Como Agustín, Owen mantuvo que la miseria e impotencia, las cuales Pablo experimentó como Hombre R7, son modelo de lo que la experiencia cotidiana de un Cristiano debiera ser.

Hay mucho que obtener al leer los escritos de Owen. El toma el tema del pecado en serio y enseña la necesidad de vigilancia continua y desconfianza de nuestras habilidades a un alto nivel, con muchos consejos prácticos. Sin embargo, él falla al no hacer una distinción muy importante elevando al Hombre R7 y mezclando la enseñanza de este pasaje con otros pasajes donde Pablo nos muestra cómo tratar con el pecado cotidiano.

Pablo tuvo mucho que decir con respecto a este tema también, incluyendo su enseñanza acerca de dejar al viejo hombre, lo cual es un ejercicio continuo. El Hombre R7 describe un caso muy diferente—alguien, quien está firmemente en las garras del pecado interno y completamente desmotivado por su incapacidad de ser libre.

Romanos 6-7—Confrontando el Pecado Habitual

En vez de seleccionar una parte de Romanos 6-8 y usarla como una excusa por estar abrumado por el pecado, debemos comprender que este pasaje completo es la respuesta exhaustiva al problema de "continuar en pecado". El va directo al punto, presentando la pregunta esencial y su clara respuesta desde el comienzo.

> *¿Qué diremos, entonces? ¿Continuaremos en pecado para que la gracia abunde?* (Romanos 6:1)

Continuar en pecado es lo que conocemos como pecado habitual, o pecado dominante. Es el pecado de un Cristiano que no se torna apropiadamente de aquello que le está destruyendo. Aunque puede que desee vivir una vida piadosa, no puede. En vez de crecer hasta convertirse en un árbol de justicia, permanece como un pequeño arbusto incapaz de dar fruto permanente. Se frustra a sí mismo y a aquellos a su alrededor.

En Hebreos 5, el escritor describe a aquellos que son atrapados por el pecado en esta manera como pequeños bebés, siempre necesitados de leche, incapaces de comer comida solida, siempre llenando sus pañales, siempre reconstruyendo fundamentos de arrepentimiento, atrapados en un ciclo de pecado—un camino repetitivo y circular—en vez de camino recto de justicia. Cada día es como el anterior. Los mismos pecados siguen ocurriendo, la misma condenación, la misma decepción, la misma incapacidad, la misma culpabilidad y el mismo intento de agarrar el salva-vidas del perdón.

Reto: Si esto te describe, no te desanimes. La enseñanza de Pablo te ofrece todo lo que necesitas para crecer y madurar. Tú no estás donde perteneces y tampoco donde Dios desea que estés. Como Pablo, tú puedes ser libre y comenzar a caminar en el Espíritu.

El Pecado de Pablo

Cuando Pablo comenzó su caminar Cristiano, todos los atributos de los cuales él se hubiese enorgullecido serían expuestos como desagradables a Dios. Lo más confuso de todo, él hubiese sido confrontado con la necesidad de una justicia mayor a la de los Fariseos. Absorber el Sermón del Monte y aún así ser incapaz de obedecer las enseñanzas de Cristo contra el pecado oculto explica la desesperación que experimentó durante su tiempo como Hombre R7.

Su angustia probablemente fue peor al reconocer que su carrera y los credenciales que él llevaba una vida construyendo simplemente lo calificaban para ser sujeto a condenación por Jesús y Sus seguidores. Fueron personas que se consideraban justas aquellas que mataron a Jesús. Toda su espiritualidad previa fue expuesta como ficticia.

¡Ay de vosotros, escribas y fariseos, hipócritas!, porque limpiáis el exterior del vaso y del plato, pero por dentro están llenos de robo y de desenfreno. ¡Fariseo ciego! Limpia primero lo de adentro del vaso y del plato, para que lo de afuera también quede limpio.

¡Ay de vosotros, escribas y fariseos, hipócritas!, porque sois semejantes a sepulcros blanqueados, que por fuera lucen hermosos, pero por dentro están llenos de huesos de muertos y de toda inmundicia.

(Mateo 23:25-27)

Imagino a Pablo contemplando esto mientras continuaba siendo incapaz de controlar el pecado interno en su vida. Cualquiera que aparente estar bien en lo externo, mientras alberga el pecado de la lujuria—como yo lo he hecho—debiera revolverse al escuchar lo que Jesús le dijo a los Fariseos también.

No hay forma de estar seguro de qué pecado en particular estaba creando tal problema para Pablo. Algunos comentaristas piensan que el pecado de Pablo era el orgullo. Ellos apuntan a la referencia de Pablo a la espina en la carne y a Dios no removerla para *"impedir que no se enalteciera"* (2 Corintios 12: 7). Dudo que el problema fuera orgullo. El Hombre R7 aparenta ser lo opuesto a orgulloso. El básicamente se ridiculiza a sí mismo. El orgullo espiritual probablemente vino después en el caminar Cristiano de Pablo y es evidencia de que realmente nunca estamos terminados con el pecado en esta vida.

Lujuria e Inmundicia

Si no orgullo, el pecado que mora en Pablo era probablemente tal preocupación, avaricia, amargura, ira o lujuria. Tales pecados pueden ser evidentes y a la vez difíciles de eliminar. Ellos obstinadamente nos ocupan y moran dentro de nosotros. Nuestra fuerza de voluntad se muestra insuficiente.

La enseñanza en Romanos 6-8 aplica a cada tipo de pecado interno, pero Pablo hace énfasis en el pecado de deseos malvados. De hecho, es el único pecado mencionado por si solo:

Por tanto, no reine el pecado en vuestro cuerpo mortal para que no obedezcáis sus lujurias; (Romanos 6:12)

Hablo en términos humanos, por causa de la debilidad de vuestra carne. Porque de la manera que presentasteis vuestros miembros como esclavos a la impureza y a la iniquidad, para iniquidad, así ahora presentad vuestros miembros como esclavos a la justicia, para santificación. (Romanos 6:19)

Porque mientras estábamos en la carne, las pasiones pecaminosas despertadas por la ley, actuaban en los miembros de nuestro cuerpo a fin de llevar fruto para muerte. (Romanos 7:5)

> *¿Qué diremos entonces? ¿Es pecado la ley? ¡De ningún modo! Al contrario, yo no hubiera llegado a conocer el pecado si no hubiera sido por medio de la ley; porque yo no hubiera sabido lo que es la codicia, si la ley no hubiera dicho:* No codiciaras. *Pero el pecado, aprovechándose del mandamiento, produjo en mí toda clase de codicia; porque aparte de la ley el pecado está muerto.* (Romanos 7:7-8)

Previamente vimos que "epítemia" fue la palabra que Jesús escogió cuando habló de la lujuria. Es traducida aquí como deseos malvados y codicia. Otras palabras en los versículos mencionados arriba son traducidas como "inmundicia" y "pasiones pecaminosas". Ya que la lujuria sexual es un pecado interno tan común y es mencionada tan frecuentemente aquí y a través de los escritos de Pablo, pudo fácilmente haber sido el pecado con el cual Pablo luchó durante su tiempo como Hombre R7. Habiendo luchado contra esto yo mismo, yo creo que la enseñanza de Pablo toca precisamente en este tema.

> **Reto:** Tú no podrás eliminar todo pecado de tu vida. Sin embargo—si eres Cristiano—el pecado habitual y dominante no debiera hacer su morada en ti. Aunque Pablo pudo haber sufrido de esta condición por un tiempo, él fue capaz de dejarlo atrás. La solución que él comparte funcionará para ti también.

Temas a Discutir:

1. Lee Romanos 7:13-24 y reemplaza la palabra "pecado" con la palabra "lujuria" y asume que está escrita por Pablo como un creyente. ¿Cómo te ayuda esto?

2. ¿Alguna vez te has sentido como Pablo describe en Romanos 7—haciendo lo que no quieres hacer? ¿A veces? ¿Frecuentemente? ¿Nunca?

3. ¿Qué significa "continuar en pecado"? ¿Estarías de acuerdo con que significa estar atrapado en un pecado habitual y dominante?

4. ¿Estás de acuerdo con que el pecado interno de Pablo, mencionado en Romanos 7, pudo haber sido lujuria? ¿Cómo te ayuda esto?

5. Lee los cuatro versículos donde Pablo menciona la lujuria y la inmundicia, y de nuevo reemplaza la palabra "pecado" con la palabra "lujuria". ¿Qué instrucción específica provee Pablo en estos versículos?

14—El Argumento de Pablo Contra el Pecado Habitual

"¡De ningún modo! Nosotros, que hemos muerto al pecado, ¿cómo viviremos aún en él?"

Romanos 6:2

Pablo es firme al argumentar que los Cristianos no tienen razón alguna para continuar en pecado. Romanos 6-7 es su argumento más sostenido y detallado con respecto a esta posición. Aquellos de nosotros que hemos sido abrumados por el pecado luego de habernos convertido en Cristianos debemos prestar atención cuidadosamente a lo que él está diciendo y debemos aprender de su experiencia.

Vamos a indagar profundamente con respecto a la manera en que Pablo respalda su argumento inicial de que nosotros ciertamente no debemos continuar en pecado. Su argumento en Romanos 6-7 está centrado en la afirmación de que tenemos un nuevo lugar cuando estamos en Cristo. El demanda que nos veamos a nosotros mismos desde la perspectiva de lo que Dios ha hecho en nosotros y nos urge a reconocer plenamente e incorporar esta poderosa realidad.

Sin embargo, como parte de guiarnos en la dirección correcta, Pablo presenta un trasfondo de terror. Nuestra nueva vida contiene posibles peligros a pesar de la gloriosa verdad acerca de la noble y preciosa posición asegurada para nosotros en Cristo. No es sin sus adversidades. Tanto como nos podamos gloriar con respecto a nuestra posición en Cristo, no podemos ignorar las luces intermitentes de precaución. Hemos sido hechos libres de la penalidad requerida por la justa ley de Dios. Merecemos la muerte pero en cambio—con Su preciosa sangre—Jesucristo pagó la penalidad por nuestro pecado. Ya que hemos llegado tan lejos, Pablo nos exhorta a no ir por mal camino.

El argumento de Pablo está ubicado en cinco partes dentro de Romanos 6 y 7. Los primeros tres son vívidas imágenes escritas que ilustran nuestra nueva posición en Cristo. La cuarta es la enseñanza esencial del hombre R7, mostrando lo que le pasaba a Pablo mientras él continuaba en pecado y fue llevado cautivo por el pecado a pesar de su nueva posición en Cristo. En la parte final él describe una ley inquebrantable que gobierna la respuesta de un Cristiano al pecado. Para comprender a lo que Pablo se refiere, debemos prestar atención a su argumento.

Tres Imágenes Escritas

La mayor parte de este pasaje—Romanos 6:1-7:13—está basado en tres imágenes escritas. Sin duda, Pablo estudió la manera elegante en que Jesús hizo uso de parábolas e imágenes o *"lenguaje figurativo"*, como El mismo los describió (Juan 16:25), para claramente comunicar la verdad de una manera que funcionó poderosamente en las mentes y corazones de aquellos que le escuchaban. Las imágenes equivalen a mil palabras. Atraviesan nuestras barreras intelectuales y se incrustan en nuestros corazones. Si implantamos estas tres imágenes escritas profundamente en nuestro ser, crecerán y florecerán en una clara comprensión de nuestra nueva vida y la necesidad de vencer al pecado que mora en nosotros.

Debemos reconocer que la completa verdad y gloria de lo que ocurre cuando Cristo entra en nuestras vidas no puede ser comprendido por ningún creyente. Es un hecho supremamente misterioso y magnífico para poder ser descrito directamente. Las imágenes escritas, tales como los tres ejemplos escogidos por Pablo, transmiten esta verdad más claramente que una simple declaración.

La primera de estas tres poderosas imágenes es que como creyentes, ya hemos muerto con Cristo (Romanos 6:1-14). *"Nosotros, que hemos muerto al pecado, ¿cómo viviremos aún en él?"* (v.2) Jesús declaró que Sus discípulos eran de tomar sus cruces y seguirle. El enseñó que nuestra muerte era esencial. Nosotros debemos ser bautizados con el mismo bautizo con el cual Jesús fue bautizado (Marcos 10:39). *"Nuestro cuerpo de pecado"* necesita ser *"destruido"* (v.6). Nosotros ilustramos esta verdad cuando seguimos a Cristo en el bautismo en agua. *"Porque el que ha muerto, ha sido libertado del pecado"* (v.7).

La segunda imagen escrita es que hemos sido libertados de la esclavitud (Romanos 6:15-23). Como hemos visto en un capítulo anterior, Jesús describió Su misión como *"libertar a los cautivos."* Esta es una parte central del propósito para El venir. Cuando somos unidos a Él, hemos *"sido libertados del pecado"* (v.18). Jesús nos libertó de las manos de un cruel capataz y pagó por nuestra libertad con Su propia sangre.

En la imagen escrita final (Romanos 7:1-6), Pablo explica que el fuerte vinculo que nosotros teníamos con el pecado es semejante a la unión matrimonial, pero que nuestra antigua pareja ha muerto. *"Pues la mujer casada está ligada por la ley a su marido mientras él vive; pero si su marido muere, queda libre de la ley en cuanto al marido."* (v.2). Una mujer de esa era no tenía escapatoria de un matrimonio abusivo excepto a través de la muerte de su esposo. De la misma forma, no puede haber otra solución contra el poder del pecado en nuestras vidas excepto que muera.

Dios Ha Hecho Una Nueva Obra en Nosotros

Nuestra muerte, nuestra libertad de la esclavitud y la muerte de nuestro pecado muestran solo parte de la historia. Otra poderosa verdad ilustrada por Pablo dentro de estas tres imágenes escritas concierne a la nueva obra que Dios ha comenzado en nosotros. Es nuestro regalo de El. Esta nueva obra es la razón por la cual Pablo escoge estas tres imágenes escritas entre las tantas disponibles para describir nuestra unión con Cristo—ellas destacan el problema de continuar en pecado.

Considera la primera imagen escrita. Nuestra muerte hace posible una nueva vida. Cristo fue crucificado y nosotros juntamente con Él. Por Su acción estamos en una posición de *"considerarnos"* no solo *"muertos para el pecado"* pero aún más importante *"vivos para Dios en Cristo Jesús"* (6:11). Nuestra nueva vida es sobre todo Cristo viviendo en nosotros y es el propósito para nuestra muerte en esta manera tan inesperada. Moriríamos de cualquier forma. Ahora, *"como Cristo resucitó de entre los muertos por la gloria del Padre, así también nosotros andemos en novedad de vida."* (6:4). Como la semilla que primero debe morir antes de brotar a nueva vida (Juan 12:24), hemos recibido nueva vida por nuestra muerte. El terco pecado interno no está supuesto a ser parte de esta nueva vida que se nos ha regalado.

Siguiendo a la próxima imagen escrita, Pablo explica que Cristo nos ha hecho libres de la esclavitud para que podamos convertirnos en esclavos de Dios. *"Pero ahora, habiendo sido libertados del pecado y hechos siervos de Dios, tenéis por vuestro fruto la santificación, y como resultado la vida eterna."* (6:22). Ser un esclavo es el término usado más frecuentemente para describir a un Cristiano en el Nuevo Testamento. Somos capaces de convertirnos en esclavos de Dios solo porque hemos sido hechos libres de nuestro antiguo capataz—el pecado. Nunca debemos considerarnos irremediablemente en la esclavitud del pecado. Hacer tal cosa es negar el poder que opera en nosotros y el estatus asegurado para nosotros por Cristo. Como esclavos de Dios, debemos producir *"fruto de santidad."*

Finalmente, en la tercera imagen escrita, nuestra vieja pareja—el pecado—ha muerto *"para que seáis unidos a otro, a Aquel que resucitó de entre los muertos, a fin de que llevemos fruto para Dios."* (7:3-4). Nuestro Salvador ha roto la terrible unión que teníamos con el pecado. Él hizo esto para poder llamarnos Suyos. Ahora somos descritos como su novia escogida, empoderados para vivir en justicia. Si persistimos en darle vida a lo que ha sido muerto y fallamos en unir nuestras vidas con Cristo, no estamos haciendo lo que Dios ha intencionado para nosotros. Estamos tristemente equivocados si creemos que la lujuria está muy incrustada y muy terca para ceder al golpe mortal que recibió cuando nos unimos a Él. ¿Por qué aferrarnos al cadáver del pecado?

Todo esto es completamente el resultado de lo que Cristo ha hecho. Nosotros no hemos iniciado nuestra nueva vida. Eso sería imposible. En vez de esto, nosotros hemos sido *"crucificados con Cristo."* Nosotros participamos en lo que Él ha hecho por nosotros por Su gracia. Es esta nueva obra que nos permite evitar continuar en pecado y nos motiva a asegurarnos que no lo hagamos.

Estas tres imágenes escritas, individualmente y colectivamente, ilustran la realidad para cada Cristiano. Tómalas a pecho. No te conformes con menos. No tenemos excusas para continuar en pecado. Estamos muertos al pecado y hechos vivos en Cristo. En un tiempo éramos esclavos al pecado, pero ahora somos libres y nos hemos hecho esclavos a un maravilloso y generoso Señor. Nuestro viejo matrimonio con la vida de pecado ha sido terminado. Nuestro antiguo despiadado y destructivo marido ha muerto y ahora estamos casados con un glorioso y resucitado Salvador.

Hombre R7

Estas tres imágenes escritas pueden ser mal interpretadas o ignoradas por su familiaridad. Puede ser que nos volvamos conformistas o hasta podemos llegar a pensar que mantenerse en el camino correcto es algo automático, pero Pablo no se detiene ahí. Para poder resaltar la seriedad de los asuntos involucrados y para explicar cómo se siente caer de nuevo en las ataduras del pecado, Pablo hace énfasis en su propia experiencia (Romanos 7:13-24) — un periodo intensamente agobiante en su caminar Cristiano. El hombre R7 nos muestra como se ve que una persona permita que el pecado reine después de haberse convertido en Cristiano. Si te ves a ti mismo en la manera en que Pablo se describe a sí mismo aquí, estás en serios problemas.

La experiencia fue tan dolorosa que Pablo recuenta su horror como si él estuviera atravesando por eso otra vez.

> *Porque yo sé que en mí, es decir, en mi carne, no habita nada bueno; porque el querer está presente en mí, pero el hacer el bien, no. Pues no hago el bien que deseo, sino que el mal que no quiero, eso practico.* (7:18-19)

Al abrir su corazón con respecto a sus luchas pasadas de una manera tan transparente, Pablo se hace a sí mismo un ejemplo de la miseria que puede venir a causa de fallar al no vivir como se nos ha dicho que vivamos. Como escribió Newell, el Hombre R7 "no es una experiencia Cristiana normal" y tampoco es "una experiencia Cristiana necesaria."[19] Aunque no sea normal o necesario para nosotros que atravesemos un período de Hombre R7, permanecemos muy capaces de tomar este camino equivocado. Pablo estaba atascado ahí hasta que él finalmente reconoció cual era la causa de su dificultad y tomó acción para corregirla. Como Pablo, nosotros también podemos estar perplejos por nuestra debilidad y falta de fruto, pero estas cosas no son la causa de nuestro pecado. En cambio, tal debilidad es el resultado de nuestro pecado. No debemos esperar algo mejor cuando nos permitimos a nosotros mismos ser cautivos por el pecado que mora en nosotros.

La Otra Ley

Como parte de su búsqueda para comprender su situación, Pablo descubrió otra ley o principio, que él personalmente había quebrantado (7:21-24). Esta es la parte final de su argumento de cinco puntos.

> *Así que, queriendo yo hacer el bien, hallo la ley de que el mal está presente en mí. Porque en el hombre interior me deleito con la ley de Dios, pero veo otra ley en los miembros de mi cuerpo que hace guerra contra la ley de mi mente, y me hace prisionero de la ley del pecado que está en mis miembros.* (Romanos 7:21-23)

Pablo había quebrantado esta ley y debemos tener cuidado de no hacer lo mismo. Esta ley había sido decretada anteriormente en el capítulo 6:

> *Por tanto, no reine el pecado en vuestro cuerpo mortal para que no obedezcáis sus lujurias; ni presentéis los miembros de vuestro cuerpo al pecado como instrumentos de iniquidad, sino presentaos vosotros mismos a Dios como vivos de*

entre los muertos, y vuestros miembros a Dios como instrumentos de justicia. (Romanos 6:12-13)

Esta es la ley del comportamiento Cristiano—*"no reine el pecado."* La elección es clara. Nosotros *debemos* estar vivos, nosotros *debemos* ser libres y nosotros *debemos* ser fieles a nuestro nuevo marido. Sin embargo, nosotros no perdemos la habilidad de permitir que el pecado reine. Yo rompí este mandamiento estricto cuando le permití a la lujuria que reinara en mi vida como Cristiano.

Las consecuencias de romper esta ley son tan serias que Pablo le llama la *"ley del pecado y de la muerte"* (Romanos 8:2). Como hijos de Dios, no somos robots. Mantenemos el control de nuestro comportamiento y tenemos reglas claras para seguir. Tenemos la habilidad de romper la ley del pecado y de la muerte, y sufriremos la muerte en nuestras vidas si lo hacemos.

Lo Que Debemos Estar Haciendo

Debido a lo que Cristo ha hecho, nosotros *no debemos* continuar siendo esclavos al pecado. Esto no es un resultado automático—es lo que *debe* estar sucediendo. Considera las exhortaciones a vivir en justicia que Pablo teje en este pasaje. Por más que nosotros solo queramos hablar acerca de las bendiciones que provienen de nuestra nueva posición en Cristo, las advertencias en este pasaje no nos permitirán suponer que nuestra libertad se sostendrá a sí sola automáticamente.

> *¿Continuaremos en pecado para que la gracia abunde? ¡De ningún modo!* (6:1-2)
>
> *Así también nosotros andemos en novedad de vida.* (6:4)
>
> *A fin de que ya no seamos esclavos del pecado;* (6:6)
>
> *Consideraos muertos para el pecado, pero vivos para Dios en Cristo Jesús.* (6:11)
>
> *Por tanto, no reine el pecado en vuestro cuerpo mortal para que no obedezcáis sus lujurias;* (6:12)

Ni presentéis los miembros de vuestro cuerpo al pecado como instrumentos de iniquidad, (6:13)

Sino presentaos vosotros mismos a Dios como vivos de entre los muertos, y vuestros miembros a Dios como instrumentos de justicia. (6:13)

De modo que sirvamos en la novedad del Espíritu. (7:6)

Continuar en Pecado Trae Esclavitud, Muerte y Convicción.

Todas estas exhortaciones son para el Cristiano. Pablo aclara las severas consecuencias reservadas para el creyente que no camine en la novedad de vida. Esta es la verdad más pasada por alto con respecto al pecado en la vida de un creyente. Lo vemos cada vez que los Cristianos consideran el pecado de una manera arrogante o minimizan su poder. Algunos presuntuosamente anticipan el perdón como un futuro "fácil", incluso antes de que descaradamente entran en el pecado. Se aferran al lema desafortunado, "Los cristianos no son perfectos, solo perdonados" como una manera de alimentar esta idea del pecado continuo. El pecado nunca debe descartarse a la ligera. Al tontamente, por ignorancia o deliberadamente continuar en el pecado, nos abrimos a un triple golpe de problemas. Pablo explica este resultado triple con claridad.

Primero, nos hacemos esclavos. *"¿No sabéis que cuando os presentáis a alguno como esclavos para obedecerle, sois esclavos de aquel a quien obedecéis, ya sea del pecado para muerte, o de la obediencia para justicia?"* (Romanos 6:16). El relato de Pablo con respecto a la esclavitud que él sufrió como Hombre R7 es gráfico y desgarrador—*"Porque lo que hago, no lo entiendo; porque no practico lo que quiero hacer, sino que lo que aborrezco, eso hago."* (7:15).

Segundo, continuar en pecado causa muerte. Pablo, hablando acerca de Hombre R7, admite que el pecado *"me engañó y...me mató"* (Romanos 7:11). Obviamente, no fue literalmente muerto. La muerte a la cual Pablo se refirió fue al duro golpe que recibió en su caminar con Cristo. En unos versículos anteriores él había escrito, *"la paga del pecado es muerte"* (Romanos 6:23). Las consecuencias que causan muerte y esclavitud por continuar en el pecado de hecho ocurren—aún a los Cristianos—sea que pidamos o recibamos perdón o no. Es simplemente una regla.

Yo recuerdo en la universidad cuando un profesor de teología, de edad avanzada y muy animado—Dr. Vincent Bennett—durante un estudio del Nuevo Testamento dramáticamente enfatizó en este versículo con su fuerte acento Británico— "La paga del pecado es siempre, siempre...siempre muerte. Cuando tu pecas, algo muere." He encontrado que esta es la mejor manera de comprender Romanos 6:23. Como parte de las "Cuatro Leyes Espirituales" de Cruzada Estudiantil (Campus Crusade), este versículo es utilizado para explicar el problema del pecado a aquellos que son inconversos, pero en contexto, es evidente que Pablo lo escribió como una advertencia a los creyentes.

Tercero, continuar en pecado consume el gozo que viene naturalmente cuando estamos en una relación cercana con Dios. En vez de gozo, sentimos condenación y convicción. Pablo hizo clara la apariencia de esto y permanece como la parte más escalofriante de la experiencia de Hombre R7—Cristiano carnal. Aquellos que pasen por esto, mirarán hacia atrás como Pablo lo hizo, en tristeza y horror.

> **Reto:** Si estás luchando con la lujuria, ya estás claramente informado de cómo este pecado está impactando tu vida. Ya sabes que *"tus iniquidades han hecho separación entre tú y tu Dios"* (Isaías 59:2). Nadie tiene que decirte esto. Estás viviendo bajo convicción porque has permitido que el pecado reine en tu vida y desobedeciste la clara instrucción de Dios. Aprende de Pablo que esto no tiene por qué continuar.

La Regla de La Cosecha

En cualquier momento que nosotros deliberadamente desobedecemos la Palabra de Dios, le damos oportunidad al pecado para esclavizar, matar y eliminar nuestro gozo. Esto no significa que perdemos nuestra salvación. En cambio, perdemos nuestra comunión con Dios y nos hacemos inefectivos. Continuando en pecado, nos volvemos esclavos sin vida a lo que permitimos. Este es un resultado automático.

La experiencia del Hombre R7 relatada por Pablo, mi propio fracaso por mucho tiempo al luchar contra la lujuria, la debilidad y pecaminosidad evidenciada por tantos Cristianos sin gozo son ejemplos de cómo es esta muerte y esclavitud. Le sucede a aquellos que fallan en plantarse en la posición asegurada para ellos en Cristo y en cambio, se deslizan de nuevo a las garras del pecado. Permitir que esto suceda es una enorme tragedia.

Sin embargo, no hay misterio con respecto a la ley de la cosecha. Cosechamos lo que sembramos. A pesar de la posición que Dios ha asegurado para nosotros, no obstante e inevitablemente nos volvemos esclavos de aquél a quien *"obedecemos"* (6:16). La *"paga del pecado"* sigue siendo *"muerte"* (6:23). Esto es lo que hace continuar en pecado un asunto tan serio para el creyente. Es exactamente como Jesús enseñó—*"el que peca es esclavo del pecado"* (Juan 8:34). El vino a libertarnos de esta esclavitud y a darnos una nueva vida donde el pecado no reine. Esto requirió de Su asombroso y costoso sacrificio para nuestro beneficio. Sin embargo, el no quitó nuestra habilidad de volver a caer profundamente en pecado y tampoco la habilidad del pecado de restablecer control y sembrar muerte y sufrimiento en nuestras vidas.

Hasta que nosotros dejemos de estar en pecado, nuestros corazones harán eco del llanto de David, *"Devuélveme el gozo de Tu salvación"* (Salmos 51:12).

Hay Esperanza y Victoria

Si la enseñanza resaltada hasta el momento fuera la culminación del mensaje de Pablo, no sería de mucha ayuda para aquellos que están atados por el pecado interno. Ellos ya saben que están atrapados en hacer lo incorrecto. Gracias a Dios, Pablo fue más allá y atacó el tema de cómo vencer el pecado en gran detalle. El no solo nos dice lo que deberíamos hacer, pero también explica cómo lograrlo. Mientras indagamos más profundamente en su matizada y cautelosamente organizada enseñanza, aprenderemos cómo evitar convertirnos en o permanecer siendo como el Hombre R7. Pablo ha provisto un método comprobado para alcanzar la victoria que debiera ser adoptado por cada creyente.

En el próximo capítulo examinaremos la solución práctica de Pablo para el azote del pecado interno. El fue hecho libre y nosotros podemos aprender de su experiencia y conocimiento. Una sed por la justicia le consumió a él y a su pecado, como debe suceder con nosotros. A través de las cartas de Pablo, él nunca dejó de regresar al tema de permanecer libre del poder del pecado, implacablemente tomando cada oportunidad para exhortar a todos sus hijos espirituales a *"Andad por el Espíritu, y no cumpliréis el deseo de la carne."* (Gálatas 5:16).

Temas a Discutir:

1. ¿Cómo la primera imagen escrita de Pablo (Romanos 6:1-14) describe tú condición y cómo debieras conducir tú vida con respecto a la lujuria?
2. ¿Cómo la segunda imagen escrita de Pablo (Romanos 6:15-23) describe tú condición y cómo debieras conducir tú vida con respecto a la lujuria?
3. ¿Cómo la tercera imagen escrita de Pablo (Romanos 7:1-6) describe tú condición y cómo debieras conducir tú vida con respecto a la lujuria?
4. ¿Crees tú que es normal o necesario que un Cristiano se sienta como el Hombre R7? ¿Por qué es tan común?
5. Ofrece un ejemplo de cuando continuar en pecado trajo muerte en tú vida.
6. Ofrece un ejemplo de cuando continuar en pecado te convirtió en un esclavo al pecado.
7. Ofrece un ejemplo de cuando continuar en pecado robó el gozo de tú vida.
8. En los versículos mencionados en la sección que menciona lo que debemos estar haciendo, reemplaza la palabra "pecado"

con "lujuria" y léelos en voz alta. ¿Por qué no siempre haces lo que debieras hacer?

9. ¿Qué parte de tú vida necesita cambiar para que hagas lo que debes hacer?

15—Un Esclavo de La Justicia

Pero gracias a Dios, que aunque erais esclavos del pecado, os hicisteis obedientes de corazón a aquella forma de enseñanza a la que fuisteis entregados; y habiendo sido libertados del pecado, os habéis hecho siervos de la justicia.

Romanos 6:17-18

¿Deben los Cristianos continuar en pecado? ¡Absolutamente no! Como explicó Pablo en Romanos 6-7, hacer esto traería esclavitud y muerte mientras apaga nuestro gozo. El Hombre R7 (Romanos 7:13-24) es un ejemplo de cómo se ve y describe un período en la vida de Pablo. Muchos Cristianos se ven atrapados en un estado similar y hasta han concluido que ser dominados por el pecado es lo mejor que pueden esperar en su caminar Cristiano. Creen y hasta son trágicamente enseñados que ser el Hombre R7 es normal y sin escapatoria.

A través de sus escritos Pablo estaba indudablemente opuesto a este punto de vista y exhortar a la victoria sobre el pecado es el tema dominante de Romanos 6-8. Notablemente, él escogió escribir estas verdades para aquellos en la Iglesia de Roma—donde continuar en pecado parecía no ser un problema. Ellos no estaban esclavizados por el pecado. Observa la confianza que él expresó en ellos. Ellos se hicieron *"obedientes de corazón a aquella forma de enseñanza a la que"* ellos *"fueron entregados"* y *"habiendo sido libertados del pecado"*. Ellos no habían recibido *"el espíritu de esclavitud para **volver otra vez al temor**"* (8:15). Evidentemente, la experiencia del Hombre R7 no estaba ocurriendo en sus vidas.

Sin embargo, ya que Pablo había vivido a través del terror de su período como el Hombre R7, él sabía que esta peligrosa alternativa para un creyente debía ser explicada y merecía una advertencia. El tampoco quería que otros cayeran en *"esclavitud otra vez"*. Por ende, él utilizó esta *"forma de enseñanza"* (Romanos 6:17)—como él la describió—un enfoque central de su ministerio. Mi pasado caminar Cristiano no fue guiado por esta *"forma de enseñanza",* como he explicado con dolor. Como resultado, por gran parte de mi vida, yo era un Cristiano esclavizado al pecado de la lujuria. Mientras estaba en ese estado, me sentía frustrado y no respondía adecuadamente a las repetidas llamadas a santidad provenientes de las Escrituras. Haber continuado en pecado me convirtió en un esclavo al pecado, muerto a la clara enseñanza de la Palabra de Dios y carente de gozo. Aunque el mismo Pablo pudo haber sufrido un triste estado similar al mío, él no quedó ahí. Aquellos que sabiamente siguen su enseñanza también aprenderán cómo obtener la libertad y a caminar hacia adelante sin quedarse atrás.

Convertirse en Esclavo es Inevitable

La enseñanza de Pablo con respecto a cómo evitar convertirse en alguien como el Hombre R7 es directa y encaja con la experiencia exitosa de muchos creyentes. El es muy explícito con respecto a cómo esto debe hacerse.

> *Ni presentéis los miembros de vuestro cuerpo al pecado como instrumentos de iniquidad, sino presentaos vosotros mismos a Dios como vivos de entre los muertos, y vuestros miembros a Dios como instrumentos de justicia. Porque el pecado no tendrá dominio sobre vosotros, pues no estáis bajo la ley sino bajo la gracia. ¿Entonces qué? ¿Pecaremos porque no estamos bajo la ley, sino bajo la gracia? ¡De ningún modo! ¿No sabéis que cuando os presentáis a alguno como esclavos para obedecerle, sois esclavos de aquel a quien obedecéis, ya sea del pecado para muerte, o de la obediencia para justicia?* (Romanos 6:13-16)

¿Captaste eso? Pablo explica que somos inevitablemente e inexplicablemente esclavos. *"Sois esclavos de aquel a quien obedecéis"*. El cantante folclórico Bob Dylan correctamente transmitió esta verdad en su canción *Debes Servir a Alguien (Gotta Serve Somebody)*. La manera inquietante en que él expresa esto debe ser contemplada por todos aquellos que batallen con la lujuria. Somos llamados y se espera que nos convirtamos en esclavos *"de la obediencia para justicia"*, una función para la cual fuimos específicamente creados. Servirle al pecado de nuevo es un enorme y evitable error.

Al venir a Cristo, nuestra situación es como ser un vagón desconectado de la locomotora del pecado. No hay un riel lateral en el cual estacionarnos, aunque quisiéramos tener uno dónde escondernos. Enfrentamos solo dos opciones—unirnos completamente a Cristo o conectarnos de nuevo al pecado.

La idea falsa de que cualquiera puede ser realmente libre en como él prefiera vivir su vida es popular. Aquellos fuera de Cristo pueden presumir de su supuesta libertad e imaginarse que ellos pueden tornarse a la justicia y lo correcto meramente eligiendo hacerlo. Sin embargo, como monos jugando en un ambiente elaborado de un zoológico, su libertad es una ilusión. A menos que Jesús nos haya hecho libres, seguimos siendo esclavos del pecado. ¿Por qué otra razón El describiría Su misión como lo hizo en Lucas 4? El vino para hacernos libres. Sin embargo, aunque Cristo nos ha hecho libres del pecado, no hemos sido hechos libres para actuar como queramos. En cambio, hemos sido libertados para convertirnos en esclavos de Aquél que nos ha libertado de nuestro antiguo y cruel capataz.

He aquí como esta enseñanza aplicó a mi lucha para vencer al pecado interno de la lujuria. No era suficiente meramente dirigir mis ojos y pensamientos lejos de lo que me causaba pecar y esperar que esto fuera suficiente. El próximo y necesario paso a seguir, el cual el pecado interno me había prevenido de tomar por tanto tiempo, fue el de entrar completamente en mi nueva vida y comenzar a amar al Señor mi Dios con todo mi corazón, con toda mi mente, con toda mi alma y con todas mis fuerzas.

Aquellos que consideran esto como un poco extremo fallan al no comprender lo que ser un esclavo significa. Esto es lo que un esclavo de Cristo hace. Somos libertados de nuestra esclavitud inicial al pecado para convertirnos en *"esclavos de la justicia"* (Romanos 6:18). Estos son dos lados de la misma moneda de nuestra libertad en Cristo. No podemos tener una sin la otra. Estar en Cristo es una posición de activa servidumbre a Él.

La Clave Está En Como Presentemos Nuestros Miembros

La clave para vencer el pecado interno—como explica Pablo—es que nosotros debemos hacer uso apropiado de nuestros *"miembros"*. Significativamente, enseñar acerca de nuestros miembros permea el argumento de cinco partes contra continuar en pecado como planteado en Romanos 6 y 7.

En la sección acerca de morir al pecado y volvernos vivos para Dios, Pablo escribe, *"ni presentéis los miembros de vuestro cuerpo al pecado como instrumentos de iniquidad, sino presentaos vosotros mismos a Dios como vivos de entre los muertos, y vuestros miembros a Dios como instrumentos de justicia"* (Romanos 6:13). En la sección acerca de ser libres del pecado y esclavos de la justicia él nos dice, *"así ahora presentad vuestros miembros como esclavos a la justicia, para santificación"* (Romanos 6:19). En la tercera imagen escrita donde Pablo describe a nuestro marido—el pecado—siendo muerto y nuestra nueva unión con Cristo él explica, *"Porque mientras estábamos en la carne, las pasiones pecaminosas despertadas por la ley, actuaban en los miembros de nuestro cuerpo a fin de llevar fruto para muerte."* (Romanos 7:5).

Pablo también utiliza el término *"miembros"* a través de su sección Hombre R7 y destaca la *"otra ley"* con la cual él estaba luchando residía en sus *"miembros"* (Romanos 7:23).

Nuestros Miembros

Para entender lo que Pablo desea que hagamos, debemos estar claros con respecto a qué él se refiere con *"miembros."* Pablo utiliza el término *"miembros"* para referirse a aquellas partes de nuestras vidas sobre las cuales tenemos control. Estas incluyen los movimientos de nuestro cuerpo y nuestros pensamientos dirigidos. Al vivir en el Espíritu y por la gracia y provisión de Dios, podemos prevenir que nuestros ojos y pensamientos fugaces nos esclavicen al pecado. Esta es una verdad engañosamente simple y fácil de pasar por alto. Sin embargo, obtener la victoria sobre la lujuria solo puede ocurrir con la decisión de que seremos obedientes en este aspecto.

Una vez que nos hayamos comprometido a parar—luego de haber usado continuamente nuestros miembros para cometer adulterio en nuestros corazones—inmediatamente encontramos que ellos no quieren cooperar. Habiendo sido presionados al servicio del pecado por tanto tiempo, ellos resisten con todas sus fuerzas. Sin embargo, al pasar el tiempo, el agarre y la atracción del pecado habitual se debilita. Ya que no estamos constantemente adquiriendo una emoción sexual ilícita en cada esquina, somos capaces de entrar en esta libertad *"Porque la gracia de Dios se ha manifestado, trayendo salvación a todos los hombres"* (Tito 2:11).

Lo que una vez habíamos descartado como inconsecuente, pronto se revela a sí mismo como un terrible acto de impresionante desobediencia. Mientras nuevos hábitos de justicia se hacen comunes en nuestras vidas, comenzamos a deleitarnos en plenamente resistir el uso de nuestros miembros como instrumentos para el pecado del cual hemos sido hechos libres. Obtener un claro entendimiento de este proceso para poder interrumpir el ciclo del pecado—remordimiento, pseudo-arrepentimiento y pecar de nuevo, la frustrante vida de un Cristiano carnal—es evidencia práctica de que estamos disfrutando de la libertad en la cual El desea que entremos.

El espanto de no saber o no tomar en cuenta esta simple verdad acerca del uso de nuestros miembros es la fuerte probabilidad de que vamos a caer en nuestra propia experiencia personal de Hombre R7. Aunque somos Cristianos, nos convertiremos en esclavos de nuevo. Nuestras vidas se volverán muertas e infructíferas. Perderemos nuestro gozo.

Por el Espíritu

A pesar de la motivación y encargo de Pablo, los Cristianos continuamente fallan al hacer caso omiso de este llamado. Como pequeños roedores que tropiezan y caen por un acantilado hacia el mar, ellos se vuelven esclavos al pecado y se preguntan por qué pasó. Yo me incluyo aquí. Esto ocurrió aún cuando en mi hombre interior, mi corazón profundamente anhelaba la vida victoriosa que Dios deseaba para mí.

Pablo destila efectivamente los medios a la victoria cuando amonestó a los Gálatas: *"Andad por el Espíritu, y no cumpliréis el deseo de la carne."* (Gálatas 5:16). Es de la siguiente manera—si le decimos que no al pecado noventa y nueve veces, pero le decimos que si solamente una vez, esa vez puede causarnos que caigamos en picada. Por otro lado, si le decimos que si al Espíritu noventa y nueve veces, aquella vez que le digamos si al pecado inmediatamente nos causaría repulsión porque estamos caminando en el Espíritu. Nuestro enfoque está en nuestro Dios—no en nuestro pecado. Las acciones pecaminosas de nuestro cuerpo están muriendo y nuestra nueva vida se está fortaleciendo.

Es por el Espíritu de Dios que esto es hecho en la vida del creyente. El generosamente provee la vida en la cual debemos *andar*. *"Porque si vivís conforme a la carne, habréis de morir; pero si por el Espíritu hacéis morir las obras de la carne, viviréis."* (Romanos 8:13). Desarrollar disciplinas y tratar de darle forma a nuestro comportamiento en esta parte de nuestras vidas sin hacerlo *"por el Espíritu"*—en nuestras propias fuerzas, enfocados en nuestro pecado—no funcionó para Pablo y tampoco funcionará para nosotros.

> **Reto:** Sea que uses tus miembros—ojos, manos, imaginación—como Pablo instruye es un asunto de obediencia. ¿Te resistirás a presentar tus miembros como instrumentos de justicia? ¿Decidirás en cambio presentar tus miembros como instrumentos de justicia? Newell, en su comentario, deriva a la siguiente astuta, concisa y correcta conclusión de esta parte en Romanos—"La obediencia trae libertad."[20] ¿Obedecerás para poder obtener libertad?

La Enseñanza de Pablo está Basada en Lo Que Dijo Jesús

Al escribir esto, vemos que la solución de Pablo—y no hay sorpresa aquí—es obtenida totalmente de lo que enseñó Cristo. Fue Él quien dirigió nuestra atención hacia esos *"miembros"*— nuestros *"ojos"* y *"manos"*—haciéndoles central a Su enseñanza sobre la lujuria (Mateo 5:27-30).

En Romanos 6-7 Pablo utilizó repetitivamente las palabras exactas dichas por Cristo—lujuria (*epithemeo*) y miembros (*melisin*)—encontradas en Su concisa y seminal enseñanza con respecto a la lujuria, esto no es coincidencia. Cuando Pablo utiliza el término "miembros", sus lectores recuerdan la firme enseñanza de Jesús. Fue nuestro Señor quien explicó que no debemos poner nuestros miembros—manos y ojos—al servicio de la lujuria.

Jesús se enfocó en la manera en que usamos nuestros ojos. Cometemos adulterio en nuestros corazones cuando usamos nuestros ojos para alimentar la lujuria en el interior. Este *miembro* y otros—como nuestras manos y pensamientos—se combinan en una actividad adictiva y sinérgica para producir aquella emoción sexual ilícita que Jesús condenó. Al rehusarnos a utilizar nuestros miembros para el pecado, la lujuria es parada inmediatamente. No echará raíces.

Simplemente dicho, Jesús y Pablo nos dirigieron al único punto dónde somos capaces de tomar cualquier acción decisiva. Contrasta esto contra el consejo que ofrece el mundo—"Tomate una ducha fría", "Mantenlo en tus pantalones", "No permitas que la pequeña cabeza controle a la cabeza grande", "Mira pero no toques". Tales consejos nos motivan a intervenir y plantarnos firme luego de que nuestras emociones sexuales han sido activadas a nivel u otro, y por ende no son de mucho valor. A esa altura ya hemos tropezado profundamente en el pecado de los pensamientos malvados.

La mayoría de las enseñanzas Cristianas prefieren no ser sinceras al enseñar respecto a la lujuria y por ende el consejo ofrecido no es muy útil tampoco. Las instrucciones para evitar las tentaciones, sumergirse en oración, estudios Bíblicos y obtener apoyo a través de comunión con otros Cristianos están bien; pero simplemente no dan en el blanco.

Si hacemos todas las cosas de manera religiosa mientras continuamos ofreciendo nuestros miembros para obtener una emoción sexual ilícita—adulterio en el corazón—estaríamos desobedientemente presentando *"los miembros de vuestro cuerpo al pecado como instrumentos de iniquidad"* (6:13). Estaríamos desobedeciendo la ley del pecado y la muerte. El resultado de la muerte, esclavitud y pérdida de gozo seguirá su curso.

El Cristiano de Romanos 8

Por consiguiente, no hay ahora condenación para los que están en Cristo Jesús, los que no andan conforme a la carne sino conforme al Espíritu. Porque la ley del Espíritu de vida en Cristo Jesús te ha libertado de la ley del pecado y de la muerte. Pues lo que la ley no pudo hacer, ya que era débil por causa de la carne, Dios lo hizo: enviando a su propio Hijo en semejanza de carne de pecado y como ofrenda por el pecado, condenó al pecado en la carne, para que el requisito de la ley se cumpliera en nosotros, que no andamos conforme a la carne, sino conforme al Espíritu.

Porque los que viven conforme a la carne, ponen la mente en las cosas de la carne, pero los que viven conforme al Espíritu, en las cosas del Espíritu. Porque la mente puesta en la carne es muerte, pero la mente puesta en el Espíritu es vida y paz; ya que la mente puesta en la carne es enemiga de Dios, porque no se sujeta a la ley de Dios, pues ni siquiera puede hacerlo, y los que están en la carne no pueden agradar a Dios. (Romanos 8:1-8)

Luego de haber batallado a través de la dura enseñanza encontrada en Romanos 6 y 7, entramos en la brillante luz de Romanos 8, un capítulo lleno de promesas y exhortación, bien conocido por todos los Cristianos que atesoran la Palabra de Dios. Pero, debemos reconocer que este mensaje positivo está dirigido a aquellos que han aplicado las verdades que Pablo ha explicado hasta este punto.

Obviamente, Pablo está deseoso de seguir adelante luego de su intenso examen del pecado interno. Mientras lees a través de esta carta, puede ser que quieras saltar al capítulo 8 también y apoderarte de todas las promesas que este contiene. Sin embargo, asumir que Romanos 8 nos aplica, aunque *"andamos conforme a la carne"* y tenemos *"nuestra mente en la carne"*, es un grave error. El contraste entre el Hombre R7 y el Cristiano de Romanos 8—Hombre R8—no puede ser más dramático.

Ante todo, el Hombre R8 se ha movido más allá de la condenación. *"Por consiguiente, no hay ahora condenación para los que están en Cristo Jesús"* (Romanos 8:1). La culpabilidad y remordimiento que uno siente cuando el pecado domina nuestra vida no es algo en lo que deseamos permanecer. No es parte de nuestro "evangelio alegre". Sin embargo, si estás infestado por el pecado interno, estás caminando conforme a la carne y tienes tu mente fija en la carne, entonces ese sentimiento de culpa debe ser un factor de preocupación en tu vida. Es parte del paquete. Tú no podrás eliminar la convicción que sientes y convertirte en un Hombre R8 hasta que exitosamente te involucres en lo que de seguro será una intensa batalla para vencer al pecado interno. La culpabilidad y la incomodidad que sientes es un regalo de Dios. Proviene de Su *"bondad"* y *"nos guía al arrepentimiento"* (Romanos 2:4).

Al tomar esta posición, debemos reconocer que hay *"condenación"*—la palabra utilizada por Pablo es la forma más severa de juicio—que puede entrar en la vida de un Cristiano. Esto no es para sugerir que este es el mismo tipo de juicio que aguarda a aquellos que son incrédulos. La palabra Griega—*katakrima*—no necesariamente significa condena eterna. Más bien, Pablo se refiere al *juicio adverso* (una traducción más literal) que proviene de continuar en pecado siendo creyentes o no-creyentes.

Algunos sugieren que tal juicio jamás puede caer sobre aquellos que vienen a la fe que salva y utilizan a Romanos 8 para respaldar esto. Al hacer esto, ellos severamente debilitan y representan incorrectamente el mensaje vital de Pablo. Tristemente algunos van al extremo de ofrecer apoyo injustificado e ilimitado a Cristianos que continúan en pecado. Ellos interpretan incorrectamente y enseñan de Romanos 8 de una forma que puede causar que un Cristiano se sienta cómodo mientras anda *"de acuerdo a la carne"* e ignore la clara enseñanza a través de la Palabra de Dios que indica lo contrario—especialmente en ese pasaje.

El Niño Escarmentado

Culpabilidad y condenación son precisamente lo que Pablo estaba expresando y describiendo cuando él derramó todo acerca de su experiencia Hombre R7. La solución que él ofrece para el dilema de Hombre R7 es no continuar "andando conforme a la carne, sino conforme al Espíritu" (Romanos 8:4). El Hombre R7 permanece como un ejemplo y muestra que los hijos de Dios sufren grandemente y caen bajo juicio y convicción cuando desobedecen a Dios. Otro ejemplo de esto es evidenciado en el Libro de Apocalipsis, en la manera en que nuestro Señor le habla a las siete iglesias—particularmente a Laodicea: *"Yo reprendo y disciplino a todos los que amo; sé, pues, celoso y arrepiéntete."* (Apocalipsis 3:19).

También pondera esta advertencia de Pedro:

"Porque es tiempo de que el juicio comience por la casa de Dios; y si comienza por nosotros primero, ¿cuál será el fin de los que no obedecen al evangelio de Dios? Y si el justo con dificultad se salva ¿Qué será del impío y del pecador? (1 Pedro 4:17-18).

Vemos este tipo de juicio en exhibición durante la agonía de David mientras estaba atrapado por su pecado. *"Porque día y noche tu mano pesaba sobre mí; mi vitalidad fue convertida en sequia de verano."* (Salmos 32:4). Nosotros debemos esperar ser reprendidos y escarmentados si continuamos en pecado tal y como Pablo fue durante su experiencia como Hombre R7. Es una señal del amor de Dios por nosotros. Por otro lado, si tú no te sientes perturbado en tu interior, esto debe alarmarte con respecto a tu verdadera relación con Dios.

"además, habéis olvidado la exhortación que como a hijos se os dirige:

> HIJO MIO, NO TENGAS EN POCO LA DISCIPLINA DEL SEÑOR,
> NI TE DESANIMES AL SER REPRENDIDO POR EL;
> PORQUE EL SEÑOR AL QUE AMA, DISCIPLINA,
> Y AZOTA A TODO EL QUE RECIBE POR HIJO."

(Hebreos 12:5-6)

Meramente obtener perdón sin arrepentimiento decisivo, o tornarse del pecado, no marcará el comienzo de una *"mente puesta en el Espíritu"* incluyendo *"vida y paz."* Lanzarse rebeldemente al lodo justamente después de haber sido limpiado es una acción de un niño severamente desobediente. No escaparemos fácilmente con esa actitud. Los hijos de Dios que se entreguen a la lujuria deben esperar un escarmiento, ser reprendidos o ser azotados. Inevitablemente, a los niños desobedientes les toca tan severa disciplina. Solo un padre ausente fallaría al no corregirnos por medio de cualquier método necesario.

En Cristo

Jesús enseñó, *"Si guardáis mis mandamientos, permaneceréis en mi amor,"* (Juan 15:10) *"Permaneced en Mí, y Yo en vosotros."* (Juan 15:4). Pablo prefiere la forma abreviada *"en Cristo"* y utiliza esta frase o una variación de ella continuamente en sus escritos. Sale 37 veces solo en Efesios. Sin obedecer Sus mandamientos—lo cual mostraría que estamos permaneciendo en Cristo—no tenemos ninguna esperanza de madurar o de ser fructíferos. Si tú compulsivamente utilizas tus ojos para obtener una emoción sexual ilícita, entonces es seguro decir que estás andando *"conforme a la carne"* y no *"en el Espíritu."* El profundo confort de Romanos 8 puede parecerte atractivo pero no se hará realidad hasta que tu pecado sea vencido.

En Romanos 8 Pablo deja claro lo que significa permanecer *"en Cristo."* Durante su período como Hombre R7— abrumado por el pecado—él había quedado atascado en un aterrorizante y confuso laberinto de engaños. Esto ahora estaba detrás de él.

> **Reto**: Que tú permanezcas esclavizado a la lujuria es tan inaceptable y destructivo como fue para Pablo estar esclavizado por su pecado. *"Pues los que son de Cristo Jesús han crucificado la carne con sus pasiones y deseos."* (Gálatas 5:24). Cuando comiences a negarte a tus pasiones y deseos, y a eliminar la lujuria de tú vida andando de *"acuerdo al Espíritu"* y *"permaneciendo en Cristo,"* tendrás una idea del tipo de vida reservada para ti. Como Pablo, eventualmente estarás lleno de gratitud y gozo al mirar atrás a un tiempo cuando eras un Cristiano carnal—un Cristiano inmaduro—con lamento.

Comprender y aplicar las enseñanzas fundamentales de Pablo con respecto al pecado interno en Romanos 6-7 permite que Romanos 8 y las otras partes de sus escritos que mencionan la lujuria encajen bien. En el pasado, Romanos 8 era problemático para mi. Hasta que logré sobrepasar el pecado interno de la lujuria, simplemente no figuraba dentro de mi experiencia personal. Esto es porque yo había asumido equivocadamente que como Cristiano, yo estaba automáticamente calificado para no sentir condenación. Me convencí a mí mismo de que estaba vivo, no muerto; que yo estaba caminando en el Espíritu, no en la carne; y que habían buenas excusas para no experimentar gozo y paz. Sin embargo, Dios no ignoró mi pecado. En vez del gozo y victoria expresada en Romanos 8 y en pasajes similares, yo estaba estancado en la convicción y frustración expresada por el Hombre R7.

La Mente Puesta en La Carne

"Porque la mente puesta en la carne es muerte" (Romanos 8:6). Este es el lenguaje sombrío. ¿Creo que había perdido mi salvación cuando estaba abrumado por la lujuria? No. Sin embargo, Pablo ya nos ha introducido a otro tipo de muerte. Continuar en pecado causa el tipo de muerte tan vívidamente ilustrada por el Hombre R7. Proviene de una mente puesta en la carne.

Ya que la mente puesta en la carne es enemiga de Dios, porque no se sujeta a la ley de Dios, pues ni siquiera puede hacerlo, y los que están en la carne no pueden agradar a Dios. (8:7-8)

La verdad aquí es obvia en lo que respecta a los incrédulos, pero un Cristiano que se encuentre abrumado por la lujuria también debe verse reflejado en este versículo. Alguien que tenga su mente capturada por la lujuria aparentaría, bajo casi cualquier estándar, ser un claro ejemplo de alguien que tiene *"la mente puesta en la carne,"* sea Cristiano o no. De hecho, Pablo está enfocándose en lo que algunas traducciones más antiguas llamaron Cristianos carnales. El había utilizado este término para describirse a sí mismo durante su período como Hombre R7—*"Yo soy carnal, vendido a la esclavitud del pecado. Porque lo que hago, no lo entiendo;"* (Romanos 7:14-15).

Habiendo entrado en tu caminar Cristiano cuando naciste de nuevo, comienzas como un bebé, pero no debes quedarte ahí. Si lo haces, significa que estás siendo *"hostil hacia Dios"* y *"no puedes complacer a Dios."* Alguien que tenga la mente puesta en la carne experimentará la muerte y la esclavitud al pecado aunque pueda ser un Cristiano. Es imposible para él hacer lo que debe hacer e incluso lo que desea hacer.

De nuevo, Pablo está haciendo eco de las enseñanzas de Jesús. *"Si alguno no permanece en mí, es echado fuera como un sarmiento y se seca; y los recogen, los echan al fuego y se queman."* (Juan 15: 6). Mi primera meta como Cristiano es asegurarme de que realmente estoy permaneciendo en Cristo—conectado a y agradable a Él.

Ayuda en Nuestra Debilidad

Adquirir el hábito reflexivo de dirigir nuestros ojos y pensamientos de tal modo que no nos deslicemos hacia el dominante pecado interno de la lujuria es una habilidad muy práctica y esencial. También es un acto de obediencia.

Nosotros no atravesamos por esta batalla solos. Tampoco debemos esperar volvernos tan fuertes que alguna vez podamos volvernos inconscientes del peligro que acecha. Pablo ofrece la siguiente exhortación.

> *Y de la misma manera, también el Espíritu nos ayuda en nuestra debilidad; porque no sabemos orar como debiéramos, pero el Espíritu mismo intercede por nosotros con gemidos indecibles; y aquel que escudriña los corazones sabe cuál es el sentir del Espíritu, porque El intercede por los santos conforme a la voluntad de Dios.* (Romanos 8:26-27)

Muchos incorrectamente reclaman la promesa de Romanos 8:28, confiando en que *"todas las cosas ayudan a bien,"* aún mientras están profundamente en el estado de Hombre R7. Estar confundidos, sin una clara visión de la victoria y completamente abrumados por el pecado no es la manera como fue para aquellos a quienes Pablo les hablaba. En cambio, la promesa está dirigida a sus lectores quienes estaban en el camino correcto, permitiéndole escribir, *"Sin embargo, vosotros no estáis en la carne sino en el Espíritu,"* (8:9).

La vida en el Espíritu significa que el Espíritu nos está ayudando en *"nuestras debilidades."* Pablo se incluye a sí mismo en este comentario porque él reconoció que hasta él todavía estaba débil. El no anunció su victoria sobre el pecado interno, pero reconoció la victoria como una obra continua de Dios en su vida. Dios conoce nuestras debilidades y nuestra inclinación a pecar, *"enviando a su propio Hijo en semejanza de carne de pecado y como ofrenda por el pecado,"* (8:3).

¿Debemos Entonces Continuar en Pecado?

Pablo ha respondido de forma minuciosa y enfática la pregunta con la cual abrió Romanos 6-8. La respuesta es no. Como uno que estuvo atado por la lujuria, este pasaje me habla en una forma que ningún otro puede igualar. En vez de nosotros simplemente patalear en nuestro pecado, Pablo espera que nosotros maduremos y vivamos plenamente, libres, gozosos y poderosamente en victoria sobre el pecado. Nosotros debemos ser *"más que vencedores por medio de aquel que nos amó.* (Romanos 8:37). Regresar hacia y permanecer en pecado como Cristianos nos condenaría a un estado innecesariamente miserable.

El argumento que Pablo cuidadosamente presenta aquí es imposible de negar. No existe excusa alguna para continuar en la lujuria. El utiliza tanto la zanahoria como el palo para resaltar su punto. Habiendo atravesado un pecado del mismo tipo o similar en su propia vida, Pablo aplica esto de manera contundente.

> **Reto:** Presta atención a la enseñanza de Pablo en este poderoso pasaje acerca del pecado habitual. Continuar en la lujuria no puede ser ignorado o excusado. Es inaceptable para Dios y debe ser inaceptable para ti. El no te permitirá ignorar este tema. Es el camino incorrecto y lo sabes.

El Corazón de Dios

Ya que Pablo en algún momento recorrió este mismo camino sombrío, él no trata este problema de manera simple o sin compasión. Al leer Romanos 6-8, observa que el mensaje de Dios para ti no es uno de enojo o juicio. En cambio, proviene de Su corazón amoroso. Un título adecuado para este pasaje puede ser "Un Padre firme y amorosamente corrigiendo a sus hijos."

Puede servir de ayuda comparar este pasaje con Isaías 5 donde leímos como Dios se sentía respecto a Su viña bien cuidada. El mismo sentido de desesperación respecto a una viña estéril clama a través de este pasaje en Romanos. ¿Qué más puede hacer Dios por ti para que finalmente camines en novedad de vida? ¿Cuándo dejarás de permitir que el pecado reine en tu corazón y comenzarás a dar fruto de santidad? Dios está extendiéndote Su mano. El te invita a responder a Su amor sacrificial y a Su gracia.

> **Reto:** Si estás atrapado en las garras del pecado interno de la lujuria, te exhorto a que pases mucho tiempo en Romanos 6-8, especialmente en los capítulos 6 y 7. Léelos una y otra vez hasta que comprendas la seriedad de tu condición y tu

necesidad de ser hecho libre. No importa lo que hayas sido enseñado o como tu experiencia te haya doblegado, debes darte cuenta de que nuestro Poderoso Dios ha traído todo Su poder creativo directamente sobre tú situación. El ha hecho todo lo posible para establecer en ti nueva vida, para emplearte como un esclavo a la justicia plenamente desarrollado y para establecer una íntima comunión contigo. Recibir esto y caminar en ello es la única manera de salir de este miserable estado.

Temas a Discutir:

1. ¿Qué te describiría mejor—un esclavo a la justicia, o un esclavo al pecado? ¿Por qué?

2. ¿Con respecto a este tema, cómo está basada la enseñanza de Pablo en las enseñanzas de Jesús?

3. ¿Qué función juegan nuestros "miembros" en obtener la victoria sobre el pecado?

4. ¿Puedes ofrecer ejemplos de cómo se ve cuando nuestros miembros son instrumentos de justicia opuesto a esclavos del pecado?

5. ¿Cuáles son las diferencias entre el Hombre R7 y el Hombre R8? ¿Con cuál te identificas más?

6. ¿Sientes convicción por el pecado de la lujuria en tu vida? ¿Alguna vez se va? ¿Qué partes de Romanos 6-8 te habla más poderosamente acerca de este tema?

16—La Mente Renovada

"Y no os adaptéis a este mundo, sino transformaos mediante la renovación de vuestra mente,"

Romanos 12:2

Las cartas de Pablo destacan repetitivamente el tema de eliminar el pecado de nuestras vidas—continuamente exhortando pureza en las vidas de sus lectores.

Reto: Una vez que entiendas correctamente la explicación de Pablo con respecto al pecado interno y la solución que él ofrece en Romanos 6-8—que completamente "encaja" con tu situación—debiera causarte el deseo de comprometerte a aplicar las tantas cosas que él escribió respecto a este tema. Mientras haces esto, la seriedad de tu pecado, la claridad de la voluntad de Dios, Su abundante gracia y misericordia, y Su rica provisión llenará tu vida hasta rebozar. Esta es la *"mente puesta en el Espíritu"* (Romanos 8:6).

El Cristiano Transformado

Por consiguiente, hermanos, os ruego por las misericordias de Dios que presentéis vuestros cuerpos como sacrificio vivo y santo, aceptable a Dios, que es vuestro culto racional. Y no os adaptéis a este mundo, sino transformaos mediante la renovación de vuestra mente, para que verifiquéis cuál es la voluntad de Dios: lo que es bueno, aceptable y perfecto. (Romanos 12:1-2)

Pablo esperaba que aquellos que se hicieron creyentes fueran diferentes a los que les rodeaban. Esta diferencia sucede al ellos ser transformados por la renovación de sus mentes. Pablo enfatizó la necesidad de apropiadamente alinear nuestros pensamientos conforme a la voluntad de Dios. Una persona cuya mente está conformada en esta manera es capaz de mantener el primero de todos los mandamientos—*"Y amarás al Señor tu Dios con todo tu corazón, y con toda tu alma, y con toda tu mente, y con toda tu fuerza."* (Marcos 12:30). Por otro lado, aquellos que se conforman al mundo y al apetito del mundo por el adulterio en el corazón no pueden obedecer este mandamiento. En cambio, ellos utilizan sus mentes de una forma ilegal y pecaminosa.

No conformarse al mundo y ser *"transformados mediante la renovación"* de nuestras mentes requiere acción de nuestra parte. Debemos *presentar* nuestros cuerpos—todos nuestros miembros—a nuestra máxima capacidad, completamente a Dios. Sin reservas. Sin pecado oculto. Al hacer esto nuestras mentes gradualmente son transformadas y renovadas permitiendo que nuestro caminar con el Espíritu cobre fuerzas. La urgencia de cometer adulterio en nuestros corazones pierde poder. Eventualmente, aprendemos a aborrecer profundamente el pecado de los malos deseos.

¿Es esto un cambio claro, delirante o fugaz? No. Es una obra internamente verificable de Dios en nuestras vidas que se alinea perfectamente con la forma en que fuimos diseñados y deseamos ser. Tal cambio tan sobrenatural e innegablemente positivo en nuestro ser *"demuestra"* que la *"buena, agradable y perfecta voluntad"* de Dios está apoderándose de nuestras vidas. No hay inseguridad de lo que está sucediendo en nuestro interior.

Tentado de Todas Formas

Teniendo, pues, un gran sumo sacerdote que trascendió los cielos, Jesús, el Hijo de Dios, retengamos nuestra fe. Porque no tenemos un sumo sacerdote que no pueda compadecerse de nuestras flaquezas, sino uno que ha sido tentado en todo como nosotros, pero sin pecado. Por tanto, acerquémonos con confianza al trono de la gracia para que recibamos misericordia, y hallemos gracia para la ayuda oportuna. (Hebreos 4:14-16)

Pablo muy posiblemente escribió Hebreos, pero no existe una manera segura de asegurarlo. En este pasaje, somos reconfortados por el conocimiento de que el mismo Jesús fue tentado *"en todo como nosotros, pero sin pecado."* Cuando El nos llamó a seguirle, El conocía las tentaciones que enfrentaríamos y *"nuestras debilidades"* basado en Su propia experiencia. Cuando El nos llamó a seguirle lo hizo con pleno conocimiento de las dificultades involucradas. Ahora El está *"sentado a la diestra de Dios"* haciendo intercesiones por nosotros. (Romanos 8:34).

No os ha sobrevenido ninguna tentación que no sea común a los hombres; y fiel es Dios, que no permitirá que vosotros seáis tentados más allá de lo que podéis soportar, sino que con la tentación proveerá también la vía de escape, a fin de que podáis resistirla. (1 Corintios 10:13)

Todas las tentaciones que enfrentamos son típicas. Ni nosotros ni Satanás podemos surgir con algo nuevo. Nosotros que andamos por el Espíritu somos capaces de resistir todas las tentaciones al pecado. Por otro lado, aquellos que son esclavos de la lujuria no pueden encontrar la *"vía de escape"* porque han estado andando en la carne. Permitiéndose a sí mismos una emoción sexual ilícita en cada esquina, no están en condición de resistirse a futuros pecados. Se hace irresistible. ¿Has llegado tan lejos—por qué detenerte ahora? No obstante, una vez que han comenzado a seguir las enseñanzas de Jesús y ahogan al adulterio en sus corazones, ellos encontrarán que el poder de las tentaciones pasará—aunque ahora aparenten ser tan fuertes.

Reto: Si estás entrando en la lucha contra la lujuria porque se ha convertido en un pecado dominante para ti, prepárate para un viaje difícil. No hay forma de esquivarlo. Tú eres débil. Tienes poco dominio propio. Yo puedo identificarme con esto. Sin embargo, no estás solo. Dios es tu amigo—no tu enemigo. Hay un gran consuelo y poder en ser perdonado, refrescado y fortalecido al acercarnos *"confiadamente ante el trono de la gracia"* y recibir *"misericordia."* Arrepiéntete de tu pecado y comienza a andar como debes.

Crucificando La Carne

Con Cristo he sido crucificado, y ya no soy yo el que vive, sino que Cristo vive en mí; y la vida que ahora vivo en la carne, la vivo por fe en el Hijo de Dios, el cual me amó y se entregó a sí mismo por mí. (Gálatas 2:19-21)

Mas el fruto del Espíritu es amor, gozo, paz, paciencia, benignidad, bondad, fidelidad, mansedumbre, dominio propio; contra tales cosas no hay ley. Pues los que son de Cristo Jesús han crucificado la carne con sus pasiones y deseos. Si vivimos por el Espíritu, andemos también por el Espíritu. (Gálatas 5:22-25)

Romanos 6 comienza con la imagen escrita de nosotros haber muerto junto con Cristo—habiendo sido *"crucificados junto con El."* Este tema es uno al cual Pablo regresa continuamente. Para él, las palabras de Jesús de tomar nuestra cruz y seguirle (Marcos 8:34) tenía un significado y poder especial. El reconoció en esta enseñanza que crucificar *"la carne con sus pasiones y deseos"* fue la única manera en que cualquiera pueda dejar al Hombre R7 detrás y tener su mente conforme a la voluntad de Dios.

Después de haber crucificado por lo tanto nuestra carne, el fruto del Espíritu, que incluye en particular *"dominio propio"*, es un desarrollo natural. Es precisamente la falta de dominio propio que confunde tanto al Hombre R7. El está claramente "fuera de control", como es demostrado por su lamento, *"Pues no hago el bien que deseo, sino que el mal que no quiero, eso practico"* (Romanos 7:19). El dominio propio y todas las otras cualidades deseables que el Espíritu nos ofrece para que exhibamos solamente pueden ocurrir como resultado de la muerte de nuestras antiguas actividades pecaminosas. Solo entonces podremos vivir en el Espíritu y permitir que Cristo viva en y a través de nosotros.

Para ver como esto es hecho, regresemos a Romanos 8 otra vez.

> *Así que, hermanos, somos deudores, no a la carne, para vivir conforme a la carne, porque si vivís conforme a la carne, habréis de morir; pero si por el Espíritu hacéis morir las obras de la carne, viviréis.* (Romanos 8:12-13)

No debemos ser ingenuos al respecto. La crucifixión duele. También es cien por ciento efectiva. Nuestros deseos malvados no serán extraídos sin una lucha. Necesitamos tomar nuestra cruz. No hay otra manera. *"Si en verdad padecemos con El a fin de que también seamos glorificados con El"* (Romanos 8:17).

> **Reto:** Estas palabras de Pablo pueden parecer particularmente duras e irrealistas para ti si regularmente haces uso de tus miembros para codiciar y permitir que tales *"obras de la carne"* dominen tu vida. La idea de eliminar y matar la lujuria que proviene del mal uso de tus miembros puede parecer un cargo irrealista. Sin embargo, cada Cristiano tiene una *"obligación"* de hacer exactamente eso. Vivir *"de acuerdo a la carne"* significa que estás muriendo. Tu culpabilidad, sentido de necesidad y falta de crecimiento espiritual son prueba de una vida que se está escapando de ti. Sin embargo, si cambias de dirección y permites que el Espíritu Santo comience a matar estas *"obras de la carne,"* haciendo uso de cada arma de nuestra guerra provista para nosotros (capítulos 6 y 7), encontrarás nueva vida cursando por tus venas.

Viejo Hombre, Nuevo Hombre

> *Esto digo, pues, y afirmo juntamente con el Señor: que ya no andéis así como andan también los gentiles, en la vanidad*

de su mente, entenebrecidos en su entendimiento, excluidos de la vida de Dios por causa de la ignorancia que hay en ellos, por la dureza de su corazón; y ellos, habiendo llegado a ser insensibles, se entregaron a la sensualidad para cometer con avidez toda clase de impurezas. Pero vosotros no habéis aprendido a Cristo de esta manera, si en verdad lo oísteis y habéis sido enseñados en El, conforme a la verdad que hay en Jesús, que en cuanto a vuestra anterior manera de vivir, os despojéis del viejo hombre, que se corrompe según los deseos engañosos, y que seáis renovados en el espíritu de vuestra mente, y os vistáis del nuevo hombre, el cual, en la semejanza deDios, ha sido creado en la justicia y santidad de la verdad. (Efesios 4:17-24)

Por tanto, considerad los miembros de vuestro cuerpo terrenal como muertos a la fornicación, la impureza, las pasiones, los malos deseos y la avaricia, que es idolatría. Pues la ira de Dios vendrá sobre los hijos de desobediencia por causa de estas cosas, en las cuales vosotros también anduvisteis en otro tiempo cuando vivíais en ellas. Pero ahora desechad también vosotros todas estas cosas: ira, enojo, malicia, maledicencia, lenguaje soez de vuestra boca. No mintáis los unos a los otros, puesto que habéis desechado al viejo hombre con sus malos hábitos, y os habéis vestido del nuevo hombre, el cual se va renovando hacia un verdadero conocimiento, conforme a la imagen de aquel que lo creó; una renovación en la cual no hay distinción entre griego y judío, circunciso e incircunciso, bárbaro, escita, esclavo o libre, sino que Cristo es todo, y en todos. (Colosenses 3:5-11)

Estos pasajes paralelos en Efesios y Colosenses son ejemplos de Pablo describiendo nuestra nueva vida como aquella de un *"Hombre Nuevo"* remplazando al *"Hombre Viejo"*. El utilizó el mismo término en Romanos 6:6 cuando él escribió que *"nuestro viejo hombre estaba cruficado con"* Jesús.

El viejo hombre es caracterizado por comportamiento pecaminoso. Pablo incluye *"lujuria, impureza, deseos engañosos, fornicación, pasiones desordenadas, malos deseos y avaricia"* (Colosenses 3:5). Esta lista de malos comportamientos es típicamente encontrada en aquellos que no son Cristianos y están atados por el pecado de la lujuria. Aun así, alguien que se convierte en Cristiano probablemente trae consigo estos comportamientos y hábitos correspondientes al Viejo Hombre. Perturbadoramente, aquellos que se han vuelto Cristianos son vulnerables a caer en los mismos tipos de pecados también, permitiendo que el hombre nuevo ceda ante los hábitos del viejo hombre.

Como sea que hayamos llegado allí, la solución de Pablo es la misma. Debemos *"desechar al viejo hombre con sus malos hábitos"* e irnos *"renovando hacia un verdadero conocimiento, conforme a la imagen de aquel que nos creó"* (Colosenses 3:9-10). También debemos *"vestirnos del nuevo hombre, el cual, en la semejanza de Dios, ha sido creado en la justicia y santidad de la verdad."* (Efesios 4:24). Este proceso de renovación involucra conocimiento y mucha atención a lo que Jesús enseñó. Nota que esta es la manera en que Pablo les había enseñado previamente. *"Pero vosotros no habéis aprendido a Cristo de esta manera, si en verdad lo oísteis y habéis sido enseñados en El, conforme a la verdad que hay en Jesús"* (Efesios 4:20-21). Pablo nunca desistió de esta enseñanza.

Aventuras Baratas del Viejo Hombre

Como he mencionado anteriormente, recientemente he estado compartiendo acerca de este tema con un hermano creyente quien solicitó ayuda en esta área, utilizando este libro como un recurso. Cada semana por el transcurso de meses, masticábamos y digeríamos como un capítulo por semana. Esta fue una experiencia mutuamente enriquecedora que causó que yo modificara y desarrollara lo que había escrito. Mi amigo entró en este proyecto con un escepticismo abierto acerca de si algún día podría vencer el pecado del adulterio en su corazón. Sin embargo, cuando arribamos a esta sección—las enseñanzas de Pablo con respecto al Hombre Viejo/Hombre Nuevo—tocaron un nervio.

Fue de la siguiente manera. Cuando él se había convertido en un creyente hace mucho tiempo atrás—habiendo salido de un estilo de vida destructivo y adicto a las drogas—el comportamiento del Viejo Hombre con respecto a las drogas se había vuelto detestable para él. Durante ese tiempo, estos pasajes en Efesios y Colosenses actuaron poderosamente para efectuar cambio en su vida. El anhelo y necesidad de deshacerse del Viejo Hombre y sus fracasos había sido ferviente y motivador.

Sin embargo, el comportamiento del Viejo Hombre con respecto a la lujuria—al nivel que él se estaba entregando—aún no se había presentado a sí mismo como detestable. Mi amigo reconoció que aunque él había odiado el hábito del Viejo Hombre con respecto a las drogas tantos años antes, él todavía disfrutaba de las aventuras baratas de la lujuria que él todavía permitía. Estos eran en su mayoría ocultos y sutiles, pero proveían un placer ilícito, fácil y disponible. Esta otra "emoción" no lo llevó a las alcantarillas como la adicción a las drogas lo había hecho. Sin embargo, este pecado había estado vaciando y devorando su caminar Cristiano y testimonio como termitas que vorazmente devoran una casa—durante su tiempo como Cristiano. Considerar y aplicar estos pasajes concernientes al Viejo Hombre/ Nuevo Hombre le ayudó a tornarse y esforzarse para lograr caminar en la pureza a la cual Dios le había estado llamando.

Fue muy similar a como mi lucha había sido. Finalmente adquiriendo un claro *"conocimiento"* y comprensión de la lujuria y su incompatibilidad con el Nuevo Hombre que anhelaba emerger fue el punto de inicio. Desde ese momento, ya yo no era capaz de ver la lujuria como una aventura barata. En cambio, reconocí que era un camino al horror—dulce en la boca, pero repugnantemente amarga al consumirse. Una vez que este conocimiento surge, no hay marcha atrás. La increíble gracia y poder libertador, que nuestro Señor imparte, nos habilita y nos causa no solo a dejar de lado y detrás el viejo comportamiento del Hombre R7, pero también—y esto es esencial y glorioso—a luego deseosamente vestirnos del Nuevo Hombre. Nos vamos maravillosamente *"renovando hacia un verdadero conocimiento, conforme a la imagen de aquel que" nos creó* (Colosenses 3:10).

Un Templo del Espíritu Santo

¿O no sabéis que vuestro cuerpo es templo del Espíritu Santo, que está en vosotros, el cual tenéis de Dios, y que no sois vuestros? Pues por precio habéis sido comprados; por tanto, glorificad a Dios en vuestro cuerpo y en vuestro espíritu, los cuales son de Dios. (1 Corintios 6:19-20)

Porque ninguno de nosotros vive para sí mismo, y ninguno muere para sí mismo; (Romanos 14:7)

Cuando nosotros no huimos de la inmoralidad sexual y en cambio permanecemos alrededor de su fuego seductor, estamos imprudentemente poniendo lo que le pertenece a Dios y es habitado por El en un lugar donde no debe estar.

Reto: Nosotros hemos sido improbable e increíblemente honrados en que nuestros cuerpos se han convertido en Su templo. Ten cuidado donde pones ese cuerpo. *"Honra a Dios con tu cuerpo".*

¿Porqué Escogí este Camino Sin Salida?

Tristemente, los Cristianos que se hacen esclavos del pecado se vuelven muertos al llamado a la justicia que ven en los escritos de Pablo y en toda la Palabra de Dios. En mi caso, yo me volví un esclavo a la lujuria y mis intentos de eliminar este pecado parecían no más que una ilusión. Este es el estado del Hombre R7. Yo ciertamente no estaba tan determinado a ser libre como Pablo. Sin embargo, en la misma manera, yo no podía hacer lo que yo quería. No hay gozo en esto. Continuar en pecado para un Cristiano es una triste e improductiva manera de vida, llena de culpabilidad, condenación y muerte.

La ley del pecado y muerte en nuestros miembros dice que no debemos permitir que el pecado reine en nuestros cuerpos. Necesitamos ser hijos obedientes a Dios para que esto no suceda. Su deseo es darnos vida y libertarnos de nuestras cadenas. Fue mi acción subsiguiente la que me esclavizó otra vez. *"¿No sabéis que cuando os presentáis a alguno como esclavos para obedecerle, sois esclavos de aquel a quien obedecéis, ya sea del pecado para muerte, o de la obediencia para justicia?"* (Romanos 6:16). "¿No sabéis?" Bueno, en realidad, Yo no sabía. Mi discreta, pero frecuente gratificación de la emoción sexual ilícita—adulterio en el corazón— que yo había considerado como inevitable, me había esclavizado. Yo estaba utilizando mis miembros para pecar y el resultado llegó tal y como Pablo describe.

Yo nunca—por la gracia de Dios—regresaré al estado del Hombre R7. Durante este tiempo, yo estaba muerto en mi caminar. Yo continuamente permitía que los deseos malvados florecieran. Esto produjo muerte, esclavitud, y el sentimiento de culpa.

> **Reto:** Si te ves reflejado en el Hombre R7, debes comprender exactamente qué estás haciendo que te está manteniendo ahí. Este conocimiento puede actuar como un catalizador para que te puedas convertir en el Hombre R8 que agrada a Dios, viviendo en el Espíritu y libre de condenación. Tu culpabilidad es una señal de advertencia que debe ser obedecida. No la ignores o la niegues. Huye de aquellos que ofrecen solamente consuelo y te exhortan a "no ser tan duro contigo mismo". En cambio, no descanses hasta que tengas libertad, vida y la habilidad de sinceramente unirte a Pablo en proclamar que *"no hay ahora condenación para los que están en Cristo Jesús"* (Romanos 8:1).

Toma Consejo

> *¿No sabéis que los que corren en el estadio, todos en verdad corren, pero sólo uno obtiene el premio? Corred de tal modo que ganéis. Y todo el que compite en los juegos se abstiene de todo. Ellos lo hacen para recibir una corona corruptible, pero nosotros, una incorruptible. Por tanto, yo de esta manera corro, no como sin tener meta; de esta manera peleo, no como dando golpes al aire, sino que*

golpeo mi cuerpo y lo hago mi esclavo, no sea que habiendo predicado a otros, yo mismo sea descalificado. (1 Corintios 9:24-27)

Por tanto, el que cree que está firme, tenga cuidado, no sea que caiga. (1 Corintios 10:12)

El último punto que extraeré de Pablo fue el ejemplo que él provee de uno que se rehusó a comprometer su relación con Cristo. Mi impresión es que la lucha de Pablo como Hombre R7 le marcó tanto que él temblaría al solo pensar en cometer los mismos errores otra vez. Pablo se rehusó inflexiblemente a permitir que esto sucediera. *"Todas las cosas me son lícitas, pero yo no me dejaré dominar por ninguna."* (1 Corintios 6:12).

Recuerdo una conversación que tuve con un amigo que en algún momento había caído profundamente en el pecado sexual, casi perdiendo su matrimonio en el proceso. Mientras discutíamos otros temas, este asunto surgió. Al surgir, todo su comportamiento cambió. Se puso serio. No estaba siendo engreído, pero estaba seguro. Una determinación fría se hizo visible cuando el recordó su fallido pasado y un tema que permanecía siendo un nervio vivo. El no consideraría tomar ese camino otra vez. El sabía lo que estaba en juego. Este era Pablo. A mí me gustaría pensar que representa mi actitud también.

El conocimiento acerca de las causas y efectos de continuar en pecado hizo de Pablo un maestro efectivo y de mucha ayuda respecto al tema. Su reto y su ejemplo fueron de nunca rendirse y nunca mirar hacia atrás, *"olvidando lo que queda atrás y extendiéndome a lo que está delante"* (Filipenses 3:13).

No me atrevo a compararme con Pablo porque él fue un hombre de una fe épica, de determinación y logros incomparables. ¿Quién podría? Aunque, debo admitir que he llegado a compartir una actitud similar, que en mi caso puede ser caracterizada como "corriendo asustado". Me rehúso a ser encontrado quedándome corto y a decepcionar a mi Salvador.

Pablo escribió a Timoteo al final de su vida, *"He peleado la buena batalla, he terminado la carrera, he guardado la fe."* (2Timoteo 4:7). Es mi deseo que sea así mismo en tu vida y en la mía.

Temas a Discustir:

1. ¿Cómo te ayuda, saber que Jesús fue tentado en todo así como tú?
2. ¿Cómo se siente crucificar la carne en lo relacionado con la lujuria?
3. ¿Cómo puedes describir el proceso de quitarse al Hombre Viejo y ponerse al Nuevo Hombre en lo relacionado a la lujuria?
4. Somos descritos como "templo de Dios". ¿Qué piensas que eso significa y cómo afecta como pretendes vivir?
5. Pablo nos exhorta en varias formas y en varios pasajes a tomar consejo y a ser cuidadosos para no fracasar. ¿Cuáles son tus preocupaciones respecto a caer en pecado?
6. Pablo describe ser transformados por la renovación de nuestra mente. ¿Has experimentado esto en tú vida? ¿Qué te ayudaría a progresar en esto?

17—Aprendiendo de Otros Apóstoles

Y todo el que tiene esta esperanza puesta en El, se purifica, así como El es puro.

1 Juan 3:3

Antes de seguir adelante, vamos a revisar lo que Jesús y Pablo enseñaron acerca de la lujuria. Jesús proveyó la visión y dirección más esencial Su enseñanza específica en Mateo 5:28. Al condenar el adulterio en el corazón---la emoción sexual ilícita---definió claramente cómo hemos de entender y tratar con la lujuria. Una vez que nos sometemos a esta norma, las cosas empiezan a caer en su lugar. Jesús también dejó claro el peligro de permitir que la lujuria ahogue nuestras vidas, que es similar a permitir que las malas hierbas ahoguen a las plantas jóvenes. Mantener su palabra y permaneciendo en Él hace que sea posible para nosotros madurar y ser fructíferos.

Antes de seguir adelante, vamos a revisar lo que Jesús y Pablo enseñaron acerca de la lujuria. Jesús proveyó la visión y dirección más esencial—Su enseñanza específica en Mateo 5:28. Al condenar el adulterio en el corazón— la emoción sexual ilícita—El claramente definió cómo hemos de entender y tratar con la lujuria. Una vez que nos sometemos a esta norma, las cosas empiezan a caer en su lugar. Jesús también dejó claro el peligro de permitir que la lujuria ahogue nuestras vidas, que es similar a permitir que las malas hierbas ahoguen a las plantas jóvenes. Mantener Su palabra y permanecer en Él hace que sea posible para nosotros madurar y ser fructíferos.

Al enfocarnos en Pablo, encontramos como él se aferró a y aplicó lo que Jesús enseñó. Pablo escribió claramente y en gran detalle acerca de cómo hemos de tratar con pecados dominantes y persistentes como la lujuria. El mismo experimentó lo que era ser cautivo del pecado luego de ser Cristiano y atravesó momentos dolorosos para explicar cómo se sentía tener al pecado viviendo dentro de él. Las lecciones aprendidas de esto es de lo que Romanos 6-8 trata. Pablo encontró una salida de su atadura y explicó que utilizar nuestros *"miembros"* para que se conviertan en *"instrumentos de justicia"* era la llave. Todo el que experimente tal victoria debiera de compartir el deseo de Pablo de exhortar a otros al mismo fin.

> **Reto:** Si estás luchando con la lujuria, espero que los capítulos anteriores hayan despertado tu apetito por las enseñanzas de Pablo, y te exhorto a sumergirte en todo lo que él tiene que decir referente a este tema. El deja al descubierto la seriedad de continuar en pecado y demuestra que hacer esto trae muerte evitable, esclavitud y convicción a nuestras vidas. Sumamente importante, él provee un mapa claro de cómo ser libre y cómo es caminar en el Espíritu y en comunión cercana con Cristo. Obedece su enseñanza. No desperdicies tú vida en el pecado.

Tristemente, el clima Cristiano actual está repleto de amplios números de personas que fracasan en obtener victoria sobre el pecado, especialmente la lujuria. Ellos no buscan la justicia porque no creen que sea posible en sus vidas.

Esto me recuerda un sermón memorable de John MacArthur sobre el tema del pecado sexual donde él relata su visita a un miembro de su iglesia, un señor de edad avanzada, quien yacía en su lecho de muerte. Durante esta visita, el afligido y moribundo hombre confesó su gran lamento de que él nunca había podido eliminar su pecaminoso hábito de ver y usar pornografía. MacArthur estaba evidentemente angustiado por esta confesión. Sin embargo, la trágica inhabilidad de vencer la lujuria habitual no es extraña. Es una epidemia dentro de la iglesia y requiere de una agresiva y efectiva confrontación.

Santiago, Pedro y Juan

Viendo los escritos de Santiago, Pedro y Juan, encontramos que ellos no escriben de la misma manera acerca del pecado como lo hizo Pablo. En las iglesias Capilla Calvario (Calvary Chapel) de la cual yo formo parte, la mayoría de los primeros plantadores de iglesias tenían un gran testimonio de haberse tornado del pecado para seguir a Cristo. Esto es excitante e importante. También es el tipo de testimonio y experiencia que Pablo llevaba con él. Sin embargo, Pablo parece haber tenido una gran lucha venciendo el pecado luego de su conversión. Todo pecado. Aun así, no se debe permitir que el pecado domine en la vida de alguien que se ha vuelto Cristiano y comienza a caminar con Cristo. Tal fue la experiencia de los apóstoles—Santiago, Pedro y Juan—y sus escritos reflejan esto. Ellos no pudieron haber escrito el pasaje de Pablo sobre el Hombre R7 porque simplemente ellos no lo vivieron.

Cuando Jesús describió a *"los de limpio corazón"* (Mateo 5:8) estos hombres fueron capaces de identificarse con esa descripción, habiéndose tornado de su pecado y comenzado a vivir sus vidas de la manera que El les enseñó. Ellos, en cambio, les enseñaron a otros. Tales modelos y testimonios de simplemente caminar en justicia son urgentemente necesarios en estos días. Sorprendente y tristemente, la idea de vivir en pureza sexual—para que la lujuria no esté en control—es a menudo recibida con mucho escepticismo hasta entre creyentes.

Santiago, Pedro y Juan fueron ejemplo de lo que Jesús enseñó—*"Yo soy la vid verdadera, y mi Padre es el viñador. Todo sarmiento que en mí no da fruto, lo quita; y todo el que da fruto, lo poda para que dé más fruto"* (Juan 15:1-2). Ellos fueron sumamente privilegiados por haber pasado tiempo en la presencia de Jesús. El Señor pudo ver el resultado que esto estaba teniendo en sus vidas y causó que El declarara—*"Vosotros ya estáis limpios por la palabra que os he hablado."* (Juan 15:3). Este proceso de limpieza es lo que ocurre cuando permanecemos en Cristo y diligentemente absorbemos, entendemos y aplicamos Sus enseñanzas con un corazón dispuesto.

Yo tengo un pequeño cerco de arbustos en mi patio. En un punto prominente, una sección se murió—seco como un hueso—obligándome a cortar la mayor parte de un arbusto y dejar allí un hoyo. Yo pensaba que necesitaría agregar otra planta. Sin embargo, el simple acto de cortar la madera seca provocó que ese Ligustro Texano se pusiera activo. Al menos ocho nuevas ramas han brotado a la vida y están apresurándose para llenar el hueco con renuevos.

Este es el tipo de trabajo que el Padre desea hacer en nosotros. El desea eliminar las ramas muertas causadas por el pecado continuo en la vida de cada uno de Sus hijos como hizo con los discípulos, haciendo uso de las palabras de Jesús para quitarles las ramas muertas en sus vidas. Al empacar la enseñanza de Jesús acerca de la lujuria como hicimos antes, confiando en su veracidad y haciendo de Su instrucción la firme piedra angular para nuestro comportamiento, seremos limpios también y estallaremos con nueva vida. Realmente no hay otra manera.

Los seguidores de Jesús siguieron enseñando lo que El les había enseñado. No había ninguna duda o confusión con respecto a lo que Dios esperaba de ellos o acerca de cómo se veía una vida pura. Nosotros, como Pablo, no aprendimos como los discípulos lo hicieron en la presencia física de Jesús. Sin embargo, se espera que apliquemos lo que ellos nos han pasado a nosotros.

La Parábola del Sembrador y La Semilla

Tornémonos de nuevo a la parábola del sembrador y la semilla. De todas las semillas, aquella que aterriza en tierra fértil claramente describe a los apóstoles. Ellos crecieron normalmente hacia la madurez y dieron fruto sin ser abrumados y ahogados por los espinos de pecados como la lujuria. Durante ese tiempo, seguramente vieron muchas vidas que fueron ahogadas por las espinas, así como nosotros hemos visto. Quizás ellos también vieron a Pablo como un ejemplo de una planta ahogada mientras él pasó parte de sus primeros doce años luchando con el pecado luego de una poderosa conversión inicial. Santiago, Pedro y Juan ofrecieron sus puntos de vista acerca de tales Cristianos y sus situaciones, a menudo mencionando la lujuria.

Ellos enfocan el problema con un punto de vista en común, habiendo madurado bajo la enseñanza y ejemplo del Maestro. Haber vivido con El y aprendido de Sus enseñanzas les limpió y les equipó. Jesús les describió como *"ya limpios"*. ¿Diría El eso de nosotros?

Examinaremos brevemente, mientras aparecen en el Nuevo Testamento, las enseñanzas de estos hombres comenzando con Santiago. Cada uno escribió con claridad y franqueza, reflejando la actitud y palabras de Jesús.

La Pendiente Resbaladiza

Ningún escritor en el Nuevo Testamento escribió más francamente que Santiago. Es como un sargento que no acepta excusas. El se concentra en las áreas donde tenemos que mejorar y nos ordena que nos pongamos en forma y hagamos las cosas bien. En vez de enfocarse en las bendiciones y el bien que recibiremos por nuestra obediencia, él nos ofrece amor duro. Él prefiere el palo en vez de la zanahoria. Eso puede explicar porqué este su libro parece estar desconectado del evangelio suave y exhortativo que la mayoría de nosotros hemos escuchado.

> *Que nadie diga cuando es tentado: Soy tentado por Dios; porque Dios no puede ser tentado por el mal y El mismo no tienta a nadie. Sino que cada uno es tentado cuando es llevado y seducido por su propia pasión. Después, cuando la pasión ha concebido, da a luz el pecado; y cuando el pecado es consumado, engendra la muerte.* (Santiago 1:13-15)

El pecado es una pendiente resbaladiza. Considera como Santiago lo describe y la manera en que esto aplica al pecado de la lujuria sexual. Comienza con nuestros propios deseos. Los deseos sexuales están en todos los hombres y debemos estar en guardia cuando estos estén mal dirigidos. ¿Qué haremos cuando seamos *"tentados"* como resultado de estos deseos de cruzar la línea? Si permitimos esa placentera—pero pecaminosa—emoción sexual ilícita, entonces hemos sido *"llevados."* Nuestro deseo ha concebido y dado a luz al pecado—adulterio en el corazón. Haciendo eco de Pablo, Santiago enfatizó que *"cuando el pecado es consumado, engendra la muerte"*—incluso en la vida de un creyente.

Una peligrosa y diferente forma de aplicar este pasaje al pecado sexual ha sido sugerida, proviniendo precisamente del campamento de "sobriedad sexual". En esta perspectiva la etapa de deseo que Santiago describe es alargada como un cable flexible para incluir la excitación sexual ilícita y anhelo sexual. En vez de apropiadamente esforzarse para parar esto, el enfoque de la sobriedad sexual es batallar contra lo que ellos consideran formas más destructivas y evidentes de "actuar sobre estas emociones" como el uso de la pornografía o involucrarse en adulterio.

Tales enseñanzas equivocadas hacen espacio para el adulterio en el corazón—el mismo pecado que Jesús nos enseñó a evitar—y mueve el punto crítico donde uno ha cruzado el pecado tan profundamente que hay espacio para todo tipo de travesuras. Enseñar de esta manera distorsiona la enseñanza de Santiago al punto de que permanecería en conflicto con la de Jesús.

En nuestros corazones, sabemos que Jesús estaba correcto acerca de esto. Si permitimos que nuestros deseos se vuelvan fugaces a tal punto que nos permitamos a nosotros mismos el pecado de adulterio en el corazón, entonces ya hemos entrado plenamente en la carretera del pecado que lleva a aún más pecado.

Desecha Toda Inmundicia

Por lo cual, desechando toda inmundicia y todo resto de malicia, recibid con humildad la palabra implantada, que es poderosa para salvar vuestras almas. (Santiago 1:21)

Nota como Santiago no se angustia por la dificultad de vencer al pecado o por el poder que ejerce en la vida de un creyente. El asume, como debemos hacer nosotros, que la Palabra de Dios y nuestra conexión a Jesús provee todo lo que necesitamos para vencer al pecado en nuestras vidas.

Reto: Deséchala. Suéltala. La *"implantada"*—memorizada y meditada—*"palabra"* es el agente de cambio. Tú tienes que dejar de lado toda la basura en tus pensamientos y en cambio sumergirte completamente y prestar completa atención a lo que Dios te está diciendo en Su Palabra.

Amigo del Mundo = Enemigo de Dios

¿De dónde vienen las guerras y los conflictos entre vosotros? ¿No vienen de vuestras pasiones que combaten en vuestros miembros? Codiciáis y no tenéis, por eso cometéis homicidio. Sois envidiosos y no podéis obtener, por eso combatís y hacéis guerra. No tenéis, porque no pedís. Pedís y no recibís, porque pedís con malos propósitos, para gastarlo en vuestros placeres. ¡Oh almas adúlteras! ¿No sabéis que la amistad del mundo es enemistad hacia Dios? Por tanto, el que quiere ser amigo del mundo, se constituye enemigo de Dios. ¿O pensáis que la Escritura dice en vano: "El celosamente anhela el Espíritu que ha hecho morar en nosotros"? (Santiago 4:1-5)

Dios no compartirá el escenario en nuestras vidas con el pecado. Nuestros deseos malvados causan desastres. Nuestra *"amistad con el mundo es enemistad hacia Dios"* (v.4). ¿Es esta una posición que debe mantener un creyente? ¿Queremos ser considerados como un *hostil y odiado* enemigo de Dios? Pablo utilizó la misma palabra. *"Ya que la mente puesta en la carne es enemiga de Dios"* (Romanos 8:7). Di *enemigo* en voz alta y comprenderás el significado claramente.

Aquellos a nuestro alrededor pueden pensar que somos melindrosos o antipáticos si rechazamos al mundo y sus normas, pero a diferencia del mundo, nosotros no gastamos nuestra energía persiguiendo *"placeres"*. Aquí Santiago cuidadosamente emplea la misma palabra para placer, *"hedone"* (de donde sacamos la palabra hedonismo), que Jesús utilizó al explicar los espinos en la parábola del sembrador y la semilla. El Espíritu de Dios viviendo en nosotros está deseoso de nuestra amistad pero no hay paz para aquellos que se entregan a *hedone*. El nos *"anhela celosamente"*.

¡Sométete! ¡Resiste! ¡Laméntate!

> *Por tanto, someteos a Dios. Resistid, pues, al diablo y huirá de vosotros. Acercaos a Dios, y El se acercará a vosotros. Limpiad vuestras manos, pecadores; y vosotros de doble ánimo, purificad vuestros corazones. Afligíos, lamentad y llorad; que vuestra risa se torne en llanto y vuestro gozo en tristeza.* (Santiago 4:7-9)

¡Resiste al diablo! ¡Purifica tu corazón! ¡Lamenta! ¡Llora! ¡Acércate a Dios! Tristeza por nuestros pecados, sin excusas, es la única respuesta correcta. Esta debe ser nuestra respuesta a todo pecado a cada nivel, no solamente cuando algo "estalla" y causa la mayor parte del daño. Nuestro supuestamente reflexivo consumo de "golosinas visuales" no debe ser descartado como un pecado trivial. En cambio, cada vez que nos rindamos ante el adulterio en nuestros corazones, debemos reconocerlo como una seria pérdida ante el enemigo.

El poder de Satanás es limitado. Las armas de nuestra guerra son poderosas y más que adecuadas para la tarea. Parte de nuestra resistencia requiere que nosotros no nos riamos entre dientes o descartemos nuestro pecado. Cuando sea que nos encontremos cediendo terreno y haciendo compromisos con el mundo, debemos tratarlo como la seria amenaza que es. Humildad, tristeza, resistencia, contrición profunda y un acercamiento diligente hacia Dios deben tomar parte cuando percibimos al mal arrastrándose hacia nuestras vidas.

> **Reto:** *"Humillaos en la presencia del Señor y El os exaltará."* (Santiago 4:10) No te conformes con una simple formula de oración rapidita—de paso—para pedir perdón sin arrepentimiento. Comprende que cuando has sido derribado por el pecado, solo Dios te puede levantar. Tomate el tiempo necesario y abandona todo orgullo y confianza en tus propias habilidades.

Sabiendo Hacer Lo Bueno

A aquel, pues, que sabe hacer lo bueno y no lo hace, le es pecado. (Santiago 4:17)

Vivir una vida sexualmente pura es una forma de *"hacer lo bueno"*. Habiendo llegado a este punto en nuestro estudio, debemos estar claros con respecto a cómo se ve esto y como experimentarlo—no podemos permitirnos la emoción sexual ilícita que Jesús condenó. Si no nos volvemos sexualmente puros, estamos fallando en *"hacer lo bueno"*—pecamos.

Reto: Para ser libre de las ataduras de la lujuria debes aceptar las enseñanzas de Jesús como tu guía. De esta manera, puedes dejar de pecar. El conocimiento y claridad con respecto a lo que Jesús enseñó provee direcciones claras para obtener la victoria sobre la lujuria.

Confesar, Orar y Tornarse

Por tanto, confesaos vuestros pecados unos a otros, y orad unos por otros para que seáis sanados. La oración eficaz del justo puede lograr mucho. (Santiago 5:16)

Santiago revela su corazón por la Iglesia en la última parte de su carta. El conoce los peligros del pecado y esa conexión dentro del Cuerpo de Cristo es esencial para ayudar a los creyentes a vencerle.

Ninguno de nosotros necesita estar solo mientras luchamos contra la lujuria aunque esta prospera en aislamiento y vergüenza. La mejor ayuda viene de ser abiertos y rendir cuentas dentro de relaciones de confianza y espiritualmente sensibles. Toma el tiempo para encontrar a alguien que te escuche y ore contigo. Esta es la forma más efectiva para lograr un cambio poderoso en tu vida.

Hermanos míos, si alguno de entre vosotros se extravía de la verdad y alguno le hace volver, sepa que el que hace volver a un pecador del error de su camino salvará su alma de muerte, y cubrirá multitud de pecados. (Santiago 5:19-20)

Santiago reconoce que el mundo y nuestros adversarios están determinados a oponerse a una vida de pureza. Nunca confundamos la seriedad de la amenaza o dejemos de ayudar a aquellos en necesidad. Trato de imaginar lo que Pablo, durante su tiempo como Hombre R7, hubo recibido en forma de consejo de parte del Apóstol Santiago si él se hubiese atrevido a compartir con él la desesperación que estaba sintiendo en ese momento. ¿Qué le hubiera dicho Santiago?

Reto: Tenemos que rendirnos cuentas mutuamente. Si ves a un hermano comprometiéndose con el mundo en términos de lo que permite en su vida, no te quedes callado. Si haces *"volver a un pecador del error de su camino salvará su alma de muerte, y cubrirá multitud de pecados."* Yo hubiese deseado que tal corrección hubiera llegado mucho antes de lo que lo hizo para mí en lo que respecta a la pureza y al pecado sexual. ¿Cuánta *muerte* hubiese sido evitada?

Temas a Discutir:
1. Describe cómo llegaste a ser Cristiano y cualquier entrenamiento que has recibido luego de esto con respecto a cómo vivir como Cristiano en lo referente a la lujuria.
2. ¿Cómo describe la imagen de limpiar las ramas muertas y secas para hacer espacio para tu nueva vida lo que pasó en tú vida? Ofrece un ejemplo de esto en tu vida.
3. Ofrece un ejemplo de cuando has culpado a Dios o a otros por tu pecado.
4. Describe cómo funciona la pendiente resbaladiza del pecado de acuerdo a Santiago y ofrece un ejemplo de tu vida.

5. ¿Crees que serás capaz de rechazar toda inmundicia como describe Santiago? ¿Qué más nos dice Santiago que hagamos con respecto a nuestro pecado?
6. Santiago habla acerca de hacer volver a alguien que *"se aparta de la verdad",* comparte cualquier experiencia que hayas tenido con intervención intencional en lo que respecta a la lujuria.

18—Pedro

"Puesto que en obediencia a la verdad habéis purificado vuestras almas..."

1 Pedro 1:22

En Pedro encontramos un gran motivador. Todos sabían que Pedro había tropezado en muchas maneras, comenzando con su boca durante el tiempo que andaba con Jesús. Sin embargo, por su cercanía a Jesús y su liderazgo carismático entre los discípulos, sus palabras tienen un peso especial.

No Te Conformes a Tus Antiguas Lujurias

Por tanto, ceñid vuestro entendimiento para la acción; sed sobrios en espíritu, poned vuestra esperanza completamente en la gracia que se os traerá en la revelación de Jesucristo. Como hijos obedientes, no os conforméis a los deseos que antes teníais en vuestra ignorancia, sino que así como aquel que os llamó es santo, así también sed vosotros santos en toda vuestra manera de vivir; porque escrito está: "SED SANTOS, PORQUE YO SOY SANTO."

(1 Pedro 1:13-15)

¿Somos *"niños obedientes"*? Mientras éramos *"ignorantes"*, conformando nuestras vidas a los *"deseos que antes"* teníamos podía parecer inevitable. Muchos en la iglesia continúan luchando por causa de ignorancia intencional o por error en lo relacionado a este tema.

Sin embargo, ya no somos ignorantes y no necesitamos conformarnos en esta manera. En cambio, somos llamados a ser *"santos"*—apartados. Pedro luego dice a sus lectores, *"Puesto que en obediencia a la verdad habéis purificado vuestras almas"* (1:22). La purificación de nuestras almas no es instantánea. Sucede mientras andamos *obedeciendo a la verdad*. Sería grandioso poder eliminar totalmente todos los deseos y pensamientos impuros, pero esa no es la manera en que eso sucede en esta vida. Sin embargo, al *obedecer a la verdad* permitimos que la pureza se establezca. Es dentro de nuestra alma que respondemos y actuamos respecto a los pensamientos, deseos y los más profundos impulsos de nuestros corazones. Al rehusarnos a ser desviados por pensamientos y deseos impuros, nuestros *"limpios"* corazones (Salmos 51:10) toman control y proveemos oportunidad para que se establezcan nuevos hábitos que complazcan a Dios. Como resultado de tal obediencia nuestras almas son *"purificadas"*.

Reto: El arma más poderosa de Satanás en tú contra es la ignorancia y la confusión. Yo espero que habiendo llegado tan lejos tú estés comenzando a ver la lujuria de la misma manera en que Jesús y Sus discípulos lo hicieron. Entender esto es crítico para obtener la victoria sobre la lujuria y purificar tu alma.

Guerra Contra el Alma

Amados, os ruego como a extranjeros y peregrinos, que os abstengáis de las pasiones carnales que combaten contra el alma. Mantened entre los gentiles una conducta irreprochable, a fin de que en aquello que os calumnian como malhechores, ellos, por razón de vuestras buenas obras, al considerarlas, glorifiquen a Dios en el día de la visitación. (1 Pedro 2:11-12)

Nuestras almas son el campo de batalla para una guerra espiritual en la cual no tenemos otra opción más que pelear. Si permitimos que nuestras mentes y corazones sean llenos de *"pasiones carnales"* nuestras almas no podrán ganar esta guerra. Ya hemos perdido. La instrucción de abstenernos de *"pasiones carnales"* describe como esta guerra fue peleada. No hay transigencia durante la guerra. Nosotros perdemos o ganamos y sostendremos daños a la medida en que fallemos.

Si no nos abstenemos de *"pasiones carnales",* Pedro muestra que el daño se extiende más allá de nosotros mismos. Nuestra conducta, cuando no es *"honorable",* afecta adversamente las vidas de aquellos en nuestro entorno y trae vergüenza a la Iglesia. El mundo cataloga a los creyentes que sucumben ante la lujuria como hipócritas. ¿Por qué no? Los perdidos debieran ser atraídos a la verdad por nuestra conducta honorable para que ellos puedan experimentar su propio *"día de la visitación"* y *"glorifiquen a Dios".* En vez de ver ese resultado fructífero, el mundo se aleja entretenido y desdeñoso a causa de aquellos que tan abiertamente se comportan en formas contrarias a las conocidas enseñanzas de su Señor.

> **Reto:** Tu lucha contra las *"pasiones carnales"* es una guerra ocurriendo en tu interior. El propósito de este pecado es hacerle daño a tu alma. No es una presencia benigna dentro de ti. Debes permanecer vigilante para que *"la corrupción que hay en el mundo por causa de la concupiscencia"* (2 Pedro 1:4) no te invada.

Cristo es Nuestro Ejemplo

> *Porque para este propósito habéis sido llamados, pues también Cristo sufrió por vosotros, dejándoos ejemplo para que sigáis sus pisadas, El cual no cometió pecado, no engaño alguno se halló en Su boca; y quien cuando le ultrajaban, no respondía ultrajando; cuando padecía, no amenazaba, sino que se encomendaba a aquel que juzga con justicia; y El mismo llevó nuestros pecados en su cuerpo sobre la cruz, a fin de que muramos al pecado y vivamos a la justicia, porque por sus heridas fuisteis sanados. Pues vosotros*

andabais descarriados como ovejas, pero ahora habéis vuelto al Pastor y Guardián de vuestras almas. (1 Pedro 2:21-25)

La gran ventaja dada a los apóstoles fue que ellos no solo escucharon lo que Jesús enseñó, pero también le vieron viviendo ante ellos como un ejemplo. Como ellos, nosotros también somos llamados a *"seguir Sus pisadas"*. ¿Qué haría Jesús? El fue tentado en todo como nosotros, pero El no cometió pecado. Sin duda El tuvo deseos y pensamientos sexuales. Sin embargo, El nunca utilizó estos deseos para obtener una emoción sexual ilícita. En cambio, El *"llevó nuestros pecados"*. Nosotros no podemos comprender por qué El hizo esto, pero ha abierto la puerta para nosotros para que *"vivamos a la justicia"*.

Reto: Tu alma necesita al *"Pastor"*. Necesita al *"Guardián"*. Dejado por tu cuenta, eres una patética oveja deambulando donde no debes ir.

Suficiente

Por tanto, puesto que Cristo ha padecido en la carne, armaos también vosotros con el mismo propósito, pues quien ha padecido en la carne ha terminado con el pecado, para vivir el tiempo que le queda en la carne, no ya para las pasiones humanas, sino para la voluntad de Dios. Porque el tiempo ya pasado os es suficiente para haber hecho lo que agrada a los gentiles, habiendo andado en sensualidad, lujurias, borracheras, orgías, embriagueces y abominables idolatrías. (1 Pedro 4:1-3)

¿No ha sido suficiente el tiempo pasado *"para haber hecho lo que agrada a los gentiles"*? Hacemos bien al ponderar esta verdad. Cada día mal-gastado en pecado como un Cristiano inmaduro y pecador es un día perdido. Cuando Pedro menciona nuestro propio sufrimiento en la carne, él se refiere a lo que Pablo describió como "crucificar la carne". Jesús nos llamó a tomar nuestra *"cruz cada día"* (Lucas 9:23) y a seguirle. Cuando nos *"armamos"* con esa *"misma mente"* rechazamos cualquier espacio para hábitos carnales.

"Y en todo esto, se sorprenden de que no corráis con ellos en el mismo desenfreno de disolución, y os ultrajan;" (1 Pedro 4:4)

Dudo que Pedro pudiera hacer esta observación acerca de la manera en que vivimos muchos en la Iglesia moderna. Nuestro problema y la razón por la cual nuestro impacto es tan limitado es que somos vistos comportándonos idénticamente como aquellos que no conocen a Cristo. Lanzándonos a un *"desenfreno de disolución"*—desperdiciándonos—es una buena manera de describir vidas llenas de lujuria e indisciplinadas.

Dominio Propio

Por esta razón también, obrando con toda diligencia, añadid a vuestra fe, virtud, y a la virtud, conocimiento; al conocimiento, dominio propio, al dominio propio, perseverancia, y a la perseverancia, piedad, a la piedad, fraternidad y a la fraternidad, amor. Pues estas virtudes, al estar en vosotros y al abundar, no os dejarán ociosos ni estériles en el verdadero conocimiento de nuestro Señor Jesucristo. Porque el que carece de estas virtudes es ciego o corto de vista, habiendo olvidado la purificación de sus pecados pasados. (2 Pedro 1:5-9)

"Dominio propio" es la cualidad faltante más obvia en aquellos que tropiezan debido a la lujuria. Estoy curioso de sí o no, aparte de conocer a Dios, muchos hayan sido capaces de establecer la práctica de rechazar la lujuria como enseñó Jesús. Mi suposición es que existen aquellos que han sido capaces de hacer esto, ya que Su enseñanza sobre este tema es bien conocida y de acuerdo a la ley escrita en los corazones de todos los hombres. No obstante, para nosotros como

hijos de Dios, aunque procuremos obtener dominio propio por sí solo—a la carta—se nos ha enseñado que esta es solo una parte de un paquete más grande de cualidades Cristianas, que se acumulan mientras maduramos en la fe.

El orden en el cual estas cualidades toman forma está cuidadosamente trazada por Pedro y aplica plenamente a aquellos que son abrumados por la lujuria y que buscan convertirse en efectivos y productivos hijos de Dios:

1. Fe. La fe salvadora es el fundamento. El pecado de cualquier tipo dominaría a menos que tengamos esto.

2. Bondad. Una vez que somos ligados a Cristo, actuamos virtuosamente como mejor podemos, abandonando el obvio pecado sexual.

3. Conocimiento. Aprendemos los hechos correspondientes a la vida de santidad que Dios espera ver en nosotros y las formas adecuadas de llevar esto a cabo. Reconocemos y nos sometemos a la verdad de lo que Jesús enseñó acerca del adulterio en el corazón.

4. Dominio Propio. Actuamos en el conocimiento de cómo hemos de vivir y crucificar *"la carne con sus pasiones y deseos"* (Gálatas 5:24). Traemos nuestros *miembros*—nuestras facultades y partes físicas—a obediencia.

5. Perseverancia. No nos rendimos. Nos mantenemos y obtenemos la victoria sobre la lujuria.

6. Santidad. Encontramos que Dios está obrando en nosotros para que aprendamos a repudiar el pecado tal y como Él lo hace y hagamos lo correcto con pleno conocimiento y un corazón dispuesto.

7. Gentileza Fraternal. Miramos más allá de nosotros mismos y nuestras luchas.

8. Amor. El amor de Dios penetra en nosotros y define nuestras acciones desde ese punto en adelante.

Mientras *"estas cualidades"* toman forma en nuestras vidas nos mantendrán alejados de ser *"ociosos ni estériles"*—literalmente, ni *"ociosos ni estériles"*. Pedro fue cuidadoso de mantenerse en la imagen que Jesús utilizó. No podemos esperar más que ser *"ociosos"* y *"estériles"* si no maduramos como Dios espera.

"Porque el que carece de estas virtudes es ciego o corto de vista, habiendo olvidado la purificación de sus pecados pasados." Estamos llamados a conectar con el programa y a seguir los pasos que Pedro ha expuesto. No debemos ser ciegos a lo que Dios enseña u *"olvidar"* que hemos sido limpiados. Algunos pueden preguntarse ¿Cómo puede ser esto posible? ¿Cómo podemos ser tan ciegos que nos olvidemos de lo que Dios ha hecho en nuestras vidas? Sin embargo—tal como los otros apóstoles—Pedro ve a muchos que actúan como si nunca hubieran sido hechos libres. Yo estaba de esa manera cuando no maduraba y estaba atrapado en pecado. No tenemos que ver muy lejos para ver muchos Cristianos carnales con la misma condición—chocando con paredes y tropezando por escaleras.

> **Reto:** Cuando como creyente tú te comprometes a una vida de pureza sexual, debes comenzar con correctamente comprender tu situación. Necesitas *"conocimiento"* con respecto a lo necesario para tener éxito. Esta era la deficiencia crítica para mí y este libro está diseñado para ayudarte a obtener tal conocimiento. No obstante, la victoria requiere más que conocimiento. Una vez que tengas la verdad clara, debes diligentemente seguir los ocho pasos descritos arriba.

El Señor Sabe Cómo Librar

> *El Señor, entonces, sabe rescatar de tentación a los piadosos, y reservar a los injustos bajo castigo para el día del juicio, especialmente a los que andan tras la carne en sus deseos corrompidos y desprecian la autoridad. Atrevidos y obstinados, no tiemblan cuando blasfeman de las majestades angélicas.* (2 Pedro 2:9-10)

Si nuestro *"Señor, entonces, sabe rescatar de tentación a los piadosos,"* ¿Por qué tantos tropiezan y fracasan? De nuevo, el asunto crítico es dónde tracen la línea. Incluso tentaciones relativamente menores pueden severamente tentar y causar que tropiecen aquellos que se han entregado a los primeros niveles de la lujuria. Esperar ser liberados luego de que abandonada y deliberadamente nos hemos lanzado por la resbaladilla de la lujuria, al permitir el adulterio en nuestros corazones, es de tontos. Dios nos libera cuando andamos en Su Espíritu y rechazamos esta ventana al pecado. Debemos orar confiadamente como Jesús enseñó, *"líbranos del mal"*—la emoción sexual ilícita. Cuando obedecemos a ese nivel, encontramos la provisión y abundante fortaleza de Dios disponible y suficiente.

Aquellos que *"andan conforme a la carne"* pueden verse a sí mismos como débiles o incapaces—"Yo no puedo parar." Esta es la frase favorita de muchos en la iglesia moderna. En vez de confrontar el pecado de la lujuria por lo que es, rechazan la clara autoridad de las Escrituras y *"andan"* peligrosamente al compás del mundo. Dios no ve nuestra situación de esta manera.

> **Reto:** Aunque el Señor te considera *"atrevido"* y *"obstinado"* si andas *"tras la carne en sus deseos corrompidos"*. Tú necesitas verte a ti mismo en exactamente la misma manera si estás siendo abrumado por el pecado.

Ojos Llenos de Adulterio

> *Pero éstos, como animales irracionales, nacidos como criaturas de instinto para ser capturados y destruidos, blasfemando de lo que ignoran, serán también destruidos con la destrucción de esas criaturas, sufriendo el mal como pago de su iniquidad. Cuentan por deleite andar en placeres disolutos durante el día; son manchas e inmundicias, deleitándose en sus engaños mientras banquetean con vosotros. Tienen los ojos llenos de adulterio y nunca cesan de pecar; seducen a las almas inestables; tienen un corazón*

ejercitado en la avaricia; son hijos de maldición. Abandonando el camino recto, se han extraviado, siguiendo el camino de Balaam, el hijo de Beor, quien amó el pago de la iniquidad, pero fue reprendido por su transgresión, pues una muda bestia de carga, hablando con voz humana, reprimió la locura del profeta. Estos son manantiales sin agua, bruma impulsada por una tormenta, para quienes está reservada la oscuridad de las tinieblas. Pues hablando con arrogancia y vanidad, seducen mediante deseos carnales, por sensualidad, a los que hace poco escaparon de los que viven en el error. Les prometen libertad, mientras que ellos mismos son esclavos de la corrupción, pues uno es esclavo de aquello que le ha vencido. (2 Pedro 2:12-19)

Ante todo, sabed esto: que en los últimos días vendrán burladores, con su sarcasmo, siguiendo sus propias pasiones, (2 Pedro 3:3)

Esos falsos maestros que propagan una visión más tolerante de la lujuria, quienes procuran calmar nuestra culpabilidad y excusar nuestros deseos malvados son del tipo de persona que Pedro denuncia. Podemos sentir el enojo acumulándose dentro de él tal como sucedió con Jesús cuando se molestó con los Fariseos por causa de su falsa espiritualidad y enseñanzas equivocadas. Cuando los Cristianos escuchan el tema de deseos malvados siendo analizado, ellos están propensos a aprender de aquellos quienes todavía no han obtenido la victoria sobre el pecado y están meramente ofreciendo alguna explicación que les permitirá continuar en ello, *"seducen mediante deseos carnales, por sensualidad"*. Los *"Burladores"*—que minimizan el comportamiento lujurioso y excusan el adulterio en el corazón—abundan. Un punto de vista cínico respecto a la pureza sexual es trágicamente común, hasta en la Iglesia.

Pedro escribe que un hombre *"es esclavo de aquello que le ha vencido"* (2 Pedro 2:19), reiterando—como lo hizo Pablo—la verdad que Jesús enseñó. Nunca puede ser enfatizado demasiado. Aquellos que han sido vencidos por la lujuria deben comprender que ellos son sus esclavos y no buscar ayuda de maestros para recibir una guía efectiva acerca de cómo obtener la *"libertad"* si esos mismos maestros también son *"esclavos de la corrupción"*.

Temas a Discutir:

1. ¿Puedes describir qué función ha jugado la ignorancia en causar que te conformes a tus antiguas lujurias como describe Pedro?
2. ¿Cómo nos ayuda la analogía de la guerra a entender mejor la lujuria y cómo vencerla?
3. Pedro nos aconseja que ejerzamos un gran esfuerzo para adquirir las ocho cualides incluyendo dominio propio. ¿Dónde estás tú en este proceso y cómo procederás hacia adelante?
4. ¿Por qué debes verte a tí mismo como atrevido y obstinado cuando permites que la lujuria entre en tu vida?
5. ¿Has sido influenciado por maestros o escritores que son como Pedro describió en 2 Pedro 2:12-19? Describe que enseñaban.
6. ¿De qué forma el adquirir las cualidades que Pedro describe puede impedir que seas ocioso y estéril?
7. Si estás luchando con la lujuria, ¿De qué forma crees que Dios puede hacerte libre?

19—Juan

Y en esto sabemos que hemos llegado a conocerle: si guardamos sus mandamientos.

1 Juan 2:3

El último escritor al cual nos tornamos es el apóstol Juan. Para mí, él se destaca como el que más directamente reflejó a Cristo, con sus palabras aparentando provenir directamente del corazón del Maestro. El escribió una gran parte del Nuevo Testamento y aparenta ser uno que estaba profundamente conectado con el amor de Dios, completamente comprometiéndose a obedecer a Dios y andando en la luz. Su obediencia comenzó durante su período de entrenamiento como discípulo, cuando estaba entre aquellos que Jesús orgullosamente describe como *aquellos que ya estaban limpios por medio de la Palabra que les había hablado* (Juan 15:3).

Permaneciendo en El

Pero el que guarda su palabra, en él verdaderamente el amor de Dios se ha perfeccionado. En esto sabemos que estamos en El. El que dice que permanece en El, debe andar como El anduvo. (1 Juan 2:6)

Juan evidentemente estaba perplejo por aquellos que alegaban ser Cristianos pero continuaban en pecado. Esta fue una razón por la cual él escribió en su primera carta—*"Hijitos míos, os escribo estas cosas para que no pequéis. Y si alguno peca, Abogado tenemos para con el Padre, a Jesucristo el justo"* (1 Juan 2:1).

Yo se que él hubiese estado en fuerte desacuerdo con la manera en que yo vivía mi vida antes de obtener la victoria sobre la lujuria. De hecho, durante ese tiempo yo tenía dificultad leyendo su primera carta, prefiriendo escoger versículos tales como *"Si confesamos nuestros pecados, El es fiel y justo para perdonarnos los pecados y para limpiarnos de toda maldad"* (1 Juan 1:9), mientras tenía dificultad aplicando el resto. El punto perfecto de la comunión y confianza en Cristo fue para mí algo muy temporal y pasajero. Esto no es como debe ser.

Juan había aprendido cómo obtener victoria sobre el pecado, porque una vida sin pecado fue modelada delante de él durante su tiempo con Jesús. Aquél *"que no conoció pecado"* (2 Corintios 5:21) llamó a Juan a vivir su vida para que continuamente permaneciera *"en El"*. Hasta que nosotros realmente nos tornemos de nuestro pecado y actualmente *"guardemos Su palabra"* no seremos capaces de mantener esa dulce comunión con El que El mismo ha prometido. De hecho, cualquier duda que podamos tener con respecto a nuestra relación con El desaparecerá solamente cuando finalmente *"andemos como El anduvo"*. Es entonces cuando confiadamente podemos saber que *"estamos en El"*.

> **Reto:** Si eres un Cristiano y permaneces bajo la esclavitud del pecado habitual y dominante de la lujuria, necesitas cambiar tu comportamiento. En Cristo, hay libertad para *"andar como El anduvo"*. Es lo que El desea y espera de nosotros.

Fingiéndolo

> *Y este es el mensaje que hemos oído de El y que os anunciamos: Dios es luz, y en El no hay tiniebla alguna. Si decimos que tenemos comunión con El, pero andamos en tinieblas, mentimos y no practicamos la verdad;* (1 Juan 1:5-6)

Juan entendió completamente como los Cristianos manipulan los problemas de pecado en sus vidas. La lujuria, particularmente, es uno de esos pecados para el cual los Cristianos hacen excusas. Como aquellos que Juan describió, muchos de nosotros—incluyéndome a mí mismo en el pasado—alegamos *"comunión con El"* aunque andamos *"en tinieblas"*—nuestras vidas sitiadas por la lujuria. Cuando alegamos comunión con Dios en ese estado, *"mentimos y no practicamos la verdad"* (1 Juan 1:6). Somos Cristianos carnales, inmaduros y—peor aún—nos rehusamos a enfrentar la realidad.

Aquellos que *"andan en tinieblas"* son los mismos que Pablo describió como *"andando de acuerdo a la carne"*. Juan regresa a este tema más adelante para que no nos perdamos este punto. *"El que dice: Yo he llegado a conocerle, y no guarda sus mandamientos, es un mentiroso y la verdad no está en él"* (1 Juan 2:4). Alegar conocer a Dios y estar en comunión con El mientras se está consumido por el pecado simplemente no es cierto.

Sin embargo, traducir lo que Juan describió en un total de seis diferentes lugares como "mentirosos" o "mentir" oscurece la verdad que él intentaba hacer evidente. El significado de raíz es "falso" (pseustes) como en "pseudo-." Yo pienso que es justo leerlo como "fingido" o "fingiéndolo". Ya que muchos en la iglesia aceptan o menosprecian el pecado de la lujuria y minimizan la pecaminosidad de este pecado, es fácil para ellos ser confundidos y sentir una necesidad de "fingir" que ellos están espiritualmente bien parados aunque están dominados por el pecado. Podemos hasta creer que esto es normal. Sin embargo, esta no es la vida Cristiana preparada para nosotros.

> **Reto:** No me digas que tú vida Cristiana está O.K. si constantemente le das entrada a la lujuria en tú corazón. Observa que tú eres exactamente el tipo de persona que Juan está mencionando aquí. Estás *"andando en tinieblas"*. Deja de fingir. En cambio, camina en la luz y experimenta la comunión con Dios que la cual te estás perdiendo.

Lidiando con El Pecado

Más si andamos en la luz, como El está en la luz, tenemos comunión los unos con los otros, y la sangre de Jesús su Hijo nos limpia de todo pecado. (1 Juan 1:7)

La enseñanza de Juan aplica directamente a aquellos que están atrapados en el pecado de la lujuria. Su enseñanza es clara:

Primero, debemos *"andar en la luz como El está en la luz."* Esto significa tomar la enseñanza de Jesús referente a la lujuria en serio para que podamos conscientemente abstenernos del adulterio en nuestros corazones. Más allá de esto, nos movemos hacia una comunión viva y conectada con Dios. A Juan le gusta el concepto de luz y tinieblas. *"Dios es luz y en El no hay tinieblas"* (v. 5). Jesús llamó a sus discípulos la *luz del mundo* (Mateo 5:14). Como debe angustiarle que aquellos que se llaman Sus discípulos están andando en tinieblas, continuamente codiciando en sus corazones.

Segundo, nosotros somos constantemente lavados de nuestro pecado. Cuando andamos en la luz, *"la sangre de Jesús nos limpia de todo pecado."* Diariamente, cada hora y cuando sea necesario, vamos directo al lavadero de autos y salimos de allí limpios. La práctica tri-partita de confesar nuestro pecado, pedir perdón y efectivamente tornarnos de aquello que desagrada al Señor marca nuestra respuesta cuando vemos al pecado levantándose.

Confesando Nuestro Pecado

Si confesamos nuestros pecados, El es fiel y justo para perdonarnos los pecados y para limpiarnos de toda maldad. (1 Juan 1:9)

Porque somos hijos de Dios estamos muy apercibidos de cuando pecamos. Sentimos convicción. Esto hace 1 Juan 1:9 un precioso tesoro. Saber que Dios está dispuesto a perdonar nuestros pecados y limpiarnos es una promesa que nosotros—y especialmente aquellos que constantemente tropiezan—debemos de recordar. Es impresionante que no importa que tan lejos nos hayamos desviado o que tan miserablemente hayamos fracasado, El se mantiene fiel y nos estira su brazo. Venir ante Su presencia, derramar nuestro fracaso, ser lavados de nuestros pecados y luego restaurados a comunión es un proceso que nos llena con alivio y gratitud.

Para un Cristiano como yo, que estuve atrapado por el pecado dominante de la lujuria, este versículo tomó un significado especial. Tristemente, mi pecado se convirtió en el punto de medida en mi relación con Dios. Ya que mi pecado invariablemente me separaba de Dios, necesitaba mi atención constante. Esto significó llegar a términos con él confesando y arrepintiéndome lo mejor posible. Aunque la comunión con Dios pudo haber sido restaurada temporalmente, mi arrepentimiento—tornándome de mi pecado—no era duradero. A pesar de la disponibilidad de perdón y limpieza, y mi continuo buscar a Dios, hubo una severa ignorancia que saboteó mi crecimiento como Cristiano. Tan pronto como era limpiado, otra vez tropezaba en el pecado. La casual emoción sexual ilícita—en la cual yo me había deleitado desde mi niñez—era lo que me hacía caer. Aunque yo consideraba que esto era una actividad inevitable y ciertamente disfrutable, mi ignorancia con respecto a su fatal poder no suavizó el daño que causó a mi caminar espiritual.

Yo estaba viviendo en una neblina, ciertamente no en la luz. En momentos yo subía a un árbol y experimentaba el glorioso brillo del sol y su calor. Sin embargo, luego me resignaba a la realidad de descender a la neblina del pecado, sin seguridad de mi dirección o condición.

El pecado es progresivo. Luego de permitir la mirada lujuriosa, sigue el movimiento de más pecado. La continuidad era confusa para mí, pero en algún punto, yo siempre supe que—ooohhh—¡esto es demasiado! Yo necesitaba apartarme, aplicar la verdad de 1 Juan 1:9 y ser limpio.

El cuento de Odiseo por Homero, que estaba atado al mástil cuando navegaba entre las Sirenas, es instructivo. La historia relata que cualquier marinero que escuchara la canción de las Sirenas abandonaría todo control y se estrellaría en la orilla tratando de acercarse a ellas. Odiseo estaba determinado a escuchar la canción de las Sirenas sin ser destruido por ellas. Su solución fue que sus hombres se llenaran los oídos de cera y que navegaran entre las Sirenas mientras él permanecía firmemente atado al mástil. La disponibilidad de Dios para perdonarme era equivalente a estar atado al mástil. Me permitió deleitarme en placer pecaminoso sin ninguna supuesta consecuencia seria.

Por Esto Sabemos que Le Conocemos

Hijitos míos, os escribo estas cosas para que no pequéis. Y si alguno peca, Abogado tenemos para con el Padre, a Jesucristo el justo. El mismo es la propiciación por nuestros pecados, y no sólo por los nuestros, sino también por los del mundo entero. Y en esto sabemos que hemos llegado a conocerle: si guardamos sus mandamientos. (1 Juan 2:1-3)

Nuestra meta es *"conocerle"*. Adicionalmente, necesitamos *saber que le conocemos*. Esta seguranza proviene de obedecer *"Sus mandamientos"*.

Reto: Si estás abrumado por el pecado, reconoce la inaceptable condición de tú estado. No es parte del plan de Dios. No te engañes. Tú corazón pecaminoso está interfiriendo con tú comunión con Dios. Si tienes problemas obedeciendo los mandamientos de Dios en lo relacionado a los deseos malvados, no te desanimes. Tu pecado es una inmensa ancla en tú vida, pero toda la fuerza del poder de Dios está dirigida a perdonar tus pecados y a empoderarte para que *"no peques"*.

Madurez Espiritual

Os escribo a vosotros, hijos, porque vuestros pecados os han sido perdonados por su nombre. Os escribo a vosotros, padres, porque conocéis al que ha sido desde el principio.

> *Os escribo a vosotros, jóvenes, porque habéis vencido al maligno. Os he escrito a vosotros, niños, porque conocéis al Padre.* (1 Juan 2:12-13)

Juan tenía una forma simple de medir la madurez de aquellos a quien conocía. Primero, estaban los pequeños niños en la fe. El podía decir de ellos que sus pecados han sido perdonados. Unos cuantos versículos más adelante, él también dice que ellos *"han conocido al Padre"*. Es por este conocimiento que nos volvemos Sus hijos. Ser un niño está bien por un tiempo, pero no es la condición en la que deseamos terminar.

Los que más le interesaron a Juan fueron los *"hombres jóvenes"*. Estos han *"vencido al maligno"*. Luego los describe como *"fuertes,"* permaneciendo en *"la Palabra de Dios"*—¡memorizando y meditando!—en su interior (1 Juan 2:14). Si aún no estás ahí, esta debiera ser tu meta. Obtener la victoria sobre el pecado es el siguiente paso para aquellos que vienen a Cristo y han sido perdonados de sus pecados. Ellos no permanecen en la derrota o constantemente se rinden al enemigo.

Los *"padres"*, aquellos que eran los más maduros son simplemente descritos como los que *"conocéis al que ha sido desde el principio"*. Una vez que el asunto del pecado ha sido entendido y traído bajo control, nuestra sed de conocerle domina nuestras vidas. Pablo conocía esta pasión bien y la expresó con gran emoción.

> *Y aún más, yo estimo como pérdida todas las cosas en vista del incomparable valor de conocer a Cristo Jesús, mi Señor, por quien lo he perdido todo, y lo considero como basura a fin de ganar a Cristo, y ser hallado en El, no teniendo mi propia justicia derivada de la ley, sino la que es por la fe en Cristo, la justicia que procede de Dios sobre la base de la fe, y conocerle a El, el poder de su resurrección y la participación en sus padecimientos, llegando a ser como El en su muerte,* (Filipenses 3:8-10)

"Cesado de Pecar" "No Peca"

Pues quien ha padecido en la carne ha terminado con el pecado, para vivir el tiempo que le queda en la carne, no ya para las pasiones humanas, sino para la voluntad de Dios. (1 Pedro 4:1-3)

Todo el que practica el pecado, practica también la infracción de la ley, pues el pecado es infracción de la ley. Y vosotros sabéis que El se manifestó a fin de quitar los pecados, y en El no hay pecado. Todo el que permanece en El, no peca; todo el que peca, ni le ha visto ni le ha conocido. (1 Juan 3:4-6)

Tomados por sí solos, los versículos mencionados arriba nos pueden hacer pensar que los discípulos de Jesús enseñaron un tipo de perfeccionismo. Perfeccionismo es una enseñanza que dice que el pecado puede ser eliminado de la vida de un Cristiano. Esto no es lo que ellos estaban enseñando. Solo nuestro Señor Jesús fue perfecto. De hecho, al acercarnos más a Dios nos volvemos cada vez más conscientes de nuestras faltas. Como Isaías clamamos, *"¡Ay de mí! Porque perdido estoy, pues soy hombre de labios inmundos"* (Isaías 6:5). Nuestras oraciones siempre incluirán una plegaria para que Dios *"perdone nuestros pecados"* (Lucas 11:14).

Sin embargo, debemos esperar madurar para que pecar no sea nuestra respuesta inicial a la tentación y para que cualquier pecado que nos causa tropiezos sea rápidamente dejado atrás. Como lo describió Juan, *"la sangre de Jesús Su Hijo nos limpia de todo pecado"* (1 Juan 1:7). Esta continua limpieza durante nuestro caminar Cristiano sucede cuando confesamos nuestros pecados y efectivamente nos arrepentimos de ellos.

Cuando Pedro usa la frase *"cesado de pecar"* y Juan *"no peca"* ellos se referían a aquellos que habían dejado de vivir en el pecado habitual y dominante. Ellos estaban propiamente permaneciendo en Jesús. Por otro lado, aquellos que continuamente dan entrada a la lujuria en sus corazones están preparando para sí mismos las dolorosas consecuencias que vienen a causa de mantener tal hábito pecaminoso—muerte en su andar, esclavitud al pecado y falta de gozo. Estos resultados no se esperan para los hijos de Dios. Como Pedro explica, en vez de vivir el resto de nuestro *"tiempo en la carne para pasiones humanas,"* deberíamos invertirlo *"para la voluntad de Dios."* El efecto de tal obediencia es claro—*"Os escribimos estas cosas para que nuestro gozo sea completo."* (1 Juan 1:4).

Reto: Si deseas que tu gozo sea *"completo"* cesa de pecar.

Purificándonos

Le veremos como El es. Y todo el que tiene esta esperanza puesta en El, se purifica, así como El es puro. (1 Juan 3:2-3)

Vivimos con la esperanza de una gloria futura y esta esperanza nos motiva a obedientemente dejar de lado todo lo que es impuro en nuestras vidas. Mirando atrás a la forma en que permití que la lujuria entrara en mi vida me causa escalofríos. ¿Cómo sería *"verle como El es"* con el conocimiento que yo tenía—aún siendo un creyente de mucho tiempo—fallido en la búsqueda de pureza en mi vida?

No Ames Al Mundo

No améis al mundo ni las cosas que están en el mundo. Si alguno ama al mundo, el amor del Padre no está en él. Porque todo lo que hay en el mundo, la pasión de la carne, la pasión de los ojos y la arrogancia de la vida, no proviene del Padre, sino del mundo. Y el mundo pasa, y también sus pasiones, pero el que hace la voluntad de Dios permanece para siempre. (1 Juan 2:15-17)

El encargo de Juan en el versículo anterior es una manera apropiada de concluir este estudio. Ha sido dicho que el acto sexual es lo más cercano que la mayoría de los hombres alcanzan en forma de una experiencia trascendental. El adulterio en el corazón—la emoción sexual ilícita—es un acto misterioso, eléctrico y placentero, pero no está destinado para nosotros. Es pecado. El mundo continuamente persigue una "nota" de un tipo u otro y la "nota" sexual es la de más fácil acceso. Sin embargo, la necesidad de una "nota" auto-generada no está presente en aquellos que hacen la *"voluntad de Dios"*.

Reto: El mundo y todos sus placeres pecaminosos nunca podrán proveerte el gozo que proviene de tener el *"amor del Padre"* dentro de ti. El *"mundo pasará"* pero si tú haces la voluntad de Dios permanecerás para siempre. ¿Por qué mantener las temporales y destructivas *"pasiones de la carne"* y *"lujuria de los ojos"* cuando el *"amor del Padre"* te es ofrecido?

Temas a Discutir:
1. ¿A qué se refiere Juan cuando dice, "No amen al mundo"?
2. Describe un tiempo cuando fingiste que estabas bien en tu vida espiritual, aunque en ese momento estabas profundamente luchando con la lujuria.
3. ¿Cómo nos enseña Juan a lidiar con nuestro pecado?
4. Describe un tiempo cuando te encontraste confesando tus pecados sin efectivamente arrepentirte.
5. ¿Cómo describirías tu madurez como Cristiano basado en la manera en que Juan describió a aquellos a quienes escribió?
6. ¿Crees que puedes describirte a ti mismo como alguien que ha cesado de pecar o que ya no continúa en pecado como Pedro y Juan describen? ¿Cómo podría convertirse esto en una realidad en tú vida?

20—Más que Vencedores

En todas estas cosas somos más que vencedores por medio de Aquél que nos amó.

Romanos 8:37

Finalmente obtener la victoria sobre la lujuria ha sido una tremenda bendición. Ha transformado mi relación con Dios y ha traído gozo a mi vida. Ahora puedo identificarme con la declaración triunfante de Pablo—*"somos más que vencedores por medio de Aquél que nos amó."* Pablo escribió esa magnífica declaración casi al final de su enseñanza en Romanos 6-8, un pasaje que provee la enseñanza más práctica y detallada respecto a cómo lidiar con el pecado habitual y dominante. La lujuria es exactamente el tipo de pecado del cual Pablo se refería. Cuando nosotros finalmente hemos vencido tal pecado en nuestras vidas—libres de su poder esclavizante—nos abre al *"más"* que Pablo se refiere.

> **Reto:** Si aún no has conquistado—y a cambio todavía estás conquistado por—el pecado, tienes que tomar acción. Tal cómo yo hice una vez, tú has tomado el camino incorrecto y te ha llevado lejos del camino. Sin embargo, una vez hayas obtenido la victoria, ¡las recompensas de vencer y convertirte en *"más que"* vencedor te esperan!

Más

Todo esto parecía imposible un corto tiempo atrás. Vencer a la lujuria significaba madurar como un Cristiano. Requería acción enfocada y emplear todas las armas que Dios había puesto a mi disposición. Sin embargo, no es el fin de la historia. La victoria sobre el pecado de la lujuria—como graduarse de la universidad—no debiera ser nuestra meta final. Ver a mis dos hijos recibir sus títulos universitarios fue fabuloso, pero todos sabíamos que esto era solo el inicio de una nueva fase en sus vidas. Ellos tenían que convertirse en *más* que graduados. No obstante, ellos no podían ir más lejos hasta que todo esto estuviera detrás de ellos.

Punto de Equilibrio

Obtener la victoria sobre la lujuria es cuestión de obediencia. Significa hacer lo que Jesús nos dijo que hiciéramos y lo que El espera que hagamos. Sin embargo, nuestro progreso no se detiene en la obediencia. Hablando de eso, Jesús describió a un siervo que—luego de haber trabajado todo el día en el campo—se esperaba que preparara alimento para su señor (Lucas 17:5-10).

Nosotros podemos estar inclinados a considerar a tal siervo como merecedor de un "bien hecho". De la misma manera, cuando obedecemos a Cristo guardando Sus mandamientos contra el adulterio en el corazón, podemos pensar que eso es digno de reconocimiento. En cambio—un tanto sorprendente—Jesús explicó que la actitud correcta seria admitir que solo hemos hecho nuestro deber. *"Así también vosotros, cuando hayáis hecho todo lo que se os ha ordenado, decid: 'Siervos inútiles somos; hemos hecho sólo lo que debíamos haber hecho.'"* Su observación de que aquellos que obedecen Su enseñanza no han hecho algo especial es muy certera. La simple obediencia no es algo digno de reconocimiento.

Los siervos que se detienen ahí pueden ser identificados como empleados en punto de equilibrio que se conforman con una relación transaccional. Ellos trabajan y reciben su paga pero no proveen el nivel extra de entusiasmo y energía que cada empleador busca y recompensa. Debemos vernos a nosotros mismos como meramente siervos que no generamos ganancia o en punto de equilibrio cuando lo único que hacemos es obedecer las instrucciones directas de nuestro Señor.

Por otro lado, el discípulo maduro que ya no se rinde al pecado continuamente rebasará esto rápidamente. Ya él no está enfocado—y desperdiciando energía—en el pecado. El ha *"crucificado la carne con sus pasiones y deseos"* (Gálatas 5:24). En ese momento, el pecado ya no tiene su antiguo poder en su vida y él es capaz de tornar su atención a lo que es más placentero y beneficioso. El fruto del Espíritu que evade a aquellos atados por la lujuria—*amor, gozo, paz, paciencia, benignidad, bondad, fidelidad, mansedumbre y dominio propio*—se hace evidente.

Tales cualidades se desarrollan naturalmente en nosotros cuando confrontamos y vencemos al pecado interno y dominante. De hecho, si fallamos con lograr esta tarea básica, estaremos atascados en un patético estado de inmadurez y seremos incapaces de comenzar o completar las múltiples buenas obras que El ha preparado para que nosotros llevemos a cabo. Sin embargo, vencer un pecado en particular o incluso conquistar una cadena de pecados—como un boy scout acumulando insignias—no es suficiente. *"Porque somos hechura suya, creados en Cristo Jesús para hacer buenas obras, las cuales Dios preparó de antemano para que anduviéramos en ellas"* (Efesios 2:10). ¡Hay mucho más destinado para nosotros!

La Parábola de los Talentos

Pero el que había recibido uno, fue y cavó en la tierra y escondió el dinero de su señor. (Mateo 25:18)

La parábola de los talentos resalta un asunto similar. Señalado para juicio en esta parábola está el siervo que tomó lo que su señor le había entregado y lo enterró en un hoyo hasta que su señor regresara. ¿Cómo utilizaremos los regalos que Dios nos ha provisto? Los siervos improductivos que toman los regalos de Dios y los entierran están quedándose cortos de lo que Dios desea para ellos.

Reto: Si vives de *acuerdo a la carne* no puedes ser productivo y estás trágicamente perdiéndote de lo que Dios tiene para ti. Esto debe preocuparte más que cualquier otro asunto que puedas enfrentar. Tomar el regalo de la salvación y Sus otras bendiciones y enterrarles bajo una capa de pecado para que no puedan ser reconocidas y crecer en su riqueza es un grave error que necesariamente lamentarás cuando le rindas cuentas al Señor (Hebreos 4:12-13).

Al crucificar la carne y madurar, podemos esperar que el fruto del Espíritu se multiplique. El crecimiento y las cualidades positivas que describe la Palabra de Dios comienzan a establecerse en nuestras vidas ya que Cristo vive en nosotros y ya no estamos estorbando al Espíritu al constantemente deslizarnos de nuevo al pecado. *"Y si Cristo está en vosotros, aunque el cuerpo esté muerto a causa del pecado, sin embargo, el espíritu está vivo a causa de la justicia."* (Romanos 8:10). Nuestros cuerpos se deterioran, pero nuestros espíritus florecen, permaneciendo vivos por la justicia. Estamos andando en el Espíritu—permaneciendo en Cristo—y somos finalmente capaces de experimentar lo que Dios tenía en mente para nosotros desde el comienzo.

Su Gloria Vista En Nosotros

Algunos Cristianos que mantienen una perspectiva de derrota en lo que respecta al mundo cargan con esta mentalidad cuando se trata de su propia batalla contra la lujuria. Ellos sienten que ya que nuestro mundo e incluso nuestra cultura actual están irreversiblemente yéndose por la tubería, con mayores niveles de perversidad como resultado, no se puede esperar nada bueno de ellos tampoco. Sin embargo, cuando yo considero como el Reino de Dios invade este mundo desanimado, no puedo ser pesimista.

Las normas culturales consisten de cualquier consensos que haya sido desarrollado por un grupo de personas con respecto a lo que ellos consideran correcto. El "amor libre" de los sesenta, el abandono de la moralidad y modestia que le siguió y la corriente actual de pornografía comenzó con buenas—aunque mal dirigidas—intenciones y ciertamente crearán su propias reacciones. Otras reacciones similares han ocurrido en el pasado cuando nuestra cultura ha reconocido las consecuencias del malvado comportamiento y se ha tornado contra lo que alguna vez aceptó. Algunos ejemplos incluyen borracheras públicas, explotación de labor infantil, racismo, esclavitud y violencia doméstica. Desafortunadamente—sin ser sujetos a la ley de Dios—al mundo condenar un mal particular solo puede moverse hacia otra tangente pecaminosa.

Yo estoy convencido de que la letárgica y permisiva Iglesia eventualmente proveerá un claro ejemplo de pureza sexual y fidelidad, tomando su lugar como la *"luz sobre el candelero"* (Mateo 5:15). Los creyentes demostrarán al mundo que seguir la ley de Dios y ser libertados por nuestro glorioso Salvador del pecado dominante y habitual de la lujuria, son los únicos antídotos contra el veneno mortal del cual está sufriendo. Adicionalmente a explicar cómo las almas pueden ser salvas, los Cristianos demostrarán la gloriosa libertad del pecado que Jesús prometió. *"Las puertas del infierno no prevalecerán"* contra la Iglesia que Dios ha establecido (Mateo 16:18).

La intención de Dios para nosotros—como fue profetizado hace mucho tiempo—será realizada:

Pero sobre ti amanecerá el Señor,
y sobre ti aparecerá su gloria. (Isaías 60:2-3)

El Día de la Batalla

Dice el Señor a mi Señor:

Siéntate a mi diestra, hasta que ponga a tus enemigos por estrado de tus pies. El Señor extenderá desde Sion tu poderoso cetro, diciendo: Domina en medio de tus enemigos. Tu pueblo se ofrecerá voluntariamente en el día de tu poder; en el esplendor de la santidad, desde el seno de la aurora; tu juventud es para ti como el rocío. (Salmos 110:1-3)

Esta gloriosa profecía de Jesús—el Rey conquistador gobernando en medio de sus enemigos—le habla a la Iglesia y a la sociedad actual.

¿Estarán nuestras *"tropas"*, especialmente nuestros *"jóvenes", "dispuestos", "en el esplendor de la santidad"* en el *"día de la batalla"* o en cambio serán desviados y llevados cautivos por los deseos pecaminosos? Yo creo que a menos que nuestros jóvenes comprendan correctamente su responsabilidad y habilidad como hijos de Dios para vencer el pecado de la lujuria en sus vidas, ellos no estarán en una posición para llevar a cabo su llamado.

¿Por qué Estamos Aquí?

Nosotros tenemos que recordar que Dios creó al hombre con propósito muy definido en mente. Algo de esto ha sido revelado, pero no todo. Adán y Eva—por su pecado luego de haber sido tentados por Satanás—aparentan haber causado que este propósito inicial se haya descarrilado. Sin embargo, a través de la vida y sacrificio de Jesús, la penalidad por el pecado fue retirada de todos los que le siguen. Jesús vino y deshizo el trabajo de Satanás. Dios presionó el botón de reinicio. El problema fue corregido y aparentemente estamos de vuelta donde Adán estaba antes de pecar.

Esta reveladora historia del Evangelio encaja perfectamente con la obra que esperamos Dios hará en nuestras vidas como Cristianos. Nosotros deseamos eliminar el pecado y sus destructivas consecuencias de nuestras vidas lo más posible.

Sin embargo, Dios no solamente presionó el botón de reinicio. El no solamente nos restauró. No estamos como nuevos—estamos mucho mejor. Nuestra posición como hijos de Dios excede grandemente la posición de Adán y Eva. Hemos sido hechos Sus *"hijos, herederos, herederos de Dios y juntamente herederos con Cristo"* (Romanos 8:16). Esta honrosa posición es completamente inmerecida, más allá de nuestra capacidad de comprender y no será completamente comprendida por nadie hasta *"la revelación de los hijos de Dios"* (Romanos 8:19). Esto solo puede ocurrir por la intervención de Cristo. Su obra hizo posible y activó un potencial que era latente desde el tiempo cuando el hombre fue originalmente creado en Su imagen.

Habiendo sido creados en Su imagen, la cualidad que nos destaca y nos hace más como El es nuestra habilidad de imaginar y crear. Dios trajo animales a Adán para ver como Adán les nombraría. Adán tuvo ideas originales y como resultado, Dios disfrutaba pasar tiempo con él. Esta creatividad es una cualidad que Satanás y otros seres creados no tienen o no tienen al mismo grado. Al dirigir a Adán y a Eva a desobedecer a Dios, Satanás fue capaz de redirigir esta capacidad creativa hacia sus propios planes malvados. Al estar dominado por el pecado, la energía creativa del hombre obra en contra de sus mejores intereses. El se convierte en un esclavo al pecado y es incapaz de agradar a Dios o experimentar paz en su vida. *"Los que están en la carne no pueden agradar a Dios"* (Romanos 8:8). Nuestros dones y potenciales son desperdiciados.

Cuando se trata del pecado de la lujuria, vemos el mal uso de la creatividad del hombre en su máxima expresión. Arte, música, tecnología, contando cuentos, inventos, soñando despiertos, sueños nocturnos y todos los recursos creativos son llevados cautivos y puestos al pervertido servicio de los deseos malvados.

Que desperdicio. Puede compararse con tomar un hermoso auto deportivo hecho a mano, llenarlo de estiércol y luego conducirlo hacia un pantano y hundirlo hasta que se desaparezca. Nosotros fuimos diseñados para un propósito mucho mayor. Es solamente cuando somos libertados de nuestro pecado que podemos llevar a cabo el potencial de nuestro poder creativo y utilizarlo para lo que fue destinado—para el bien.

La Intención de Dios

Al rebasar la rutina de continuamente estar batallando con el pecado y en un estado de perpetua obediencia y comunión con Dios, comenzamos a participar más en la obra que El tiene para nosotros. El Espíritu de Dios está en nosotros. Nosotros somos Sus hijos. Hacemos Su voluntad y estamos funcionando en la manera que El diseñó. Comenzamos a experimentar cómo será en el nuevo cielo y nueva tierra cuando nuestro destino final sea revelado. *"Pero si esperamos lo que no vemos, con paciencia lo aguardamos"* (Romanos 8:25). ¿Cuál es ese mayor destino al cual Dios nos ha llamado? Desafortunadamente—pero seguramente para nuestro propio bien—no se nos ha dicho.

Cosas que ojo no vio, no oído oyó, ni han entrado al corazón del hombre, son las cosas que Dios ha preparado para los que le aman. (1 Corintios 2:9)

No podemos imaginar lo que Dios tiene preparado para nosotros.

Yo soy el Alfa y la Omega, el principio y el fin. Al que tiene sed, yo le daré gratuitamente de la fuente del agua de la vida. El vencedor heredará estas cosas, y yo seré su Dios y él será mi hijo. (Apocalipsis 21:6-7)

"Todas las cosas" cubre mucho, ¿pero en qué sentido son nuestra herencia? Lo sabremos, eventualmente.

Porque en parte conocemos, y en parte profetizamos; pero cuando venga lo perfecto, lo incompleto se acabará. Cuando yo era niño, hablaba como niño, pensaba como niño, razonaba como niño; pero cuando llegué a ser hombre, dejé las cosas de niño. Porque ahora vemos por un espejo, veladamente, pero entonces veremos cara a cara; ahora conozco en parte, pero entonces conoceré plenamente, como he sido conocido. (1 Corintios 13:9-12)

El tiempo viene cuando podremos ser traídos a madurez y seremos capaces de ver y comprender el plan de Dios para nosotros claramente.

Por medio de las cuales nos ha concedido sus preciosas y maravillosas promesas, a fin de que por ellas lleguéis a ser partícipes de la naturaleza divina, habiendo escapado de la corrupción que hay en el mundo por causa de la concupiscencia. (2 Pedro 1:4)

Participar en la naturaleza divina es una manera de describir lo que ya está pasando en nosotros cuando andamos en el Espíritu. Es parte del plan original de Dios para nosotros. Solamente a su debido tiempo comprenderemos todas las implicaciones de esto y lo que Dios tiene preparado para nosotros. Esta corrupción presente *"causada por los deseos malvados"* no es el resultado final. ¡Nosotros *"escapamos"*!

> *Pues considero que los sufrimientos de este tiempo presente no son dignos de ser comparados con la gloria que nos ha de ser revelada. Porque el anhelo profundo de la creación es aguardar ansiosamente la revelación de los hijos de Dios.* (Romanos 8:18-19)

"La gloriosa libertad de los hijos de Dios" es algo que el resto de la creación espera para nosotros también. Nuestra libertad del pecado y andar en el Espíritu es la primera etapa de esto. ¿A dónde nos llevará esta libertad así como al resto de la creación? Solo podemos imaginar.

> *Porque a los que de antemano conoció, también los predestinó a ser hechos conforme a la imagen de su Hijo, para que El sea el primogénito entre muchos hermanos;* (Romanos 8:29)

"Primogénito entre muchos hermanos" refleja la idea de una función preparada para nosotros de alguna manera comparable con Cristo mismo. Esto debe dejarnos sin aliento, maravillados y hambrientos con anticipación.

> *¿Quién nos separará del amor de Cristo? ¿Tribulación, o angustia, o persecución, o hambre, o desnudez, o peligro, o espada? Pero en todas estas cosas somos más que vencedores por medio de aquel que nos amó.* (Romanos 8:35, 37)

No estamos satisfechos con meramente conquistar el pecado o sobrevivir los problemas de esta vida. En un sentido, hacemos eco de las palabras del incorregible pandillero Johnny Rocco—personificado por Edward G. Robinson en la película *Key Largo*—cuando le preguntaron lo que realmente quería. "Si. Eso es. ¡Más! ¡Así es! ¡Yo quiero más!"[21]

A diferencia de aquellos en el mundo cuyo deseo y obtención de más es de corta duración y opacado por la fragilidad de su existencia, el *"más"* en que nosotros nos convertiremos es seguro, permanente y de un valor inestimable.

> *Reconoce, pues, que el Señor tu Dios es Dios, el Dios fiel, que guarda su pacto y su misericordia hasta mil generaciones con aquellos que le aman y guardan sus mandamientos;* (Deuteronomio 7:9)

Este es uno de dos lugares donde la Biblia habla acerca de mil generaciones. Conservativamente, mil generaciones requerirían de 25,000 años para nacer. No sabemos si todas estas generaciones nacerán durante nuestra era o si algunos nacerán en el nuevo cielo y la nueva tierra que vendrán. De hecho, sabemos muy poco al respecto de la función a largo plazo que ha sido establecida para nosotros y nuestros descendientes. Sin embargo, está claro que Dios continuará desarrollando y revelando nuevos planes, que continuará extendiendo Su reino hacia toda la eternidad y que nosotros formaremos parte de esto. *"El aumento de su soberanía y de la paz no tendrán fin"* (Isaías 9:7).

Dios para siempre cambió el curso de la historia. El envió a Jesús a morir por nuestros pecados y prometió no solo libertarnos de nuestro pecado pero también elevarnos a una prominencia futura e indescriptible. Esta fue una sorpresa gloriosa, especialmente a Satanás y los gobernadores de este siglo—*"porque si la hubieran entendido no habrían crucificado al Señor de gloria"* (1 Corintios 2:8). De la típica y maravillosa manera de Dios, El usó la maldad de nuestra rebelión y la convirtió en algo hermoso y majestuoso. Hasta Sus *"enemigos"* fueron puestos—aunque era lo último que querían—al servicio como *"Su estrado"* (Salmos 110).

> **Reto:** Transformar algo feo e inútil en algo hermoso y útil es el trabajo cotidiano del Espíritu en las vidas de aquellos que vienen a Cristo. El puede hacer esto con las partes feas de tu vida también.

Conociendo a Dios

Os he escrito a vosotros, padres, porque conocéis al que ha sido desde el principio. (1 Juan 2:14)

Mirando de nuevo a lo que escribió Juan, nos recordamos de cómo el identificó niveles de madurez espiritual. El habló acerca de niños cuyos pecados habían sido perdonados y jóvenes que habían vencido al maligno. También habló de los padres. Estos habían madurado más, así que ya no se trataba de pecado o estar peleando el mal en sus vidas. En esta posición, su enfoque está en la búsqueda permanente de conocer a Dios.

Claro, conocer por completo a Dios es imposible. Sin embargo—como Sus hijos—se nos permite crecer en el conocimiento de Él. Todos Sus hijos lo conocen un poco. No obstante, nuestros pecados nos previenen de conocerle mejor. Nos separan de Él. *"Pero vuestras iniquidades han hecho separación entre vosotros y vuestro Dios, y vuestros pecados le han hecho esconder su rostro de vosotros para no escucharos."* (Isaías 59:2).

El que tiene mis mandamientos y los guarda, ése es el que me ama; y el que me ama será amado por mi Padre; y yo lo amaré y me manifestaré a él. (Juan 14:21)

Jesús ha establecido reglas concernientes a la lujuria. Habiendo llegado tan lejos a través de estos veinte capítulos, no hay espacio para mala interpretación o auto-justificaciones. Considera cuidadosamente las ricas promesas en el corto versículo de Juan, arriba. El reto ha sido hecho. Jesús ha prometido manifestarse a Si mismo a nosotros—la única manera de obtener cualquier conocimiento personal de El—es si tenemos y guardamos Sus mandamientos. Ya que tenemos Sus mandamientos en nuestra posesión, por lo menos estamos a mitad del camino. Ahora debemos elegir hacer lo que El nos ha instruido.

Reto: Si ese pecado que te está pesando es la lujuria—como lo fue para mi—entonces te exhorto, te ruego, no te descarriles por una actitud de derrota o te rindas ante las excusas. Vuélvete *"más"* que vencedor y entra en la santa tierra del Dios Todopoderoso. Conócelo mejor. Que seamos provistos de tal entrada es más de lo que puedo comprender. Permanecer fuera sin poder entrar es el más trágico de los fracasos.

No podemos esperar conocer a Dios de la manera que El desea que lo hagamos, si no hacemos Su voluntad. Esto es específicamente cierto en lo referente a nuestro comportamiento sexual. El nos ha dicho como vencer la lujuria. Si te comprometes a obedecerle y tienes éxito, podrás saber *"cómo poseer su propio vaso en santificación y honor, no en pasión de concupiscencia, como los gentiles que no conocen a Dios"* (I Tesalonicenses 4:4). No existe razón para que actúes como aquellos *"que no conocen a Dios"*.

"Gracia y paz os sean multiplicadas en el conocimiento de Dios y de Jesús nuestro Señor" (2 Pedro 1:2).

Este *"conocimiento de Dios y de Jesús nuestro Señor"* es la fuente de nuestra paz y gracia y debe convertirse en nuestra pasión. Nos ocupará y será causa de nuestro júbilo y alabanza por toda la eternidad.

¡Oh, profundidad de las riquezas y de la sabiduría y del conocimiento de Dios! ¡Cuán insondables son sus juicios e inescrutables sus caminos! Pues, ¿QUIEN HA CONOCIDO LA MENTE DEL SEÑOR?, ¿O QUIEN LLEGO A SER SU CONSEJERO?, ¿O QUIEN LE HA DADO A EL PRIMERO PARA QUE SE LE TENGA QUE RECOMPENSAR? porque de Él, por El y para El son todas las cosas. A Él sea la gloria para siempre. Amén.

Por consiguiente, hermanos, os ruego por las misericordias de Dios que presentéis vuestros cuerpos como sacrificio vivo y santo, aceptable a Dios, que es vuestro culto racional. Y no os adaptéis a este mundo, sino transformaos mediante la renovación de vuestra mente, para que verifiquéis cuál es la voluntad de Dios: lo que es bueno, aceptable y perfecto. (Romanos 11:33-12:2)

Aquel Que es Poderoso para Guardarte Sin Caída

Y a aquel que es poderoso para guardaros sin caída y para presentaros sin mancha en presencia de su gloria con gran alegría, al único Dios nuestro Salvador, por medio de Jesucristo nuestro Señor, sea gloria, majestad, dominio y autoridad, antes de todo tiempo, y ahora y por todos los siglos. Amén. (Judas 1:24-25)

Temas a discutir:

1. ¿Qué es un siervo al punto de equilibrio? ¿Eres así? ¿Eres mejor o peor que eso?
2. ¿Cómo aplica la parábola de los talentos a tu lucha contra la lujuria?
3. Cuándo todo haya sido dicho y hecho, ¿Cómo crees que será tu función en el futuro?
4. Describe cómo es ser "más que vencedor".
5. ¿Por qué "conocer a Dios" es tan valioso?
6. ¿Qué es lo más importante que has leído en este libro?
7. ¿Cómo afectará lo que has leído la forma en vives tú vida?

Notas al Final

1 Stephen Arterburn y Fred Stoeker, *La Batalla de Cada Hombre (Every Man's Battle)*, (Colorado Springs: WaterBrook Press, 2000), p. 104

2 John Piper como indicado en *Sexo no es el problema,(La Lujuria lo es)* por Joshua Harris, (Sisters, Oregon: Multnomah Publishing, 2003), p. 38

3 C.S. Lewis, *Cartas del diablo a su sobrino,* (New York, New York: HarperCollins), 1942 (2009) HarperCollins e-books. Edición Kindle. p. 44

4 Dallas Willard, *La Divina Conspiración,* (San Francisco, California: HarperCollins, 1998), p. 41

5 Dallas Willard, *Renueva Tu Corazón*, (Colorado Springs: NavPress, 2002), p.79

6 De un artículo no atribuido, *Why Stop Lusting?* (Copyright © 2001 by Sexaholics Anonymous, Inc. All rights reserved) encontrado en la página de Internet de Sexaholicos Anonimos (http://www.sa.org/docs/whystop.pdf)

7 *John Owen y la Vida Cristiana "normal": O santidad en una vida de confusión,* un artículo atribuido a John D. Hannah y visible en una variedad de páginas. Esto fue encontrado en la página de Internet: http://www.graceonlinelibrary.org/articles/full.asp?id=33%7C37%7C569)

8 Dallas Willard, *Renueva Tu Corazón*, pp.85-90

9 Joe Dallas, *The Game Plan,* (Nashville, Tennessee: W. Publishing Group, 2005), p. 85-90

10 A Wandering Mind Heads Straight Toward Insight, por Robert Lee Holtz, Wall Street Journal, (Dow Jones & company) Junio 19, 2009, page A11.

11 http://memorizedscriptures.blogspot.com muestra una lista de versículos que utilizo para meditar.

12 Joe Dallas, *The Game Plan,* p. 50

13 Ibid, p. 52

14 Ibid, p. 55

15 Stephen Arterburn and Fred Stoeker, *La Batalla de Cada Hombre,* p. 26

16 Escribí más acerca de mi experiencia como participante en el taller de *La Batalla de Cada Hombre* en un articulo publicado en http://christiancounselingforlust.blogspot.com/

17 Henry, Matthew. "Commentary on Romans 7," Blue Letter Bible, 1 Mar 1996. 2011. 21 Jan 2011.

18 William R. Newell(1868-1956, "Romanos Verso-a-Verso" Christian Classics Ethereal Library, (http://www.ccel.org/ccel/newell/romans), Capítulo 7

19 Ibid

20 William R. Newell, *Romanos Verso-a Verso, Capítulo 6*

21 *Key Largo,* (1948 Humphrey Bogart movie) Comentario tomado de la página: http://www.script-o-rama.com/movie_scripts/k/key-largo-script-transcript-bogart.html.

www.ingramcontent.com/pod-product-compliance
Lightning Source LLC
Chambersburg PA
CBHW021431080526
44588CB00009B/493